International Institute of Political Murder

Seit über 20 Jahren verwandelt ein Bürgerkrieg ein Gebiet von der Größe Westeuropas in die Hölle auf Erden: Der Kongokrieg ist seit dem Zweiten Weltkrieg der opferreichste Konflikt überhaupt. Längst geht es nicht mehr um ethnische Gegensätze, sondern vor allem um die Kontrolle über Rohstoffe. Die Toten gehen in die Millionen, die Täter bleiben straffrei. Im Sommer 2015 realisierte Milo Rau mit seinem Team »das ambitionierteste politische Theaterprojekt, das je auf die Bühne kam« (The Guardian). Er lud im Kriegsgebiet Opfer, Milizionäre, Regierungsvertreter, Oppositionelle, Unternehmer und Vertreter internationaler Organisationen zum »Kongo Tribunal«.

Dieser Band bietet einen umfassenden Überblick zum »größenwahnsinnigsten Kunstprojekt unserer Zeit« (Radio France Internationale). Im Buch versammelt sind die wichtigsten Zeugenaussagen, Statements der internationalen Jury (u. a. der Afrika-Korrespondentin Colette Braeckman, der Menschenrechtlerin Saran Kaba Jones, des Snowden-Anwalts Wolfgang Kaleck, der Soziologin Saskia Sassen, des Politikers und Künstlers Marc-Antoine Vumilia und des Gewaltforschers Harald Welzer), Reden, Interviews und Rechercheberichte von Milo Rau, die Plädoyers der Richter sowie die wichtigsten Analysen und Presseberichte.

Milo Rau, geboren 1977 in Bern, arbeitet als Regisseur, Autor und sozialer Plastiker. Sein Werk umfasst über 50 Theaterstücke, Filme, Bücher und Aktionen. Im Verbrecher Verlag erschienen von ihm zuletzt „Die Moskauer Prozesse / Die Zürcher Prozesse“ (2014), „Althussers Hände“ (2015) „Die Europa Trilogie“ (2016) und „Die 120 Tage von Sodom / Five Easy Pieces“ (2017).

MILO RAU

DAS KONGO TRIBUNAL

Redaktion: Eva Bertschy, Rolf Bossart und Mirjam Knapp
Gestaltung: Nina Wolters

Erste Auflage
Verbrecher Verlag 2017
www.verbrecherei.de

Lektorat: Mirjam Knapp
Satz/Gestaltung: Nina Wolters
Covergestaltung: Christian Walter

Der Verlag dankt Insa Hansen-Goos, Lisa Raunitschka und Janina Reichmann

EPILOG

ANHANG

EINLEITUNG
DIE SCHÖNHEIT DES RECHTS

Seit über 20 Jahren verwandelt ein unüberschaubarer Bürgerkrieg ein Gebiet von der Größe Westeuropas in eine Hölle auf Erden: Es ist der Kongo-Krieg, der seit dem Zweiten Weltkrieg opferreichste Konflikt überhaupt. Mal werden die Kampfhandlungen intensiver und mit klaren Fronten geführt, mal nur mit niedriger Intensität und in völlig unübersichtlicher Lage. Alle Versuche für einen dauerhaften Frieden bleiben erfolglos. Längst geht es nicht mehr nur um ethnische Gegensätze, sondern auch um die Kontrolle über Rohstoffe wie Coltan, Niobium oder Kassiterit. Die Toten gehen in die Millionen, aber die Täter bleiben straffrei, die Drahtzieher im Dunkeln, die Nutznießer schuldlos. Weder die regionale noch die internationale Justiz hat es bisher geschafft, die Verantwortlichen vor Gericht zu stellen.

In diese Lücke stieß im Sommer 2015 der Theatermacher und Autor Milo Rau mit seinem Team und realisierte „das ambitionierteste politische Theaterprojekt, das je auf die Bühne kam“ (The Guardian). Er lud mitten im Kriegsgebiet Opfer, Milizionäre, Regierungsvertreter, Oppositionelle, Schürfer, Unternehmer und Vertreter internationaler Organisationen zum Kongo Tribunal. Was gegen alle Logik verstieß und was niemand für möglich hielt, gelang: Während drei Tagen wurden der vollbesetzte Theatersaal in der ostkongolesischen Metropole Bukavu und die sich direkt anschließenden Berliner Hearings zum Ort des Ringens um „Wahrheit und Gerechtigkeit“. Mehr als hundert Journalisten aus der ganzen Welt berichteten über die Tribunale in Ostafrika und Europa, und die Wochenzeitung Die Zeit schrieb: „Wo die Politik versagt, hilft nur die Kunst.“

Tatsächlich war es die eigentümliche Machtlosigkeit der Kunst, die den Raum öffnete für dieses Tribunal. Denn es verdankte seine große Ausstrahlung dem Umstand, dass in den drei Tagen im Theatersaal des Collège Alfajiri in Bukavu zentrale Akteure der Justiz, des Staates, der Zivilgesellschaft, der Armee, der Rebellen, der Unternehmen, der Schürferverbände, der UNO und der NGOs in einen offenen, nicht abgesprochenen Disput auf Basis lokalen und internationalen Rechts traten. Es entstand mitten im Konfliktgebiet eine soziale Plastik als Modell einer künftigen Rechtsprechung für die neuen Kriege in einer globalisierten Welt.

Als Ironie der Geschichte oder als glückliche Fügung ergab es sich, dass die Einheit von Handlung, Zeit und Ort, die die dramatische Grundregel des alten Theaters bildete, im Kongo Tribunal zu neuer Bedeutung kam. Denn nur in dramatischer Verdichtung kann man zeigen und begrifflich machen, was der Menschenrechtsanwalt Wolfgang Kaleck, Mitglied der Berliner Jury, als „multi-sided global event" bezeichnet hat, ein globales Ereignis, das an mehreren Orten gleichzeitig stattfindet und daher normalerweise kaum einer Gesamtschau unterzogen werden kann. Denn die Kriege in der Demokratischen Republik Kongo sind geradezu exemplarisch für ein solches „multisided global event", da die Entscheidungen darüber, was vor Ort getan oder unterlassen wird, über die ganze Welt verstreut fallen.

Daher erwies es sich als äußerst wichtig, dass der Hauptteil des Tribunals in Bukavu stattfand, neben Goma eines der beiden Zentren der Konflikte im Osten des Landes an der Grenze zu Ruanda, und der zweite Teil in Berlin, dem historischen Schauplatz der kolonialistischen Aufteilung des Kontinents bei der Afrika- bzw. Kongo-Konferenz von 1884/85. Und ebenso wichtig war, dass Gericht und Jury in Bukavu erstens eine Art gemischte Kammer bildeten, bestehend aus Persönlichkeiten mit den verschiedensten Funktionen, Hintergründen und Erfahrungen und zweitens trotz der internationalen Zielrichtung vorwiegend aus Kongolesinnen und Kongolesen bestanden. Im Vergleich zum „Russel-Tribunal" über den Vietnamkrieg oder zu anderen, ähnlichen Tribunalen wie dem „Palästina-Tribunal" oder auch zum

Internationalen Gerichtshof in Den Haag, die alle nicht vor Ort tagten oder tagen, erzeugte diese Verankerung eine lokale Bodenhaftung, die dafür sorgte, dass die Bevölkerung dieses Tribunal als ihr eigenes anerkannte und als realen Auftakt für das Ende der Straflosigkeit in ihrem Land interpretierte. Die Tatsache, dass man jeden Tag Hunderte von Besuchern wieder nach Hause schicken musste, weil sie im mit über 1000 Besuchern hoffnungslos überfüllten Saal keinen Platz mehr fanden, ist eines der vielen Zeichen für die lokale Aneignung des Tribunals.

Damit war auch die wichtigste Voraussetzung für eine nationale Aussöhnung gegeben: Die Herstellung von Öffentlichkeit für die Kriegsverbrechen und die Fehler und Versäumnisse der Politik. Denn ohne das Wissen der Opfer, dass ihre Geschichte gehört, Unrecht auch öffentlich Unrecht genannt wird und ihr Leid eine allgemeine Anerkennung findet, kann es keine Versöhnung geben. Hier hat das Kongo Tribunal von Milo Rau vorgelegt für ein kommendes, rechtskräftiges Gericht. In diesem Sinn fasste Vital Kamerhe, Präsidentschaftskandidat der Demokratischen Republik Kongo und Zeuge am Tribunal, die Bedeutung des Projektes für die Menschen im Ostkongo so zusammen: „Die Hearings in Bukavu und Berlin haben gezeigt, dass die Wahrheit ans Licht kommen kann. Sie gaben den Opfern zum ersten Mal die Chance, öffentlich zu sprechen. Und es ist ein Zeichen der Hoffnung für den Kongo, dass die Welt zuhört."

Schließlich kam im Kongo Tribunal aber noch etwas zur Erscheinung, das ich „Die Schönheit des Rechts" nennen möchte. Schönheit ist, wenn überhaupt, eher eine Eigenschaft der Gerechtigkeit oder der Weisheit eines Richters. Das Recht selbst aber soll nicht schön, sondern streng und formal sein. Und auch wenn das Recht Weisheit und Gerechtigkeit immer als Korrektive benötigt, so muss doch stets klar sein, dass es nicht mit ihnen zusammenfällt. Diese Differenz zeigt sich in der Schlichtheit und Beschränktheit des Rechts, die nichts Schönes an sich hat. Und trotzdem gibt es Momente, in denen das Recht in Schönheit erstrahlt. Zum Beispiel wenn Recht, das zu Unrecht geworden ist, in einem symbolischen Akt des Widerstands gebrochen wird, so dass das Recht im Akt der Illegalität plötzlich in seiner ganzen unschuldigen Schönheit zum Leuchten kommt - so etwa beim Richter Azdak im „Kaukasischen Kreidekreis" von Bertolt Brecht, der das strittige Kind nicht der leiblichen Mutter, sondern der Pflegemutter zuspricht, die „für es gut ist". Im Kongo Tribunal, das ja das Recht nur symbolisch repräsentierte, kam dessen Schönheit immer dann zum Leuchten, wenn der theatrale Möglichkeitsraum des Rechts von den Teilnehmenden unvermittelt und unbewusst zum Wirklichkeitsraum umgedeutet wurde. Zum Beispiel als der greise Serge Lammens, der ehemalige Direktor von Sominki, dem Vorgängerunternehmen der im Tribunal angeklagten Firma Banro, am Ende der Befragung zitternd auf seinen Stock gestützt hinter dem Zeugenstand hervortrat und dem Gericht mit Nachdruck seine gesammelten Akten als Beweis für die weiteren Untersuchungen übergab. Oder - mit umgekehrten Vorzeichen - als Jean-Julien Miruho, der Innenminister der Provinz Süd-Kivu, während der Befragung sich plötzlich genötigt sah, alle Zurückhaltung abzulegen und herausfordernd in die Runde zu fragen: „Wer will die Republik Kongo wegen unterlassener Hilfeleistung anklagen? Wer? Wo ist der und was hat er getan, dass er herkommt und den kongolesischen Staat verklagen will?"

Nebst dem, was durch das Kongo Tribunal zur Erscheinung kam und was es auch in Zukunft noch an Wirkung entfalten wird, ist aber nicht zu vergessen, dass es auf Grund der instabilen Lage im Ostkongo auch das Potential nachträglichen Scheiterns in sich trägt. Niemand garantiert, dass Jury oder Zeugen nicht drangsaliert werden, sich nicht als Lügner erweisen, indem sie mit ihren späteren Handlungen die Ziele des Tribunals hintergehen oder das Tribunal für andere Zwecke umdeuten. Doch dieses Dilemma ist unvermeidbar. Es ist letztlich das Zeichen dafür, dass Milo Rau mit dem Kongo Tribunal eine Verkörperung der Konflikte gelungen ist, in der die Spannungen, die es abbildet, selbst noch präsent sind, der Grundkonflikt des künstlerischen Akts noch wirksam ist und nicht durch ein hermetisches Werk dem imaginativen Vergessen anheimfällt. Im Fall des Kongo Tribunals ist der Prozess der Symbolisierung mehr als eine reflexiv-distanzierende Handlung, er ist objektive Analyse und politische Aktion. Er kehrt gewissermassen an seine Anfänge zurück, indem er beide Pole besetzt und in Balance hält: neutrale Schau und reale Beteiligung, Repräsentation und Präsentation, Erlösungsversprechen und Schuldverstrickung.

ZUM AUFBAU DES BUCHES UND ZUR FUNKTIONSWEISE DES TRIBUNALS

Das Kongo Tribunal ist der aktuelle Schlusspunkt einer Phase der intensiven Beschäftigung von Milo Rau mit Zentralafrika, die er mit der Theater-, Film- und Buchproduktion "Hate Radio" (über den ruandischen Genozid) 2011 in Angriff genommen und u. a. mit der Talkshowreihe "Die Berliner Gespräche" 2013/14 fortgeführt hat. Ebenfalls schließt sich mit dem Kongo Tribunal nach den Moskauer Prozessen und den Zürcher Prozessen (beide 2013) ein Zyklus der Gerichtsformate im Schaffen des International Institute of Political Murder.

Vergleichbar mit den anderen Materialienbänden, die ebenfalls im Verbrecher Verlag erschienen sind – Die letzten Tage der Ceausecus (2010), Hate Radio (2014), Die Moskauer Prozesse / Die Zürcher Prozesse (2014) – sind in diesem Band die wichtigsten Zeugenbefragungen, Statements der internationalen Jury, Reden, Interviews und Rechercheberichte von Milo Rau, Plädoyers der Richter sowie Analysen und Presseberichte versammelt. Parallel zu diesem Materialienband gibt der Film „Das Kongo Tribunal" (2017) ein eindrückliches Zeugnis dieses Projekts.

Wie bereits erwähnt, lag der Hauptfokus des Tribunals in der öffentlichen Darstellung der wichtigsten und widersprüchlichen Diskurse in verdichteter und möglichst aussagekräftiger Form. Um dies zu erreichen, wurden drei exemplarische Fälle ausgewählt, deren Darstellung und Verhandlung die drei zentralen Kapitel des Buches bilden. Gemäß seiner Zielsetzung wurde die Jury des Kongo Tribunals „nicht nach der Logik des Urteils, sondern nach der Logik des Diskurses" zusammengestellt, wie Milo Rau in seiner Eröffnungsrede feststellt. Die einzelnen Sitzungen des Tribunals wurden jeweils eingeleitet durch erklärende Ausführungen zum Fall durch den Untersuchungsleiter Sylvestre Bisimwa und abgeschlossen durch Statements von Jurymitgliedern. Die Befragungen führten die Leitung des Tribunals und die Jurymitglieder zusammen durch. Die Namen der Fragesteller sind im Buch nicht einzeln ausgewiesen. Es steht als allgemeine Kennzeichnung jeweils der Begriff „Jury".

Die Leitung des Tribunals in Bukavu und Berlin bildeten Jean-Louis Gilissen, Gerichtsvorsitzender, Experte für internationales Strafrecht am Internationalen Gerichtshof in Den Haag, dessen Mitbegründer er ist, und Sylvestre Bisimwa, Untersuchungsleiter, Menschenrechtsanwalt in der Demokratischen Republik Kongo und ebenfalls regelmäßig tätig am Internationalen Gerichtshof in Den Haag.

Zur Jury in Bukavu gehörten die Menschenrechtsaktivistin Venantie Bisimwa Nabintu (Demokratische Republik Kongo), die Afrika-Korrespondentin Colette Braeckman (Belgien), Gilbert Kalinda, Anwalt des multinationalen Bergbauunternehmens Mining and Processing Congo - MPC (Demokratische Republik Kongo), Prince Kihangi, Anwalt für Bodenrecht und führender Kenner und Kritiker der Minenindustrie im Gebiet der Großen Seen (Demokratische Republik Kongo) und Sévèrin Mugangu (Demokratische Republik Kongo), Kabinettsvorsitzender des Provinzgouverneurs und auf Bodenrecht spezialisierter Jura-Professor.

Zur Berliner Jury gehörten die Afrika-Korrespondentin Colette Braeckman (Belgien), die Menschenrechtlerin Saran Kaba Jones (Liberia), der Snowden-Anwalt und Spezialist für internationales Strafrecht Wolfgang Kaleck (Deutschland), die Soziologin Saskia Sassen (USA), der Politiker und Künstler Marc-Antoine Vumilia (Demokratische Republik Kongo) und der Globalisierungskritiker und Gewaltforscher Harald Welzer (Deutschland). Neben der Beurteilung der gestellten Leitfragen forderte die Berliner Jury die Schaffung eines Gerichtshofes für internationale Wirtschaftsverbrechen sowie die Installation einer gemischt kongolesisch-internationalen Kammer für die Verhandlung der über 600 Massaker im Ostkongo.

Rolf Bossart
St. Gallen, Juni 2016

RUTH AND JUSTICE

Milo Rau

REGIETAGEBUCH 1

FÜR NICHTS GESTORBEN

Im Jahr 1967, in seinem Eröffnungsstatement zum Vietnam-Tribunal, welches als Russell-Tribunal in die Geschichte einging, sagte Jean-Paul Sartre: „Die Legalität dieses Tribunals besteht in seiner absoluten Machtlosigkeit und zugleich seiner Universalität." Das Gleiche trifft auf das Kongo Tribunal zu, das wir in diesem Mai im Ostkongo durchführen werden.

Die öffentlichen Hearings werden sich über mehrere Tage hinziehen, kongolesische Regierungs- und Oppositionspolitiker, Militärs und Milizionäre, UNO- und Weltbankfunktionäre, große Minenbaufirmen und einfache kongolesische Bürger werden vor dem Tribunal aussagen.

Das Urteil der Jury wird keinerlei Rechtskraft haben. Was dabei aber - so hoffe ich - entstehen wird, ist ein Porträt einer entfesselten Weltwirtschaft, in der der an Coltan, Zinn und Kup-

fer reiche Ostkongo mit ins Zentrum der globalen Verteilungskämpfe gerückt ist.

Wer den ostkongolesischen Mineralienhandel kontrolliert, beherrscht den IT- und Kommunikationstechnologiemarkt des 21. Jahrhunderts. Kombiniert mit ethnischen Konflikten und einer korrupten Regierung sind dies auch Gründe, warum der bald 20 Jahre herrschende Krieg in der Region der Großen Seen fortdauert und bisher über drei Millionen Opfer gefordert hat.

Während früherer Recherchen wurden ich und mein Kamerateam Zeugen von Massakern, Deportationen, extremster Armut: dem unfassbaren Elend einer Bevölkerung, die in einer gewaltigen Experimentalsituation dem unterworfen ist, was Naomi Klein „Schockstrategie“ nennt.

Denn die internationalen Minenbaufirmen, die im Ostkongo Gebiete von der Größe deutscher Bundesländer kontrollieren, profitieren von der völligen Abwesenheit staatlicher Strukturen. Wer sollte sich ihren Umsiedlungsaktionen im allgemeinen Chaos schon in den Weg stellen?

Die UNO-Truppen beschäftigen sich oft damit, ehemalige Milizionäre in publicitywirksamen Aktionen in die Armee zu integrieren. „Peacekeeping“ nennt sich das. Es verunmöglicht jede Form von Gerechtigkeit.

Ein typisches Beispiel dafür ist Colonel Venant Bisogo. Als ich vor wenigen Tagen in das 2.000 Kilometer von Goma und Bukavu entfernte Kinshasa kam, hörte ich, dass er auch in der Stadt war. Bisogo war 1997 als ruandischer Kommandeur in den Ostkongo einmarschiert und hatte dann mit Kabila zusammen Mobutu gestürzt.

Enttäuscht von Kabilas Sohn – der seinem Vater nach dessen Ermordung 2001 auf den Thron folgte –, hatte Bisogo sich einer Revolte im Ostkongo angeschlossen. Schließlich war er, wie die meisten höheren Offiziere seiner Einheit, in die kongolesische Armee (re)integriert worden.

Bisogo empfing mich in einem deprimierenden Stützpunkt mitten im Wald, etwa 40 Kilometer vor den Toren Kinshasas. Wie sich schnell herausstellte, war er in den Westen strafversetzt worden: Der Colonel hatte einmal mehr mit einem Aufstand geliebäugelt, des Weiteren schien er in einen Rohstoffdeal mit einem ruandischen Konsortium verwickelt. Es war schlicht zu gefährlich für die Machthaber in Kinshasa, ihn im Osten stationiert zu lassen. Denn wieder einmal wankt dieser Tage das Regime der Familie Kabila.

Die Bevölkerung der Hauptstadt ist gegen den Versuch der Regierung, die Präsidentschaft Kabilas anhand eines Tricks bis auf den Sankt-Nimmerleins-Tag zu verlängern, auf die Straße gegangen. Über 40 Menschen sind letzte Woche gestorben – erschossen von Polizei, Armee und Präsidentengarde.

Einmal mehr dreht sich nun der Reigen der international supervisionierten, kongolesischen Pseudodemokratie: Ich nehme an endlosen Meetings der Opposition über mögliche Konsequenzen teil (die darin gipfeln, dass die Revision des Wahlgesetzes verlangt wird).

Die UNO ihrerseits beruft die übliche Pressekonferenz ein, auf der die Vorgänge „aufs Schärfste" verurteilt werden. Colonel Bisogo seinerseits machte es sich bei unseren Treffen noch einfacher: Er behauptet einfach, die Armee sei nicht beteiligt gewesen an dem Massaker. Eine angesichts der Filmaufnahmen so absurde Behauptung, dass der Colonel selbst ein wenig darüber lachen muss.

„Diese Menschen sind für nichts gestorben", sagt mir mein Freund, der Choreograf Faustin Linyekula, als wir nach Kinshasa zurückkehren. Wie alle drei Millionen Toten des Kongokriegs.

Erschienen in: TAZ – Die Tageszeitung, 27. Januar 2015

Andreas Tobler,
Journalist und Tribunalberichterstatter (Bukavu / Berlin)
im Gespräch mit Milo Rau

DAS SYMBOLISCHE ZEIGT SICH HIER ALS DAS KONKRETESTE

Berlin, 1. Juli 2015

TOBLER Bei Ihrem „Kongo Tribunal", wie es in Bukavu und Berlin stattfand, wurden erstmals anhand von konkreten Fällen und mit realen Akteuren die neoliberale Ausbeutung und die Massaker untersucht, von denen der Kongo wiederholt heimgesucht wird. Mich würde interessieren, wie dieses Projekt überhaupt in praktischer Hinsicht realisiert werden konnte? Wenn vom Kongo die Rede ist, assoziieren die meisten Westeuropäer ja gleich failed state, Korruption und andere Begriffe hinzu, die gegen das Stattfinden eines solchen Tribunals sprechen. Wie haben Sie es geschafft, dass das Tribunal in Bukavu schließlich unter Beteiligung der Regierung und der politischen Opposition über die Bühne gehen konnte? Es muss doch tausend Hindernisse und Widerstände gegeben haben!

RAU Im Ostkongo hat sich der Staat weitgehend auf die Zentren zurückgezogen, im Fall der Kivu-Region sind dies Bukavu und Goma. Diese Städte werden von den UNO-Truppen geschützt, was nicht immer, aber doch meistens funktioniert, und so ergibt sich der aus allen Kriegsgebieten bekannte Widerspruch, dass man im Zentrum des Orkans eben ein solches Tribunal organisieren kann. Dass das bisher – trotz der geschätzt 800 – 1.000 Fälle an Wirtschafts- und Massenverbrechen – seit 1996 nicht gemacht wurde, hängt mit dem völligen Fehlen eines funktionierenden Justizsystems zusammen, aber auch mit dem Fehlen eines politischen Willens: Alle Akteure, von der Regierung über die Rebellenorganisationen bis zum Militär, der UNO, den NGOs und natürlich den großen Firmen, profitieren von der aktuellen Situation. Insofern war es absolut unwahrscheinlich, dass wir das hinbekommen, und ich denke, dass wir es nur dank der Verknüpfung verschiedener Faktoren geschafft haben. Was die psychologische Seite angeht, so war es ja nach den „Moskauer" und den „Zürcher Prozessen" das dritte Mal, dass ich in dieser Weise gearbeitet habe. Ich wusste, dass absolute Ehrlichkeit und Objektivität nötig sein werden, um eben auch die „angeklagte" Seite mit ins Boot zu holen, also zum Beispiel den Anwalt der größten Minenfirma des Ostkongo, der bei uns in der Jury saß, den Innenminister oder den Gouverneur, die für ein vom „Kongo Tribunal" verhandeltes Massaker direkt verantwortlich waren. Das schaffte ich, indem ich ihnen klarmachte, dass ich keineswegs der paranoide Marxist bin, für den man mich angesichts des Projekts halten könnte, und dass es durchaus auch um eine Kritik an der im Westen ja immer hochgejubelten "Zivilgesellschaft" ging (aus der heraus in Übergangsgesellschaften extrem viele identitäre Konflikte entstehen) und der „traditionellen Wirtschaft" (die in keiner entscheidenden Weise zur Befriedigung oder zum Aufschwung der Region beigetragen hat) - nach der Maxime: Gib dem Neoliberalismus eine Chance! Und natürlich habe ich auch mit dem üblichen Antagonismus gespielt: Wenn der Oppositionsführer Vital Kamerhe mit dabei ist, dann schickt die Regierung auch jemanden - und so weiter. Ich glaube also, dass das Format einfach überzeugend ist, und der Druck aus der Bevölkerung, die das „Tribunal" sofort adoptiert und als symbolische und einmalige politische Chance begriffen hat, war groß. Auch ergeben sich über die Jahre immer auch echte Freundschaften oder immerhin Seilschaften mit allen möglichen Leuten, die dann weitere Türen öffnen - eben etwa zu Vital Kamerhe, zum Kulturminister, zum Leiter der UNO usw. Zudem hat, zumindest bis kurz vor der Eröffnung des Tribunals, die UNO das Projekt umfangreich unterstützt, sie haben uns ihre Helikopter zur Verfügung gestellt etc. Aber klar: 30 Leute auf der Bühne bedeuten das Zwanzigfache an Vorgesprächen, es ist ein ungeheurer Aufwand. Und wir führten das Tribunal ja nicht nur durch - wir filmten es auch, zu professionellen Bedingungen, mit 500 Zuschauern und 5 Kameras. Das alles ist eigentlich eine Unmöglichkeit, das Zauberwörtchen lautet hier: Ausbeutung aller psychologischen, finanziellen und physischen Ressourcen, auf die man zurückgreifen kann.

TOBLER Und so waren sie alle da: der Gouverneur der Provinz Südkivu als Regierungsstatthalter, eine einfache Bäuerin, die von einem internationalen Minenkonzern umgesiedelt wurde; Rebellenführer gaben ihre Aussagen zu Protokoll wie auch der Innenminister der Provinz Südkivu, der für die Polizei verantwortlich ist. Einige gingen dabei ja ein gewaltiges Risiko ein. Wissen Sie, was die einzelnen dazu motiviert hat, für dieses Tribunal ihre materielle Existenz oder gar ihr Leben aufs Spiel zu setzen?

RAU Was die „einfachen Leute" angeht, etwa die erwähnte Bäuerin, Minenarbeiter oder ehemalige Angestellte der Rohstofffirmen, so war - bedauerlicherweise - klar, dass sich diese Chance so schnell nicht wieder eröffnen würde, vielleicht in ihrem Leben nicht mehr. Diese Menschen, etwa die Überlebenden des Massakers von Mutarule oder die von Banro Vertriebenen, hatten schlichtweg auch nichts mehr zu verlieren. Warum hätten sie nicht aussagen sollen? Teilweise haben wir sie (meistens ohne Erfolg) geradezu versucht zu zwingen, anonym aufzutreten. Was nun die „Gegenseite" angeht, also etwa die Regierung aus Kinshasa oder den Provinzen selbst, so sind sie es einfach gewohnt, das letzte Wort zu behalten - und waren dementsprechend völlig fassungslos, als sie keine längere Redezeit hatten und auf alle Fragen antworten mussten, wie auch die einfache Bäuerin. Was man aber grundsätzlich schaffen muss, was wohl das Schwierigste ist: Eine Stimmung, dass Abwesenheit nicht belohnt wird, sondern rufschädigend wirkt. Das hat man etwa bei Banro gesehen, einem Konzern, der trotz jahrelanger Verhandlungen am Ende nur mit einem einzigen (anonymen) Kader vertreten war.

TOBLER Kürzlich haben Sie in einem Interview auch von Ihrer Zeit als Aktivist erzählt, die Ihrer künstlerischen Arbeit von heute voranging; Sie waren damals in den Zwanzigern und organisierten Demonstrationen gegen die beginnende Privatisierung des öffentlichen Sektors und gegen die damalige Flüchtlingspolitik. Was konnten Sie an Taktiken und Strategien von dieser Arbeit fürs „Kongo Tribunal" übernehmen? Ist der Milo Rau von heute immer noch Aktivist – oder ist das Organisieren einer Massendemonstration etwas grundsätzlich anderes als die Ausrichtung eines Tribunals, wie es in Bukavu stattfinden konnte?

RAU Einige Strategien aus jener Zeit habe ich natürlich für meine im engeren Sinn „künstlerische" oder „intellektuelle" Aktivität bewahrt: zum Beispiel die relative Lockerheit, mit der wir bei unseren Projekten mit großen Menschenmengen umgehen, wie wir versuchen, auf die öffentliche Meinung einzuwirken – der Hang zur sozialen Plastik, das Verständnis der Ansiedelung eines Kunstprojekts nicht in erster Linie an der Institution Theater oder Film, sondern „in der Gesellschaft". Ein normaler Filmemacher ohne meine Vorgeschichte würde nicht 500 Menschen zu seinen Dreharbeiten einladen (wo sie dann selbst zu Akteuren werden), ein normaler Theatermacher würde wohl nicht unbedingt in den Kongo fahren, um so ein Projekt zu machen, sondern es in Berlin oder immerhin in Europa stattfinden lassen. Ich habe aber eben als Aktivist, als Veranstalter von Demonstrationen angefangen, für mich ist die kollektive politische Topographie eines Raums, die Zusammensetzung eines Publikums usw. von entscheidender Bedeutung. Das Problem des Vietnam-Tribunals (1967), von dem wir uns haben inspirieren lassen (etwa in der Zusammensetzung der Jury oder der Auswahl der Richter), liegt darin, dass es nicht in Vietnam oder immerhin den USA, sondern in Kopenhagen stattfand. Zugleich gibt es aber Dinge, die ich nur als Autor und Regisseur habe machen können, der in Dramaturgien von Abendveranstaltungen eine gewisse Erfahrung hat: das Timing, die Auswahl der Zeugen, der „Bau“ der drei Fälle und der Aussagen, das ganze Design und die mediale Erzählung des „Kongo Tribunals“ bis hin zu gewissen Effekten, die aber auch einige als „Selbstmystifizierung“ beschreiben würden.

TOBLER Bei Ihrer Eröffnungsrede in Bukavu haben Sie hervorgehoben, dass es sich beim dort stattfindenden „Tribunal sur le Congo“ um ein „fiktives“ oder „symbolisches“ Gerichtsverfahren handelt, das im juristischen Sinne machtlos bleibt. Was kann ein solches Tribunal leisten? Und welche Rolle spielen die Modi des Indirekten in Ihrer Arbeit an einem Neuen Realismus? Ich frage dies nicht zuletzt, weil es ja Hegel war, der die Reflexion als Signatur unserer Gegenwart ausgemacht hat, als er schrieb, dass die Ironie und andere Modi des Indirekten das Ende der Kunst in der Moderne bedeuten würden.

RAU Ich denke, dass der Begriff des Symbolischen genau das Gegenteil des Reflexiven meint, von dem Hegel spricht: Die symbolische Handlung ist das Vorleuchten einer Zukunft, in der dieses Symbolische gewissermaßen normal wäre. Hegel hat die Funktionsweise der ästhetischen Handlung als realitätsbildende nicht begriffen, da er im Grund ein Konservativer war und geblieben ist, wie ja alle Romantiker. Hegels Griechenland, diese Verbindung von staatlich realisierter Schönheit und Wahrheit, war vorbei, auf immer – den Nachgeborenen blieben nur die Melancholie und die Ironie. Um ein schönes Wort von Jean Ziegler zu zitieren, betrachte ich unsere Gegenwart aber nicht als Nachgeschichte (etwa der ideologischen Zeitalter), sondern als „Vorgeschichte des Menschlichen“: Wir sind noch halbe Tiere, gierig und völlig unfähig, über das Tagesgeschäft hinauszudenken. Dem Neuen Realismus kommt dabei eine messianische Rolle zu: Er setzt gegen den zynischen Realismus der Expertokratie („Im Kongo wird es niemals Gerechtigkeit geben“) einen Möglichkeitsrealismus, der Situationen schafft, in denen das Unmögliche nicht nur denkbar wird, sondern sich tatsächlich – für 3 Tage, für 6 Tage – realisiert. Beim „Kongo Tribunal“ geht das Grässliche eines ökonomischen Weltkriegs “durch den Raum“, wie ein Gespenst – aber unter den Augen eines Weltgerichts. Die Banderolen, wie Fahnen einer Armee oder Spruchbänder einer Partei, geben dieser Handlung die Autorität einer Beschwörung. Im Grund sind wir im „Kongo Tribunal“ vom Exorzismus der katholischen Kirche nicht weit entfernt. Das Symbolische zeigt sich hier, wie in Goethes Definition des Symbols, als das Konkreteste: „Genau so“ wie das Kongo Tribunal muss ein Gericht funktionieren, „genau so“ realisiert sich Gerechtigkeit, „genau so“ funktioniert sein Timing, seine Gerichtsordnung usw. Was nun das „Fiktive“ angeht, die künstlerische „Rahmung“, das „Hergestellte“ oder „Indirekte“, in der das alles möglich wird, würde ich gern an den Grundsatz der strukturalistischen phänomenologischen Soziologie erinnern, wie mein Lehrer Pierre Bourdieu sie predigte: Es gibt keine natürlichen kulturellen Handlungen, es gibt nur Handlungen, die so weit normalisiert sind, dass sie uns natürlich erscheinen. Was Kojève nicht verstand, ist, dass das Sinnhafte immer zuerst Attitüde ist, Versuch. Hegels Griechenland (oder das Mittelalter der Romantiker) existierte genauso lange, wie die entsprechende Gesellschaftsformation ihre kollektive Einbildung aufrechterhalten konnte. Das Anormalste und Künstlichste in der Welt ist das Menschliche: Der Neue Realismus, der ausschließlich vom Menschlichen handelt, ist deshalb die unauthentischste, indirekteste Kunstform, die denkbar ist.

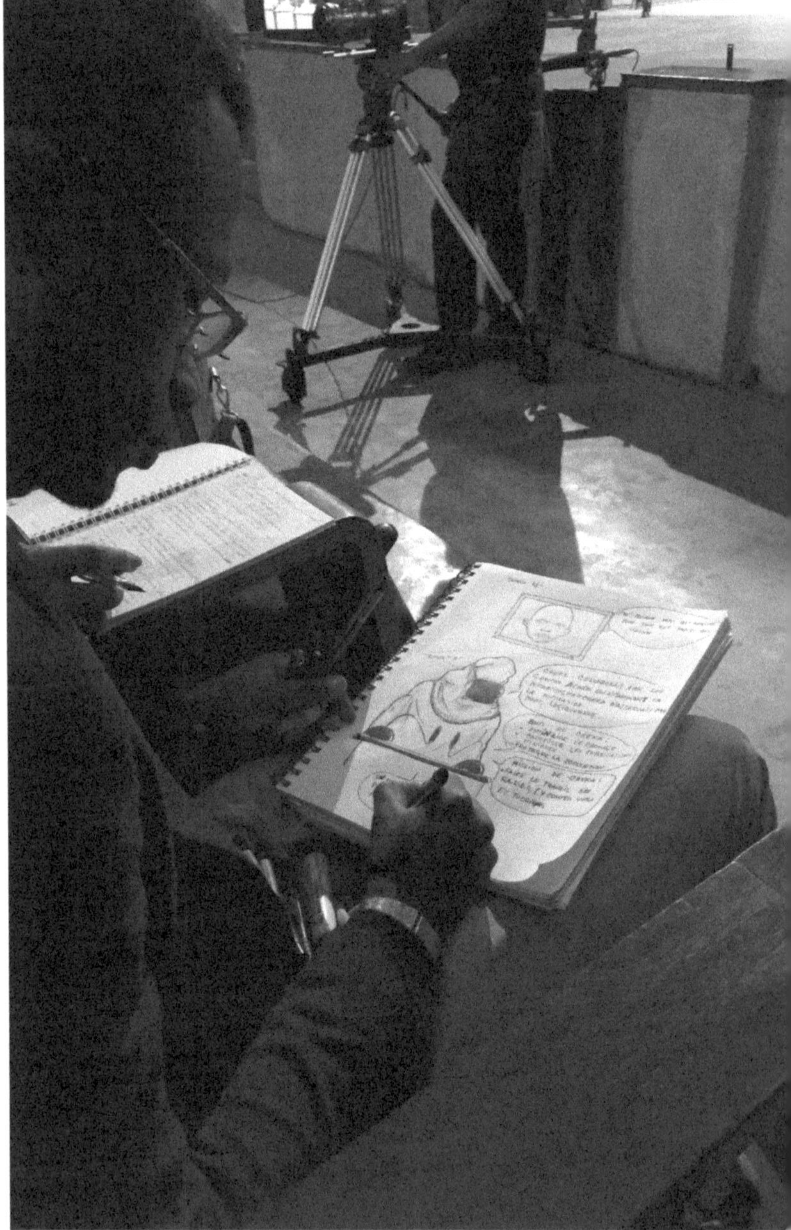

TEMOIN

C'EST QUAND MPC EST ARRIVÉ QUE TOUT EST PARTI EN VRILLE!

CHEKA COLLABORAIT AVEC LES GROUPES ARMÉES QUI ATTAQUAIENT LA POPULATION, MAIS CHEKA N'ATTAQUAIT PAS LA POPULATION.
DONC, LOGIQUEMENT, ...
BUTS DE CHEKA:
- DIMINUER LE CHÔMAGE
- CONTRÔLER LES EXPLOITATIONS MINIÈRES
- PROTEGER LA POPULATION
MISSION DE CHEKA:
• FAIRE LE TRAVAIL DES F.A.R.D.C, (Y COMPRIS VIOLS ET TUERIES.
E TRIBUNAL SUR
UN RÉVOLUTIONNAIRE N'ATTEND PAS L'AVAL DU GOUVERNEMENT, POUR AGIR!! AH NON! NON, SANS BLAGUES!!!
Kayene

TOBLER Bemerkenswert an Ihrer Arbeit ist der feuerfeste Glauben an die Dialektik, den Sie mit jedem Ihrer Projekte erneuern. Auch mit dem „Kongo Tribunal“, das in Bukavu als antagonistisches Gerichtsverfahren angelegt war. Tatsächlich trafen im Collège Alfajiri, wo Ihr Theatertribunal im Ostkongo stattfand, politische Gegenspieler aufeinander, darunter Regierungsvertreter wie der Gouverneur der Provinz Südkivu und der bereits erwähnte Oppositionspolitiker Vital Kamerhe. Warum ist die Dialektik ein so wichtiges Erkenntnismodell für Sie?

RAU Das Drama des Kongo ist es, dass der dort herrschende Krieg nicht als logische und notwendige Folge (und immer neu hergestellte Grundlage) der Politik der lokalen und globalen ökonomischen und politischen Machthaber erkannt wird, sondern als eine Art Übergangszustand. Die Pazifizierungs- und Amnestie-Politik etwa der UNO erweckt den Eindruck, dass jeder Widerspruch verschwände, würden die Kongolesen nur miteinander reden und gemeinsam nach einer Lösung suchen. Wie aber das „Kongo Tribunal“ zeigte - auch weil ich es zeigen und zur Erscheinung bringen wollte: Es gibt UNVEREINBARE Interessen. Internationales Handelsrecht (getarnt als Code Minier) und lokales Bodenrecht (unter anderem geschützt durch die kongolesische Verfassung) sind UNVEREINBAR, die europäische Energiepolitik ist UNVEREINBAR mit den Interessen der ostkongolesischen Bevölkerung - eben genauso wie in Hegels berühmtem Beispiel das traditionelle Recht Antigones und der Legalismus Kreons UNVEREINBAR sind, da können sie sich noch so viele Rededuelle liefern. Mit postpolitischen Gesprächsgruppen ist da nichts zu lösen, nur zu verschleiern, und das „Kongo Tribunal“ ist ein Format der Entschleierung und damit der Darstellung. Der Gouverneur und Kamerhe sind in der Konstellation interessante dramaturgische Zutaten, aber nicht die entscheidenden Akteure. Viel entscheidender ist für das dialektische Funktionieren des Tribunals die Zusammensetzung der Jury aus einem Minenrechts-Aktivist und einer Bodenrechts-Aktivistin, einem Firmenanwalt und einem Vertreter der artisanalen Schürfer. Was das „Kongo Tribunal" also tut, ist die TRAGISCHE Qualität dieses Kriegs sichtbar zu machen - in Figurensprache. Und damit das, zugegeben, etwas „simple" Format des Dramas zurück in eine Welt zu bringen, die sich an ein zusammenhangsloses Präsentieren von Opfern und Tätern gewöhnt hat.

TOBLER Widerspricht der Ansatz, die Unvereinbarkeit und die „tragischen Qualitäten" der Kongo-Konflikte sichtbar zu machen, nicht dem Anspruch Ihres Tribunals, ein Vorleuchten der „Chambres mixtes" zu sein, von denen der kongolesische Jurist Sylvestre Bisimwa träumt, der bei Ihrem symbolischen Gericht den Untersuchungsleiter gab? In Bukavu hatte sich bei mir der Eindruck verfestigt, dass die Teilnehmenden angesichts der Unvereinbarkeit ihre Verantwortung abstreiten und an andere delegieren konnten: die politische Opposition verwies auf die Regierung, diese wiederum auf den globalen Kapitalismus; NGOs schlugen auf die UNO ein, die artisanalen Minenarbeiter auf die internationalen Konzerne.

RAU Ich denke nicht, dass die verschiedenen Versuche, die Verantwortlichkeiten zu verschleiern, funktioniert haben. Gerade wurde mir eine Ausgabe von „Le Souverain" zugeschickt, der einzigen gedruckten (Monats-)Zeitung des Ostkongo. Auf dem Titelblatt ist eine Karikatur des Gouverneurs zu sehen, wie er sich angesichts der völlig entblößenden Aussagen des Innenministers (der indirekt für das Massaker von Mutarule verantwortlich ist) die Hände vors Gesicht schlägt: „Oh, was redest du da ..."

TOBLER ... was real so nie stattfand. Es war ja geradezu verstörend, dass der Gouverneur sich während des Tribunals nichts anmerken ließ, selbst in jenem Moment, auf den die Karikatur anspielt, und in dem der Innenminister freimütig einräumte, dass er nicht wisse, ob die Polizei in jener Nacht im Dienst war, als sich das Massaker ereignete.

RAU Genau. Und auf dieselbe Weise haben auch andere Zeugen, vor allem von Regierungs- und Militärseite, ihre Verantwortlichkeit mehr oder weniger explizit eingestanden, was natürlich der Situation als solcher geschuldet war. Sie waren es einfach gewohnt, sie konnten sich nicht einmal vorstellen zur Rechenschaft gezogen zu werden, und so reagierten sie auch auf offener Bühne: völlig unvorbereitet. Das war ja die eigene Tragik des Tribunals in Bukavu, und da trifft der Einwand natürlich zu: Solange die Regierung ihre Schiedsrichterrolle nicht einnimmt, können sich die Firmen auf der einen und die artisanalen Schürfer auf der anderen Seite aus der Verantwortung stehlen. Das ist die tatsächliche, eben tragische Lage der „impunité", der korrupten Eliten und des Fehlens eines verbindlichen Wirtschaftsrechts, die das „Kongo Tribunal" mit abbildete. Gleichzeitig geht aber eben das „Kongo Tribunal" darüber hinaus, am Ende steht ja tatsächlich ein Urteil - das im Kongo als solches gelesen und im „Souverain" abgedruckt wurde. Hier geht es darum, Verantwortlichkeiten festzustellen und öffentlich zu fixieren - die „tragische" Situation durch einen Schiedsspruch aufzulösen, die Möglichkeit eines Urteils (und einer Verurteilung) vorscheinen zu lassen. Der entscheidende theatrale Moment - und für mich die stärkste Situation des ganzen Tribunals, die ans Surreale grenzte - war die Verlesung des Urteils in der Pressekonferenz, in Anwesenheit aller Beschuldigten und ihrer Vertreter, aber auch der Opfer.

TOBLER Die von Ihnen beschriebene Konfusion ermöglichte auch während des Tribunals wiederholt Momente, die in einem regulären Gerichtsverfahren kaum möglich und auch nicht vorhersehbar waren.

So etwa, als der Vertreter einer Rebellentruppe gefragt wurde, ob seine Miliz vergewaltigt hatte. „Die kongolesische Armee vergewaltigt auch", entgegnete der Befragte, der damit indirekt eingestand, dass der Tatbestand der Vergewaltigung erfüllt war. Das hätte man kaum für möglich gehalten – und war für mich einer der beeindruckendsten Momente Ihres Tribunals. Inwiefern konnten Sie das Tribunal steuern und seine Ergebnisse vorhersehen? Ich frage das nicht zuletzt, weil das Tribunal von Ihnen ja ganz klar als Inszenierung markiert war: Vor jeder Verhandlung wurde eine Filmklappe geschlagen; die Kameras Ihres Teams waren immer gut sichtbar. Und es war – so mein Eindruck – von Ihnen dramaturgisch ganz klar gesetzt, dass der Gouverneur als mächtigster Teilnehmer jeweils am Ende der ersten und letzten Sitzung das Wort erhielt. Oder dass das Massaker von Mutarule als spektakulärster Fall am dritten und letzten Tag des Tribunals zur Verhandlung angesetzt war.

RAU Das stimmt: Vom dramaturgischen und inszenatorischen Standpunkt her ist wenig zufällig am „Kongo Tribunal". Alles ist gebaut und teilweise auch einstudiert, wie in einem normalen Verfahren wurde nichts dem Zufall überlassen. Oder anders ausgedrückt: Es ist ein unglaublicher dramaturgischer und vor allem organisatorischer Aufwand, all diese Linien und Erzählungen in drei Tagen zusammen- und wieder auseinanderlaufen zu lassen, ohne dass es völlig unüberschaubar wird. Wir haben versucht, so multiperspektivisch wie möglich zu sein, und im Vergleich zum Beispiel zum bereits genannten „Vietnam-Tribunal", auf dem kein einziger Vertreter der Angeklagten vertreten war, ist uns das wohl auch gelungen. Sicherlich auch durch symbolische Eingeständnisse, etwa gegenüber der kongolesischen Regierung, die ja selbst angeklagt war (wobei der Gouverneur sehr bewusst als Erster, aber nicht als Letzter spricht: da überredete ich ihn, der Zivilgesellschaft in Gestalt der Chefredakteurin des unabhängigen

„Souverain“ das Wort zu überlassen). Mit der UNO kam es, da wir trotz mehrmonatigem Einwirken verschiedener Ebenen der Vereinten Nationen nicht auf die Behandlung des Falls von Mutarule verzichten wollten (in dem die UNO ja eine extrem üble Rolle gespielt hat), schließlich zum Bruch – jedenfalls denke ich, dass das der Grund war. Auch von der Minenfirma Banro hätte, wie von MPC/Alphamin, ein Anwalt in der Jury des Tribunals sitzen sollen, was dann nach monatelangem Hin und Her doch nicht geklappt hat. Wie auch immer: Banro zog es am Ende vor, nicht offiziell vertreten zu sein – um dann, was natürlich völlig durchschaubar war, am Ende so zu tun, als wären sie enttäuscht darüber, als ein Mitarbeiter von Banro fragte, warum seine Firma nicht vertreten sei ... Netter Versuch, kann man dazu nur sagen, der von unserem vorsitzenden Richter durch eine Klarstellung der „Strategie des leeren Stuhls“ auch öffentlich ausgeräumt wurde. Gleichzeitig aber ist das auch verständlich: Denn es ging beim „Kongo Tribunal“ ja um drei klar definierte Wirtschafts- und Massenverbrechen, das heißt die großen Institutionen (die Armee, der Staat, die Multis, die Vereinten Nationen) wussten natürlich, dass es an der engeren Schuld- bzw. Zuständigkeitsfrage nichts zu rütteln gab. Oder anders ausgedrückt: Anders als etwa bei den „Moskauer Prozessen“ ging es weniger um den Kampf zweier Weltanschauungen, die „tragisch“ unvereinbar gewesen wären, sondern um ein möglichst vielschichtiges Porträt eines an sich nicht in Frage gestellten wirtschaftlichen und politischen Verbrechenszusammenhangs. Aus diesem Grund war zum Beispiel das Casting im Kongo schwieriger als in Moskau, wo sich die orthodoxe Seite, obwohl sie um meine politischen Vorurteile wusste, ihrer Sache sicher sein konnte – da es ja um Meinungen ging. Beim „Kongo Tribunal“ ging es um ein ganz anderes Niveau von Schuld und Verwicklungen – am Ende um Millionen von Toten.

Article 4 : La Société civile du Nord-Kivu et les délégués des communautés locales du territoire de Walikale où se déroulent les activités minières d'exploitation artisanale [entités concernées] s'engagent à accompagner positivement le présent Programme dans son exécution.

Article 5 : Les fonds alloués au Programme seront gardés dans un compte qui sera ouvert dans une institution financière de la place [Banque ou Coopérative d'épargne].

Article 6 : Le présent Acte d'engagement de développement pourra s'étendre sur toute l'étendue de la Province du Nord-Kivu où s'opèrent les activités minières.

Les signataires,

Pour les Entités de traitement,

Pour la Société civile du Nord-Kivu

Pour les communautés locales du territoire de WALIKALE

Pour les Négociants des minerais

Les Coopératives minières

Pour les transporteurs des minerais

Fait à Goma, le 03 juillet 2012

Milo Rau

REGIETAGEBUCH ❷

NACHGESCHICHTE DES MENSCHLICHEN

Kurz vor meinem Abflug nach Kinshasa schrieb mir ein befreundeter kongolesischer Studentenführer: Wir sollten ihm bitte die Aufnahmen schicken, die wir vergangenen Sommer anlässlich des Massakers von Mutarule gemacht haben - einem Dorf in der Nähe Bukavus im Ostkongo. In Mutarule sind vergangenen Sommer 35 Kinder und Frauen von Milizen ermordet worden.

Durch eine Verwicklung von Zufällen waren wir das erste Kamerateam vor Ort. Die Einwohner hatten die mit Kalaschnikows und Macheten getöteten, teilweise verbrannten Leichen aus Protest auf die Straße gelegt: eine lange Reihe toter Körper, bis auf eine Ausnahme handelte es sich um Mütter und ihre Kinder, das jüngste war zwei Monate alt. Die Bevölkerung war völlig außer sich. Hätte der Studentenführer nicht für uns Partei ergriffen, die Dorfjugend hätte uns wohl umgebracht, als Antwort auf die absurde Abgebrühtheit und Tatenlosigkeit der Welt.

Doch nun wurde unser Kameramann aufgefordert, jede einzelne Leiche, jedes verbrannte Haus zu filmen. Einige Stunden später traf endlich der Innenminister der Provinz ein. Auch er wäre sofort massakriert worden, hätten ihn nicht bis an die Zähne bewaffnete Elitetruppen begleitet.

Im Flugzeug aus Kinshasa in den Ostkongo erinnere ich mich wieder an jenen Tag im vergangenen Sommer: Ein Bagger hob ein Massengrab aus, die Leichen wurden hineingelegt, der Minister warf unter dem Hohngeschrei der Dorfbevölkerung eine Handvoll Dreck hinterher. Der süßliche Leichengeruch war tagelang nicht aus den Kleidern (und sogar dem Mund) zu kriegen. Seltsamerweise sollte das Schlimmste aber die Montage des Materials werden: als wir aus den weinenden Müttern und gestikulierenden Politikern eine „Szene" für den Produktionstrailer schneiden mussten.

Denn Mutarule ist einer der drei Fälle, die wir im Mai im Rahmen des „Kongo Tribunals" verhandeln werden. Der Fall ist auf tragische Weise typisch: Die UNO-Truppen waren, trotz zahlreicher Warnungen, gerade mit einer ihrer üblichen Versöhnungsaktionen beschäftigt und trafen erst vier Tage nach dem Massaker in Mutarule ein.

Die kongolesische Armee, die aus ökonomischen Gründen mit den Angreifern paktierte, hatte sich in der Nacht vor dem Angriff zurückgezogen. Die Mörder ihrerseits wurden gefasst und wieder freigelassen. Das Dorf, das auf einer zentralen Route des Coltan- und Goldschmuggels liegt, ist unterdessen von seinen Bewohnern verlassen worden – was ja der Sinn des Ganzen gewesen war.

Am Nachmittag vor dem Abflug in den Ostkongo esse ich in Kinshasa mit Martin Kobler zu Mittag, dem Leiter der UNO-Mission. Das fast programmatische Scheitern der UNO-Truppen vom ruandischen Genozid bis Mutarule ließ mich einen hilflosen Diplomaten des Stils Boutros Boutros-Ghali erwarten. Der charismatische Kobler jedoch flößt Respekt ein, er hat aus Mutarule ein Fanal gemacht: Die Blauhelmtruppen haben seit dem Massaker endlich eine Schießerlaubnis erhalten. „Nächste Woche greifen wir an", prophezeit Kobler.

Kommt man im Ostkongo an, so trifft man auf niemanden, der sich von Koblers Optimismus hat anstecken lassen. Die Rebellen überhaupt zu finden sei quasi unmöglich, meint ein örtlicher Militärexperte - sie gruppieren sich ständig um und mischen sich unter die Zivilbevölkerung. Die kongolesische Armee ihrerseits, wichtigster Alliierter der Blauhelme, arbeitet mit den Milizionären zusammen.

Einer der Administratoren der Blauhelme bringt es recht offenherzig auf den Punkt: Das Ganze sei eine Prestige-Aktion: „Im Sommer geht unser Chef sowieso wieder woandershin. Bis dahin tun wir eben so, als würden wir das durchziehen. Und dann vergessen wir es einfach."

So wird es also trotz Koblers Anstrengungen noch viele Mutarules geben. Es scheint, als würden auf deprimierende Weise jene Oldstyle-Marxisten recht behalten, die in den UNO-Truppen und ihren „Aktionen" nur die humanistische Deko einer völlig aus den Fugen geratenen Welt sehen.

Von Jean Ziegler, der in der Jury des „Kongo Tribunals" sitzen wird, stammt ein Satz, der mich immer sehr beeindruckt hat: „Wir befinden uns in der Vorgeschichte des Menschlichen." Wir sind noch unfertig, gierig, grausam und gedankenlos wie Tiere, erst auf halbem Weg zum Menschen. Manchmal fürchte ich jedoch, dass wir unsere Chance verpasst haben - und uns bereits in der Nachgeschichte des Menschlichen befinden.

Erschienen in: TAZ – Die Tageszeitung, 3. Februar 2015

Milo Rau
REGIETAGEBUCH ❸
WIE EIN BRUEGEL'SCHES BILD

Seit ich das erste Mal damit geflogen bin, habe ich eine Schwäche für Militärhelikopter: die Bänke, auf denen man sich gegenübersitzt, das Dröhnen der Rotoren, die langsamen Bewegungen des Körpers der Maschine.

Vor allem aber mag ich es, dass alle Helikopterpiloten in Zentralafrika Russen sind. Früher, als ich öfter in Ruanda war, spielte ich mit ihnen bei „Chez Lando" in Kigali Billard, und wir sprachen über die Tschetschenienkriege und die Trash-Romane von Limonow. Russische Militärpiloten, die in Zentralafrika stationiert sind, langweilen sich. Sie sind deshalb große Leser – und natürlich genauso große Zyniker.

Vor ein paar Tagen brachte uns ein Helikopter der UNO vom ostkongolesischen Goma nach Walikale, einer malariaverseuchten Minenstadt im Bürgerkriegsgebiet. Walikale wurde das letzte Mal im Jahr 2013 ernsthaft geplündert, seither ist es verhältnismäßig ruhig, abgesehen von den üblichen Scharmützeln in den Wäldern rund um die Stadt.

Besonders gefürchtet bei den hier stationierten pakistanischen UNO-Soldaten sind die Milizen des ehemaligen Geschäftsmanns Ntabo Ntaberi Sheka. Obwohl ein gesuchter Kriegsverbrecher, dem alttestamentarische Folterungen und Massenvergewaltigungen zur Last gelegt werden, ist er bei der einheimischen Bevölkerung beliebt. „Seine Forderungen sind unsere Forderungen", sagt ein Sprecher der Minenarbeiter.

Die Forderungen der Bevölkerung sind klar: Sie wollen ihre Schürfrechte nicht verlieren. Nahe Walikale liegt mit Bisie die bedeutendste Zinn- und Coltan-Mine des Kongo, zu Beginn des Jahrtausends lebten über hunderttausend Menschen vom Bergbau.

Doch die einheimischen Schürfer wurden ab 2006 von einer Minenfirma vertrieben, unterstützt von der kongolesischen Armee. Zugleich Rückzugsgebiet der ruandischen Völkermordmilizen der FDLR, ist die Region heute eine Art Niemandsland.

Gleich nach der Ankunft in Walikale treffe ich mich mit F., der 2009 mit Sheka die Miliz gegründet hat, aktuell gemäß Schätzungen die größte des Kongo. Die beiden waren Händler gewesen, kurze Zeit sogar Vertrauensmänner der Minengesellschaft, bis sie mit der Geschäftskasse durchbrannten und in den Wäldern verschwanden.

Seither plündert Shekas Miliz regelmäßig die Depots seines ehemaligen Chefs. F. jedoch kehrte schon nach zwei Jahren im Rahmen einer Amnestie nach Walikale zurück: „Unsere Strategie entfernte sich immer weiter von dem, was wir ursprünglich geplant hatten." In anderen Worten: Mit der Robin-Hood-Phase war es schnell vorbei, Sheka begann auf eigene Rechnung zu plündern, immer häufiger auch die mit Arbeitslosen angefüllten Dörfer der Minenarbeiter.

Denn die internationale Gemeinschaft reagierte auf die Auseinandersetzungen, wie sie immer reagiert: mit einem Handelsembargo, das erbarmungslos die lokale Mikroökonomie, nicht aber den illegalen Export ins Ausland zum Erliegen brachte.

Die Minengesellschaft schmuggelt seither ihre Mineralien mit Helikoptern und Lastwagen außer Landes, Sheka schafft sie auf Trampelpfaden nach Ruanda und Uganda. Die hübschen Vignetten für „saubere Rohstoffe" werden auf dem Schwarzmarkt verkauft – falls überhaupt noch jemand Wert auf die in Deutschland produzierten Siegel legt.

Der Fall Bisie, den wir vor dem „Kongo Tribunal" verhandeln werden, vereinigt alle Paradoxien der kongolesischen Tragödie: Eine internationale Firma kauft in Kinshasa eine Konzession, worauf nach einigen halbherzigen Vermittlungsversuchen der

Konflikt mit den Einheimischen ausbricht.

Die arbeitslosen Minenarbeiter treten zu Tausenden in die Milizen ein, um sich mit der Kalaschnikow zu holen, was ihnen ihres Erachtens zusteht. Unsere Zeugenbefragungen unter den Einwohnern der Minendörfer, die wir für das „Kongo Tribunal" in den vergangenen Tagen führten, zeigen ein Bruegel'sches Bild der Gewalt und Gegengewalt. Wer sich zu tief in den Wald wagt, wird vergewaltigt, entführt oder ermordet.

Und als sich einmal einige Milizionäre nach einer Plünderung etwas zu sehr betranken, rächten sich die Dorfbewohner: „Wir haben sie mit Benzin übergossen und angezündet", erzählt mir eine der vergewaltigten Frauen.

Als der Helikopter wieder in Walikale landet, um uns abzuholen, hat sich ein Grüppchen pakistanischer UNO-Soldaten mit ihren Maschinenpistolen um den Flughafen postiert. In den Augen der jungen Soldaten stehen Ratlosigkeit, Angst, auch etwas Langeweile. Um das Bild zu komplettieren, fährt im Hintergrund ein Lastwagen mit Coltan oder Zinn vorbei, der offiziell natürlich nicht existiert. „Die Jungs können nicht mal sich selbst schützen", meint der russische Helikopterpilot freundlich lächelnd. Alles Weitere geht im Lärm der Rotoren unter.

Erschienen in: TAZ – Die Tageszeitung, 9. Februar 2015

Milo Rau

REGIETAGEBUCH ❹

SCHÖNE LÜGEN, BITTERE WAHRHEITEN

Bei den Castings zum „Kongo Tribunal" traf ich mit Menschen zusammen, die einer elisabethanischen Tragödie entsprungen sein könnten: an Hamlet erinnernde Studentenführer und Oppositionspolitiker, die gewöhnlich vor Erreichen des 40. Geburtstags abserviert werden. Coltanschmuggler und Exrebellen, die Reden schwangen wie die Narren in Shakespeares Königsdramen.

Der grandiose Staatsanwalt des „Kongo Tribunals", Sylvestre Bisimwa, der 2014 den ersten großen Prozess gegen das kongolesische Militär geführt (und vom Resultat her betrachtet verloren) hat. Und natürlich die Fürsten des Ostkongo: die von der Regierung aus Kinshasa an die Großen Seen entsandten Gouverneure und Generäle.

VÉRITÉ ET JUSTICE
LE TRIBUNAL SUR
LE CONGO
DAS KONGO TRIBUNAL
THE CONGO
TRIBUNAL

Vergangenen Donnerstag war ich beim Gouverneur der Provinz Südkivu zum Frühstück eingeladen. Wobei Frühstück das falsche Wort ist: Es war eine stundenlange Audienz mit gewaltigem Buffet. In einer Art tropischem Rittersaal hatten sich von der Informationsministerin über die Justizministerin bis zum Leibarzt die üblichen Chargen versammelt. Die insgesamt sieben Handys des Gouverneurs klingelten unablässig, besonders beeindruckend war die Teetasse mit dem Schriftzug „The Boss", in der der Gouverneur während unseres Gesprächs ein halbes Kilo Pulvermilch verrührte.

Die Internetrecherche seines Pressebeaufragten hatte wohl ergeben, dass ich „Marxist" bin, weshalb er zu meinem Erstaunen die Grünen lobte und über die westlichen Industriemächte wetterte, die das kongolesische Volk in bitterer Abhängigkeit halten würden. Dass er einem meiner Zeugen Geld geboten hatte, wenn er sein Maul bezüglich des Massakers in Mutarule (taz vom 3. 2.) halten würde, passte nicht zu den Black-Power-Monologen des Gouverneurs. Ebenso wenig wie die postergroßen Fotos, die ihn beim Handshake mit George W. Bush zeigten. Aber wie soll ich sagen, vom künstlerischen Standpunkt aus sind die amoralischsten Figuren meistens die interessantesten.

Denn wie bei allen anderen Treffen in den vergangenen Wochen hatte ich nur eines im Sinn: den Gouverneur zur Teilnahme am „Kongo Tribunal" zu überreden. Es ist in Zentralafrika vergleichsweise einfach, einen Minister oder einen General zum Interview zu treffen. Ihn in einem inszenierten Dokumentarfilm auftreten zu lassen, der sich unter anderem mit den Verwicklungen der Regierung in den Bürgerkrieg beschäftigt, ist dagegen eher schwierig. Und schon aus rein technischen Gründen quasi unmöglich ist es, dies alles vor 500 Zuschauern und sieben Kameras auf offener Bühne zu tun.

Es kam mir deshalb vor wie ein Wunder, als ich vor einigen

Tagen in Bukavu die „Salle de Spectacles" des Collège Alfajiri entdeckte. Das Collège ist der irrwitzigste koloniale Prachtbau, der mir auf meinen Reisen in Afrika begegnet ist. Eröffnet 1939, ist das riesige, mit Löwenköpfen geschmückte Gebäude die Realität gewordene Utopie des klassischen Kolonialismus.

Hier sollte die schwarze Funktionärselite der belgischen Kolonie ausgebildet werden. Selbstverständlich nur bis zum Abitur und nur für die subalternen Posten: Als die Belgier 20 Jahre später von Lumumba aus dem Land gejagt wurden, gab es einen einzigen Kongolesen mit Universitätsabschluss. Und natürlich kehrten die ehemaligen Kolonialherren bald als Sicherheitsberater und Firmenchefs zurück – oder als Lehrer am Collège Alfajiri.

So ist, mit ihren 740 Plätzen, die „Salle de Spectacles" des Collège der passende Ort, um sie alle Ende Mai vor die Schranken des „Kongo Tribunals" zu bitten: die Gouverneure und Firmenmanager, die Weltbankfunktionäre und Studentenführer, die Coltanschmuggler und Tagelöhner, die UNO und die NGOs, die Soldaten Gottes und der Weltwirtschaft. „Vérité et Justice", „Wahrheit und Gerechtigkeit", wird auf Wunsch unseres Staatsanwalts über dem gewaltigen klassizistischen Bühnenportal auf einem Spruchband stehen. Die Kameras werden alles aufzeichnen, die schönen Lügen genauso wie die bitteren Wahrheiten. Und in dem kleinen Raum hinter den Zuschauern, in dem noch der 35-Millimeter-Projektor aus der Kolonialzeit steht, werde ich auf die Kontrollmonitore starren.

Dass wir dafür sogar die Stromverteiler mühsam aus Deutschland, Kigali und Nairobi werden herbeitransportieren müssen, ist Teil der Wahrheit dieses „Tribunals" über den Kongo: dieser ärmsten und reichsten Nation der Welt, dieser Verkörperung aller Widersprüche unserer Zeit.

Erschienen in: TAZ – Die Tageszeitung, 16. Februar 2015

Milo Rau

REGIETAGEBUCH 5

OBERHALB DES RADARS

Seit eineinhalb Jahren sammeln wir im Ostkongo Zeugenaussagen für „Das Kongo Tribunal". Die Erzählungen der Minenarbeiter und Bauern, der einfachen kongolesischen Bürgerinnen und Bürger, erfüllen mich mit Unverständnis und Wut.

Etwa der Fall einer jungen Frau, die von den Milizen und der kongolesischen Armee, die sich die Minen streitig machen, so oft vergewaltigt wurde, dass sie gelähmt und inkontinent ist. Oder die Erzählungen der Überlebenden eines Massakers, veranstaltet von einem General der kongolesischen Armee.

Am verstörendsten, weil am typischsten für die Region ist aber das Schicksal einer Dorfgemeinschaft, die ich seit mehreren Monaten filmisch begleite. Sie wurde von einer kanadischen Firma auf eine Bergspitze deportiert, denn unter ihrem Dorf liegt „der wohl größte nicht entdeckte Goldgürtel Afrikas", wie es in einem PR-Film der Firma heißt.

„Entdeckt" wurde der Goldgürtel von den Dorfbewohnern zwar schon vor Langem und wurde seit vielen Jahren gemäß gültigem Bodenrecht abgebaut – bis sich die kanadische Firma in Kinshasa mit einigen Tricks die Konzession sichern konnte. Wer von den ehemaligen Minenarbeitern nicht nach Bukavu abgewandert ist, geht früher oder später an Mangelernährung zugrunde. „Hier stirbst du an Hunger, nur um dann zwischen Reichtümern begraben zu werden", sagte mir einer meiner Zeugen.

Normalerweise versuche ich bei meinen Projekten unter dem Radar der lokalen Medien zu fliegen – immerhin bis die letzte Klappe geschlagen ist. Seit jedoch vor einer Woche bekannt wurde, dass auch der Oppositionsführer Vital Kamerhe vor unser Tribunal treten wird, laufen die kongolesischen Medien heiß.

Sogar die Motorradtaxi-Fahrer haben von dem dreitägigen Tribunal gehört, das allgemein als Auftakt der nächsten Präsidentschaftswahlen wahrgenommen wird. Vital Kamerhe stammt aus einem Dorf in der Nähe von Bukavu, das innerhalb der Konzession der kanadischen Firma liegt. Wer könnte die Bevölkerung besser vertreten als er?

Denn schlichtweg nichts fließt von den Abgaben der internationalen Minenfirmen zurück in den vom Bürgerkrieg zerrütteten Osten, sondern alles verschwindet im Verwaltungsapparat der Hauptstadt Kinshasa. In der Region Walikale nördlich von Goma etwa, die im Zentrum einer der Sitzungen des Tribunals steht, wurden in den vergangenen Jahren 10.000 Schürfer von der weltweit größten Coltan-Mine vertrieben; 2016 beginnt eine Schweizer Firma mit dem industriellen Abbau.

Was so bei unseren Recherchen täglich sichtbarer wird, ist das soziale Negativ zu den Wachstumsstatistiken der Weltbank. Oder um es sarkastischer auszudrücken: Um den Ostkongo zu verstehen, stelle man sich die Eins-zu-eins-Verwirklichung aller Vorurteile eines paranoiden linken Globalisierungskritikers vor – und füge noch einen Bürgerkrieg mit bisher sechs Millionen Toten hinzu.

Kamerhe selbst habe ich vergangenen Januar in Kinshasa kennengelernt, als Präsident Kabila mit einem Verfassungstrick die Präsidentschaftswahlen auf unbestimmte Zeit verschieben wollte. Die blutig niedergeschlagenen Unruhen zeigten die Schwäche des Regimes: Kabilas Berater mussten zurückkrebsen, eine dritte Präsidentschaft ist unwahrscheinlich. Ähnlich wie bei den „Moskauer Prozessen", die ich 2013 in Moskau durchgeführt habe, kommt diese zerbrechliche Pattsituation zwischen Regierung und Opposition dem „Kongo Tribunal" zugute.

Jeder will sich Ende Mai in bestem Licht darstellen, vor allem, da es sein jeweiliger Widersacher auch tut. In der Jury sitzen Befürworter der Industrialisierung genauso wie Vertreter der Zivilgesellschaft, vors Tribunal werden enteignete Minenarbeiter und Regierungspolitiker treten, Mittelsmänner der großen Firmen, Bürgerrechtler und Rebellen. Erstmals in der Geschichte des Kongo werden all diese Menschen sich Ende Mai in einem Raum wiederfinden: im gewaltigen Theatersaal des Collège Alfajiri in Bukavu, gesichert von kongolesischer Polizei und einer privaten Sicherheitsfirma.

Denn die sich andeutende Reduzierung der internationalen Schutztruppen und die Unruhen im benachbarten Burundi machen die Sicherheitslage unserer gut 40 Zeugen und Jurymitglieder äußerst sensibel. In die drei Fälle, die vor dem Tribunal verhandelt werden - darunter ein Massaker an der Grenze zu Burundi - sind gemäß unserer Vorrecherchen hohe Regierungsstellen und Militärs verwickelt.

Während die Drehs im vergangenen Jahr noch verhältnismäßig einfach waren, wird es nun wöchentlich schwieriger, an die Genehmigungen zu kommen. Minenfirmen verweigern uns den Zutritt zu ihren Konzessionen, Flüge ins Bürgerkriegsgebiet werden wenige Stunden vor Start aus fadenscheinigen Gründen abgesagt. Und es gehen absurde Gerüchte um: Ich hätte den Helikopter einer Minenfirma kapern wollen oder sei Teil von Kamerhes Wahlkampfteam.

Meine Anwälte haben deshalb auf Anraten der UNO ein spezielles Zeugenschutzprogramm für das „Kongo Tribunal" entwickelt. Für die Zeugen wird eine Reihe geheimer, unscheinbarer Privatwohnungen angemietet: „safe houses", wie man das aus amerikanischen Serien kennt. Die Anreise nach Bukavu wird an Markttagen stattfinden, wenn die Tribunalteilnehmer in den überfüllten Bussen nicht auffallen. Und die gefährdetsten Zeugen werden mit einem Ganzkörper-Schleier vor die Jury treten, ihre Stimmen werden wir verfremden.

Die Aussagen in den Minen und massakrierten Dörfern schließlich drehen wir anonym: Zu sehen sind nur unsere Untersuchungsleiter, die Zeugen bleiben unscharf. Zu Anfang kamen mir die meisten dieser Vorsichtsmaßnahmen übertrieben vor, typisch für die UNO, die nichts so fürchtet wie schlechte Presse. Doch je näher das Tribunal rückt, desto größer werden die Ängste der Beteiligten. Zu oft schon sind im Kongo Belastungszeugen in Militär- und Wirtschaftsprozessen einfach verschwunden, manche direkt aus dem Gerichtssaal heraus. „Ein Menschenleben ist hier so viel wert wie ein Scheißdreck", sagte mir jüngst einer meiner Hauptzeugen, der sich in einer Hütte außerhalb Bukavus versteckt.

Mein eigentlicher Gradmesser für die Einschätzung der Lage ist aber Maître Sylvestre Bisimwa, der Untersuchungsrichter des Tribunals. Unter den charismatischen Bürgerrechtlern, Anwälten und Politikern, die ich in den letzten Jahren im Kongo kennengelernt habe, ist er der charismatischste und zugleich ruhigste.

Würde man in diesem in jeder Hinsicht unüberschaubaren Wirtschaftskrieg, in dem sich ökonomische und ethnische Konfliktlinien überschneiden, einen wahrhaft „Gerechten" benennen wollen, so wäre das sicher er: Bisimwa, der lokale Landstreitigkeiten ebenso verhandelt wie große Milizenprozesse in Den Haag und Professor an der Universität von Bukavu ist.

Was das kongolesische Justizsystem angeht, macht er sich keine Illusionen. „Ich dachte nicht, dass das möglich ist", sagte er mir letzthin, „aber die junge Generation ist noch korrupter, als es meine Generation in ihren Träumen war." Vergewaltigte werden, wenn es ihnen an Geld mangelt, wegen übler Nachrede oder Rebellion verurteilt, das Bodenrecht wird zugunsten des Meistbietenden gebeugt.

Jedes Urteil hat seinen Preis, was bei den lächerlich niedrigen Löhnen von Staatsanwälten und Richtern kein Wunder ist. Vor einigen Tagen filmte ich Maître Bisimwa bei einer Verhandlung. Auf dem Hauptbeweisstück (eine Kaufurkunde für ein Stück Land) waren die Unterschriften der Minister nicht nur gefälscht, sondern schlichtweg falsch geschrieben.

„Entweder wir stellen fest, dass unsere Minister ihren eigenen Namen nicht buchstabieren können“, sagte Bisimwa in seinem Plädoyer, „oder wir erklären dieses ganze Verfahren für illegal.“ Die Richter lächelten nachsichtig, als ginge es um eine juristische Haarspalterei, Bisimwa verlor den Prozess. Beim „Kongo Tribunal“ wird es das erste Mal sein, dass er wirklich frei und mit offenem Ausgang wird verhandeln können.

Trotzdem: Mehr als bei all meinen bisherigen Projekten frage ich mich, ob die Sache den Einsatz wert ist. Welches Ergebnis kann die unkontrollierbare Gefährdung aller Beteiligten rechtfertigen, den megalomanischen technischen und organisatorischen Aufwand, den ein Dreh mit fünf Kameras und 40 Beteiligten an einem Ort bedeutet, an dem es nicht einmal 100-Watt-Birnen zu kaufen gibt?

Was haben wir, frage ich mich, wenn wir wieder mal von einem Minenmanager als Ratten beschimpft oder nach fünf Stunden Fahrt von plötzlich auftauchenden Milizionären verjagt werden, hier eigentlich zu suchen?

Natürlich: Eine globale Wirtschaft braucht auch eine global agierende Kunst, die den europäischen Provinzialismus genauso hinter sich lässt, wie es die Weltbank, die großen Minenfirmen und die OECD längst getan haben. Wer über Europa sprechen will, muss zuallererst über den Kongo sprechen, denn in den Minen Zentralafrikas entscheidet sich die wirtschaftliche Zukunft nicht nur Europas und Nordamerikas, sondern der ganzen Welt.

Letztlich aber ist es die moralische Leidenschaft eines Bisimwa, sind es die Bürgerrechtler und Minenarbeiter aus allen Teilen des Ostkongo, die uns immer wieder von der Notwendigkeit des Tribunals überzeugen. Ihr Pathos, ihre Hoffnung trägt uns - und die Tatsächlichkeit ihres Leidens, die in nichts anderem begründet liegt als im Reichtum ihres Landes.

Erschienen in: TAZ – Die Tageszeitung, 26. Mai 2015

Milo Rau

DER FRIEDEN DES HERZENS UND DER GUTEN ABSICHTEN

Eröffnungsrede Bukavu, 29. Mai 2015

Meine Damen und Herren, wenn sich in den drei folgenden Tagen das „Kongo Tribunal“ auf meine Initiative in Bukavu, Demokratische Republik Kongo, versammelt, um die wirtschaftlichen, identitätspolitischen, geostrategischen und regierungstechnischen Gründe des Krieges, der Unsicherheit und der Armut im Ostkongo zu untersuchen, dann steht dieses Tribunal in einer langen Tradition ähnlicher Tribunale. Vom „Nürnberger Tribunal“ (1945) - das die Verbrechen Hitler-Deutschlands im Zweiten Weltkrieg untersuchte - bis zum „Vietnam-Tribunal“, dem „Irak-Tribunal“ oder dem „Palästina-Tribunal“, die die Verbrechen der amerikanischen beziehungsweise israelischen Armee gegen die jeweilige einheimische Zivilbevölkerung untersuchten, hatten diese Tribunale immer einen klar politischen Charakter.

Was die Nürnberger Prozesse anbelangt, die sich vor 70 Jahren ereigneten, so bestanden sie ausschließlich aus den Gewinnern des Krieges. Auch wenn es selbstverständlich undenkbar gewesen wäre, deutsche Experten und Zeugen zuzulassen, um die Shoah im gleichen Rahmen wie beispielsweise das strategische Bombardement deutscher Städte zu debattieren, so blieb in den Augen der Zeitgenossen diese Einseitigkeit doch ein Fleck auf dem Urteil von Nürnberg. Vergessen wir nicht, dass auch Hitler-Deutschland, sogar noch kurz vor Kriegsende, ein ähnliches Tribunal gegen die Alliierten vorbereitete, das Hitler ohne Zweifel hätte durchführen lassen, wenn er den Krieg gewonnen hätte. Was glücklicherweise nicht der Fall war.

Aber der eigentliche Fleck auf der Legitimität des Nürnberger Tribunals und aller Tribunale, die darauf folgen sollten, war zweifellos ihr Mangel an Kontinuität und Universalität. Warum zum Beispiel ein Tribunal gegen die Kriegsverbrechen der amerikanischen Armee in Vietnam, aber niemals ein Tribunal gegen die Verbrechen, die die Streitkräfte der ehemaligen Sowjetunion in Afghanistan 15 Jahre später verüben sollten? Warum ein Tribunal, das die Strategie der Amerikaner im Zweiten Irakkrieg untersuchte, aber niemals ein Tribunal über die Verbrechen, die die russische Armee gleichzeitig in Tschetschenien verübte? Warum schließlich ein internationales Tribunal gegen die Völkermörder in Ruanda, aber niemals eines gegen die Kriegsverbrechen in den angrenzenden Ländern wie Burundi oder der Demokratischen Republik Kongo?

Auf diese Weise blieb die internationale Gerichtsbarkeit unvollständig, sogar zufällig, bis zum heutigen Tag. Dies aus zwei Gründen:

Erstens, weil der Charakter dieser Tribunale ganz offen ein tagespolitischer war. Warum, um das offensichtlichste Beispiel zu nehmen, ein Prozess in Den Haag gegen eben diesen und nicht jenen anderen kongolesischen Milizenführer, gegen eben diesen afrikanischen Diktator und nicht seinen Kollegen, gegen eben diesen jugoslawischen Führer und nicht gegen irgendeinen anderen? Ohne ihre jeweiligen Verbrechen, die für immer im Gedächtnis der Menschheit eingebrannt sein werden, anhand ihrer einmaligen und außergewöhnlichen Grausamkeit vergleichen oder sogar verkleinern zu wollen, so muss doch festgestellt werden, dass hinter der Auswahl der Angeklagten immer auch ein strategisches politisches Vorurteil sichtbar wird. Um es auf den Punkt zu bringen: Ob ein afrikanischer oder jugoslawischer Milizenführer Teil eines Reintegrationsprogramms oder eines Prozesses in Den Haag wird, ob er politische Karriere macht oder gefasst und vor Gericht gebracht wird, hängt zu einem guten Teil von der politischen oder wirtschaftlichen Notwendigkeit ab, mit eben diesem oder jenem militärischen oder zivilen Führer zusammenzuarbeiten oder nicht. Gemäß dieser Logik wurden wir alle Zeugen von wundersamen Verwandlungen ehemaliger Partner Europas oder der USA in Monster, manchmal von einem Tag auf den anderen – so geschehen zum

Beispiel im Fall Saddam Husseins im Irak, der Taliban in Afghanistan, Mobutus in der Demokratischen Republik Kongo und so weiter. Die medialen oder juristischen Tribunale, die darauf folgten, wurden veranstaltet, um einen politischen Konsens zu untermauern, nicht um ihn im juristischen Sinn des Begriffs zu beweisen, um eine bestimmte Version der Sachverhalte öffentlich zu machen, die vorher durch die internationale Politik festgelegt worden war. Vae Victis, wie die Römer sagten: Wehe den Besiegten!

Aber der zweite und noch bedeutendere Grund für die Dysfunktionalität dieser Tribunale war ihre ideologische Einseitigkeit, die ich bereits erwähnt habe. Halten wir erneut fest, dass am „Vietnam-Tribunal" kein einziger offizieller Vertreter der Vereinigten Staaten von Amerika teilnahm, weder als Experte noch als Zeuge. Das gleiche gilt für das "Irak-Tribunal" oder, erst kürzlich, das "Palästina-Tribunal", bei dem kein einziger Vertreter der Armee oder der Regierung Israels zugegen war. Obwohl es sich nicht um besiegte Mächte handelte, so war das Urteil doch bereits gefällt und die Jury, die ausnahmslos aus Kritikern der jeweiligen Mächte bestand, sah ihren einzigen Auftrag darin, diese öffentlich bekannt zu machen. Auf diese Weise blieb die Motivation der Abwesenden völlig im Dunkeln, und ihre Kriegsverbrechen – die sie zweifellos begangen hatten – wurden aus ihrem Zusammenhang gerissen und auf diese Weise depolitisiert. Anstelle (im Fall Vietnams) die verheerende Dynamik eines totalen ideologischen Kriegs zu untersuchen oder (im Fall Palästinas und Israels) eines Krieges, der seit bald 70 Jahren zwischen zwei Nationen geführt wird, die den gleichen Lebensraum teilen und von ihren jeweiligen Führern als Geiseln genommen wurden, trat die Illustration der Grausamkeit totaler Kriege gegen Zivilisten an sich.

Das „Kongo Tribunal", an dem wir in den drei folgenden Tagen teilnehmen werden, fügt sich durch seinen Namen in diese lange Reihe internationaler Tribunale, die mit den Nürnberger Prozessen 1945 begann, ein. Wie seine Vorgänger sieht es sich im Dienst des Volkes: des kongolesischen Volkes, eines der reichsten Völker in der Geschichte der Menschheit, das aber seit 20 Jahren aus zahllosen Gründen seiner Reichtümer beraubt und von Widersprüchen gleichermaßen lokaler wie internationaler, politischer wie wirtschaftlicher Natur in Geiselhaft gehalten wird. Ein guter Teil dieses Tribunals wird also der prozeduralen Logik folgen, die von den Alliierten 1945 in Nürnberg und von Jean-Paul Sartre und Bertrand Russell 1967 in Stockholm installiert wurde, sich so auf die Seite der Entrechteten begebend, der Misshandelten, jener, wie man sagt, die keine Lobby haben. Es wird darum gehen, die Stimme jener hörbar zu machen und anzuhören, die nie gehört werden: die Stimme der ländlichen Gemeinschaften, der Bürgerinnen und Bürger des Kongo, der einfachen Minenarbeiter und der Kleinhändler, dieser Millionen Frauen, Männer und Kinder, die man die "Zivilgesellschaft" nennt und die mit der blinden Effizienz der globalisierten Wirtschaft konfrontiert sind.

Denn Sie alle kennen die Wahrheit, Sie alle kennen dieses Negativ der schönen Statistiken der Weltbank und der OECD: Es ist die Wahrheit eines politischen Wirtschaftskriegs, der täglich gegen die kongolesischen Kommunen geführt wird, gegen eine Gesellschaft, die sich gerade erst aus ihrer traditionellen Verfasstheit löst, eines Krieges, der durch Umsiedlungen, Massaker und, wie wir sehen werden, sogar durch neue Gesetze geführt wird. So etwa im Fall des sogenannten Dodd-Frank Act des amerikanischen Kongresses, der, gemäß zahlreicher Aussagen, die unsere Untersuchungsrichter aufgenommen haben, eine über Jahrzehnte hinweg etablierte lokale Wirtschaft kriminalisiert, die Politik der großen Unternehmen bevorzugt und die Bevölkerung in die Arbeitslosigkeit und zu neuen Rebellionen treibt.

Die Universalität des „Kongo Tribunals“ besteht also in der völligen Subjektivität der Zeugenaussagen, gegriffen aus dem oft grausamen und unmenschlichen Alltag, diesem gewaltigen Prozess, der in der Sprache der Wirtschaftswissenschaftler Entwicklung heißt. Das „Kongo Tribunal“ ist ein Tribunal, das im eigentlichen Wortsinn denunziert, das als Maß für seine Gerechtigkeit nicht die Zwänge und wirtschaftlichen oder politischen Logiken unserer Tage nimmt, in denen das einzelne Individuum nicht viel bedeutet. Nein, der Versuch dieses Tribunals besteht darin, das Recht jeder einzelnen Bürgerin und jedes einzelnen Bürgers auf Sicherheit, Glück und Redefreiheit öffentlich wiederherzustellen, so wie es in der Erklärung der Menschenrechte und der Verfassung der Demokratischen Republik Kongo geschrieben steht. Jede Stimme wird hier den gleichen Wert haben, so unbedeutend ihr Platz auch sein mag in dem großen Krieg der Meinungen, der Waffen, der wirtschaftlichen Werte, der Landrechte und der Identitäten, die den Krieg im Osten des Kongo antreiben. Die Universalität dieses Tribunals besteht also im Versuch, auf der Bühne zu verwirklichen, was Patrice Lumumba in seiner berühmten Rede anlässlich der Unabhängigkeit der Demokratischen Republik Kongo gesagt hat: „Wir werden also nicht den Frieden der Gewehre und Bajonette herrschen lassen, sondern den Frieden des Herzens und der guten Absichten.“

Es versteht sich von selbst, dass auch diese „guten Absichten“ universal, also gegenseitig sein müssen – denn sonst würde es sich um kein echtes Zuhören handeln, sondern um eines, das den Makel des Vorurteils trägt. Im Gegensatz zu allen Tribunalen, die dem hier versammelten vorangegangen sind und deren Namen und Funktionsweise ich erwähnt habe, wird das „Kongo Tribunal“ versuchen, mehr als nur ein Tribunal zu sein: Es wird auch ein Prozess sein, so hoffe ich, also ein offenes und dialektisches Voranschreiten, das nicht nur denunzieren wird, was man allgemein die „Entwicklung“ nennt, sondern auch versuchen wird, Wege zu zeigen jenseits jener Widersprüche, die sich zwischen der traditionellen Wirtschaft der lokalen Kommunen und der modernen Industrie aufgetan haben, Widersprüche, die sich unter identitärer oder politischer Fahne in tödliche Kriege im Schoß jener Kommunen selbst verwandelt haben. Die Fragen, die das „Kongo Tribunal" sich also stellen muss, sind folgende: Ist eine Entwicklung, die für alle Seiten gewinnbringend ist, möglich? Wie kann eine soziale Wirtschaft installiert werden? Und auf welche Weise schließlich kann die Industrialisierung von der kongolesischen Regierung und der internationalen Gemeinschaft kontrolliert werden, damit die Sicherheit und das Glück des kongolesischen Volkes garantiert ist?

Denn während unserer Recherchen haben wir weise Männer und Frauen getroffen, die – das Wohl des Volkes vor Augen – sich für die Industrialisierung stark machen und offen die Mängel der traditionellen Wirtschaft anprangern, auch sie Quelle so vieler Konflikte und Menschenrechtsverletzungen. Denn unserer Ansicht nach ist die Tragödie des kongolesischen Volkes zweigesichtig: Einerseits wird dieses große Volk in Geiselhaft gehalten von einem Wirtschaftskrieg, dessen Ziel es ist, die Reichtümer des Landes zu monopolisieren, ein Krieg, der sich die ethnischen Konflikte des Kongo zunutze macht, um die Widerstandskraft der einzelnen Gemeinschaften zu schwächen und sie so einfacher enteignen zu können, gemäß der Logik des „divide et impera".

Andererseits aber sind es die ethnischen Konflikte selbst, die rückwärts gerichteten Überzeugungen innerhalb der einzelnen Gemeinschaften und die Traumata aus 20 Jahren Krieg, die zur Quelle einer Selbstbezogenheit geworden sind, eines gefährlichen Sentimentalismus, der jeden Wandel und jeden rationalen Kompromiss verunmöglicht, der die Beziehungen der Gemeinschaften untereinander verbessern könnte. Vergessen wir nicht, dass es vom notwendigen Kampf für das Glück und die Sicherheit dieses Individuums, dieser Familie, dieser Kooperative oder dieses Dorfs oft nur ein einziger Schritt ist zum Lokal-Egoismus, der dem Glück des ganzen Landes abträglich ist.

So ist dann auch die Jury des „Kongo Tribunals" nicht nach der Logik des Urteils, sondern der Logik des Diskurses zusammengestellt: An diesem Tisch sitzen scharfe Kritiker der Industrialisierung, wie sie sich aktuell im Ostkongo etabliert, jedoch ebenso Stimmen, die versuchen, zwischen Industrie und Zivilgesellschaft und zwischen Zivilgesellschaft und Regierung zu vermitteln. Dazu kommen in der Jury zwei internationale Beobachter sowie an einem speziellen Tisch zwei Untersuchungsrichter aus Den Haag, die den strikt legalen und formalen Ablauf des Tribunals garantieren werden: die freie Konfrontation der Erinnerungen, der Meinungen, der Schmerzen genauso wie der Hoffnungen.

Sie alle wissen es: Dies ist ein fiktives Tribunal, das von keinem Staat, von keiner internationalen Organisation, also von niemandem abhängt. Es ist ein symbolisches Tribunal, ein Volkstribunal, ein Tribunal, das sich nur der öffentlichen Meinung verantwortlich fühlt. Sosehr unser Versuch zur Parteilosigkeit in der Wahl der Beteiligten und in der Ablaufslogik des Tribunals festgelegt ist (gemäß derer strikt der gleiche, völlig offene und kritische Fragen-Prozess auf alle Beteiligten angewendet wird, sei er Minister oder Minenarbeiter), so wissen wir doch, dass das „Kongo Tribunal" seine Legitimität erst a posteriori finden wird: Durch die Hilfe, die es zur Entwicklung - nehmen wir dieses Wort in seinem positiven Sinn - zur Entwicklung dieses wunderbaren Landes beitragen wird, welches der Kongo ist. Auch wenn diese Hilfe in nichts anderem bestehen wird, als die Wahrheit hören zu lassen, nichts als die Wahrheit.

Und auch wenn am Ende dieser drei Tage die Jury ihr Urteil präsentieren wird, so werden es offensichtlich doch Sie sein, meine Damen und Herren, die daraus Ihre Schlussfolgerungen zu ziehen habe.

DEBATTE ZUR ERÖFFNUNGSREDE

„Schon beim ersten Absatz reibt man sich ungläubig die Augen: weil Rau allen Ernstes sein dokumentarisches Kunstprojekt in der Tradition der Nürnberger Prozesse sieht. Jener Prozesse also, mit denen ab Herbst 1945 die Siegermächte des 2. Weltkrieges vor einem Internationalen Militärgerichtshof einige Hauptverantwortliche für die Kriegsverbrechen zur Rechenschaft zogen. Legitimiert unter anderem durch Regelungen, die ab 1943 von der United Nations War Crime Commission erarbeitet worden waren. Das ‚Kongo Tribunal' ist lediglich durch den privaten Aufklärungs- und Kunstwillen des Theatermachers Milo Rau legitimiert, der in den nächsten Absätzen seiner Rede dann die Nürnberger Prozesse als einseitige Siegerjustiz markiert – womit seit siebzig Jahren vornehmlich Rechte die Legitimation der Nürnberger Prozesse anzuzweifeln versuchen."

Auszug aus: Esther Slevogt, Finsterer Kunstwille?
Erschienen in: nachtkritik.de, 29. Mai 2015

„In Frau Slevogts Urteil ex cathedra, gemütlich von Deutschland aus, zeigt sich doch die eigentliche Arroganz: Aus der Ferne harsch zu urteilen über etwas, das sie nicht gesehen hat. Da überzeugt auch nicht, dass sie sich ‚nur' auf die Rede Raus bezieht – denn diese sollte als Teil einer theatralen Inszenierung auch in deren Kontext gesehen werden."

Auszug aus: Christoph, Kommentar
Erschienen in: nachtkritik.de, 29. Mai 2015

„Warum nennt Milo Rau schon im ersten Satz der Eröffnungsrede sich selbst noch einmal als Initiator? Daraus herleitend: Warum wird in den Arbeiten Milo Raus seine eigene Rolle, seine Herkunft, sein Auftrag, sein Anliegen und seine Intention nicht kontextualisiert, historisch eingeordnet oder sogar hinterfragt?

Warum spricht ein Dokumentartheatermacher oder ggf. Künstler von einer ‚Wahrheit' und meint diese sogar vertreten zu können?"

Auszug aus: Klara, Kommentar
Erschienen in: nachtkritik.de, 30. Mai 2015

„Natürlich ist es kühn und auch ‚größenwahnsinnig' ein Projekt, das von Kunstinstitutionen gefördert wurde zu vergleichen mit den ‚Nürnberger Prozessen'... aber der Wahn, der sich da zeigt, ist auch der Wahn der Thematik... nun nur Milo Raus (scheinbaren) Wahn hervorzuheben, ist irgendwie nicht ganz fair. Wenn man inmitten der Kraftfelder von Weltmächten eine solche Veranstaltung durchführt, ist es vielleicht auch zwangsläufig, dass man infiziert wird von diesem Wahn. (...) Milo Rau ist nicht deswegen ein guter Künstler, weil er immer gute Sachen sagt, er ist einer, der sich aussetzt und die Akteure ‚theatralisiert'."

Auszug aus: Samuel Schwarz, Kommentar
Erschienen in: nachtkritik.de, 31. Mai 2015

„Für Rau, offenbar, ist nicht das Private politisch, sondern das Politische persönlich."

Auszug aus: Ulrich Heinse, Kommentar
Erschienen in: nachtkritik.de, 2. Juni 2015

FANIZADEH Es gab hier in Deutschland Kritik, weil Sie in Ihrer Eröffnungsrede in Bukavu Ihr künstlerisch angelegtes „Kongo Tribunal" in eine Linie mit den Nürnberger Prozessen gegen die deutschen Nazi-Eliten stellten.
RAU Vergleichen heißt ja nicht gleichsetzen. Ich denke, dass es in einer globalisierten Welt Instanzen geben muss, die über den Interessen

von Einzelnationen stehen. Die Nürnberger Prozesse waren ein Versuch, ein Anfang, aber die ideologische Zwangsläufigkeit und damit den Umfang der deutschen Kriegsverbrechen konnten sie nicht ausdrücklich untersuchen. Genauso ist es bei anderen Tribunalen oft gewesen. Ich nahm letzthin in Brüssel an einem Russell-Tribunal gegen Kriegsverbrechen in Palästina teil. Das war total einseitig ausgerichtet, die israelische Position war nicht präsent. Meine Position zu den Nürnberger Prozessen oder dem Palästina-Tribunal ist kein Revisionismus, wie unterstellt wurde. Ich halte sie juristisch betrachtet für unvollständig.

FANIZADEH Ist es wirklich sinnvoll, für ein künstlerisch angelegtes Kongo Tribunal so große Parallelen zu ziehen?

RAU Im Sinne der Traditionslinie schon. Und hier kommt jetzt die Fortsetzung am 26. Juni in Berlin ins Spiel. In Europa haben wir national ansässige und international agierende Firmen, aber es gibt kein international gültiges Recht, das die Einhaltung gewisser Standards durchsetzen würde, wie es beispielsweise unser Berliner Jurymitglied, der Anwalt Wolfgang Kaleck fordert. Künstlerisch gesehen geht es um einen Akt der symbolischen Rechtssprechung: Jetzt ist es mal vorbei mit dem Betroffenheits-Theater, jetzt gehen wir da mal hin und machen ein Weltgericht!

Auszug aus: Machen wir mal ein Weltgericht, Andreas Fanizadeh / Milo Rau.
Erschienen in: TAZ – Die Tageszeitung, 24. Juni 2015

Sylvestre Bisimwa, Untersuchungsleiter (Bukavu / Berlin)

DIE ZUSTÄNDE ANPRANGERN UND DIE WAHRHEIT HERAUSFINDEN. THEMEN UND ZIELE DES KONGO TRIBUNALS

Eröffnungsrede Bukavu, 29. Mai 2015

Meine Damen und Herren,

trotz des Regimewechsels von 1997 und der Anstrengungen staatlicher Stellen ist die Demokratische Republik Kongo weiterhin komplexen und nur mühsam zu erklärenden Problemen ausgesetzt, die die Entwicklung des Landes verhindern.

Nach der Übergangsphase und den ersten demokratischen Wahlen wurden im Jahr 2006 den neu geschaffenen staatlichen Institutionen die Zügel übergeben. Einige signifikante Fortschritte wurden erreicht, besonders bei der verringerten Kindbett- und Säuglingssterblichkeit, bei der deutlich verringerten Zahl der Kinder, die keine Schule besuchen. Auch bei der Stabilisierung der Inflation, beim Wirtschaftswachstum, der regelmäßigen Bezahlung der Staatsangestellten und dem Aufbau einer politischen Infrastruktur und noch in einigen anderen Bereichen.

Und dennoch ist ein nicht geringer Teil der DR Kongo weiterhin von diversen ethnischen Konflikten betroffen, von Aufständen und bewaffneten Auseinandersetzungen, die oft zu Todesopfern führen und einige Regionen in einer beinahe permanenten Unsicherheit versinken lassen. Die diversen bewaffneten Gruppierungen operieren völlig offen, so als befänden sie sich in einem Gebiet ohne staatliche Herrschaft. In einigen Gebieten treiben sie Steuern ein, richten über Konflikte zwischen den Bürgern, verlangen Lösegeld, nötigen zur Zwangsarbeit. Oft genug greifen sie die schutzlose Zivilbevölkerung an, entführen, plündern, vergewaltigen, morden, zerstören ihren Besitz und zünden ihre Häuser und Felder an. Fast alle Regionen des Landes sind von diesem Drama betroffen und die Bewohner haben den Eindruck, damit alleine gelassen zu werden und dem schutzlos ausgeliefert zu sein. Die Bürger stehen fassungslos und empört vor der Untätigkeit der staatlichen Stellen, der Armee, der Polizei, der MONUSCO-Truppen und der internationalen Gemeinschaft. In einigen Gebieten im Osten der Republik haben die Frauen und Männer Angst, sich zu ihren Feldern zu begeben. Aus Furcht vor Angriffen und Entführungen der bewaffneten Gruppen können sie keine Ernte einholen und sind extremer Armut ausgesetzt.

Bei der internationalen Gemeinschaft und der UNO scheint man sich der Situation in der DR Kongo bewusst zu sein. Das Land erfährt seit fünfzehn Jahren eine beträchtliche Unterstützung, um sich zu konsolidieren. Trotz des beeindruckenden Aufgebots an militärischer und infrastruktureller Hilfe gelingt es der Mission nicht, die Regionen, in denen sie tätig ist, zu befrieden. Oft erfährt man, dass die Übergriffe der bewaffneten Gruppen in direkter Umgebung der Stellungen der MONUSCO-Truppen begangen werden – wenn nicht sogar direkt vor ihren Augen.

Diese Zustände und das betretene Schweigen, mit dem ihnen begegnet wird, wurden mehrfach von der kongolesischen Zivilgesellschaft angeprangert, denn sie verstoßen gegen die Verfassung des Kongo. Nach Artikel 50 der Verfassung ist der Staat zum Beispiel verpflichtet, die Rechte und Interessen aller Kongolesen zu schützen. Darüber hinaus hat die DR Kongo diverse internationale Abkommen unterzeichnet, darunter die Allgemeine Erklärung der Menschenrechte, den Internationalen Pakt über bürgerliche und politische Rechte, die Genfer Konventionen und das Römische Statut des Internationalen Strafgerichtshofs. Aus all diesen Verträgen ergibt sich eine Verpflichtung der DR Kongo, in Zusammenarbeit mit der internationalen Gemeinschaft die Einhaltung der Grundrechte seiner Bürger zu wahren und alle Übergriffe der bewaffneten Gruppen zu verfolgen und zu bestrafen. Müssen wir also vor diesem Hintergrund von einem Scheitern der kongolesischen Armee und der Polizeikräfte sprechen, wenn es um die Zerschlagung der bewaffneten Gruppen geht?

Diese Gruppen treiben mehrere Motive an, allen voran aber natürlich die Gier und das Interesse, die Reichtümer des kongolesischen Bodens auszuplündern. Die Schwäche des Staates unterstützt sie dabei, ebenso wie das Chaos innerhalb der Armee und Polizei, die fragwürdige politische Positionierung mancher Armeechefs, die Frustration über Diskriminierung und Ungerechtigkeit, geostrategische Interessen und ethnische Konflikte. Und dennoch sieht Artikel 63 der Verfassung vor, dass alle nationalen, regionalen und lokalen Autoritäten, ebenso wie die traditionellen Anführer, wollen sie sich nicht des Landesverrats schuldig machen, die Pflicht haben, die Einheit der Republik und die Integrität des Staatsgebietes zu schützen. Artikel 51 hält fest: „Der Staat hat die Pflicht, das friedliche und harmonische Zusammenleben aller ethnischen Gruppen zu sichern und zu fördern; er setzt sich für den Schutz und die Förderung schutzbedürftiger Gruppen und aller Minderheiten ein.“

Die bewaffneten Gruppen, die sich organisieren und Dörfer angreifen, bestehen dagegen auf ihr Recht, ihre eigenen Gemeinden zu schützen. Wenn die staatlichen Stellen diese nicht schützen können, so die Logik, müssten sie sich selbst verteidigen. Sie berufen sich mitunter sogar auf ihr Recht auf Ungehorsam, das in Artikel 28 der Verfassung festgeschrieben ist, der besagt, dass niemand eine offensichtlich illegale Anordnung befolgen muss. Jede Einzelperson, jeder Vertreter des Staates ist von der Gehorsamspflicht entbunden, wenn eine Anordnung im direkten Widerspruch zu den Menschen- und Bürgerrechten oder den guten Sitten steht. Die Beweislast liegt dabei bei demjenigen, der sich weigert, Gehorsam zu leisten.

Man muss also ganz ernsthaft die Frage stellen: Liegen den Handlungen der bewaffneten Gruppen legitime Motive zugrunde? Reagieren sie auf eine ungesetzliche Ordnung, die straflos über Jahrzehnte hinweg in der Region herrschte? Oder begehen diese Gruppen Verbrechen? Wie können wir der beständigen Unsicherheit in manchen Regionen des Landes ein Ende machen?

Auch auf dem wirtschaftlichen Gebiet ist die Situation trotz der zahlreichen Vorkommen von Bodenschätzen höchst problematisch. Die DR Kongo verfügt über unvergleichliche natürliche Ressourcen, darunter 80 Millionen Hektar kultivierbares Land, von dem nur 10 % genutzt werden, wichtige Bodenschätze wie Kupfer, Kobalt, Uran, Zink, Kadmium, Diamanten, Gold, Zinn, Mangan, Wolfram, zudem Öl- und Gasvorkommen, dazu ein großes Potential für Wasserkraft und nicht zuletzt eine beeindruckende Biodiversität.

Leider profitiert die Bevölkerung weder auf dem Land noch in den Städten von diesen Reichtümern. Ob sie von kongolesischen oder von multinationalen Konzernen abgebaut werden: Die Ressourcen bringen weder der kongolesischen Bevölkerung noch dem Staat einen Vorteil – auch wenn das die Investoren und die Institutionen, die sie unterstützen, immer wieder behaupten. In einer Veröffentlichung auf

KongoTimes.info wird dies wie folgt kommentiert: „Die Reformbestrebungen, die Anfang der 2000er-Jahre unter dem Einfluss der Weltbank begannen, haben die kongolesischen Akteure blind gemacht für die Mängel, die sich nun zeigen." Immer mehr Stimmen werden laut, die die Tatsache anprangern, dass die DR Kongo keinen Gewinn aus dem Bergbauboom zieht.

Seit 1997 ist die Zahl der aktiven Bergbauunternehmen von 7 auf 35 gestiegen. Die Zahl der vergebenen Konzessionen ist von 200 vor dem Jahr 2002 auf 2.665 bis zum 31. August 2012 gestiegen. Aber statt dies als einen Erfolg des neuen Bergbaurechts zu betrachten, muss man vielmehr feststellen, dass der legale Ausverkauf des nationalen Erbes mehr Nachteile als Vorteile für die Republik gebracht hat. Dank des Bergbaurechts haben manche Investoren die Situation zu ihren Gunsten ausgenutzt. Zum Beispiel ist es unbegreiflich, dass der Staatshaushalt 2014 im Unterschied zu den Vorjahren nur einen winzigen Anstieg von 4,9 % zu verzeichnen hatte, obwohl in diesem Jahr zahlreiche Minenprojekte begonnen wurden.

Die Ausweitung des artisanalen Kleinbergbaus seit den 70er-Jahren und insbesondere in der Zeit nach Mobutu, als mit den beginnenden kriegerischen Auseinandersetzungen einige der industriell betriebenen Minen aufgegeben wurden, hat dabei auch nicht zur Verbesserung der Situation in den Minengebieten beigetragen. Die Sozialgesetze werden überhaupt nicht eingehalten und „die Bedingungen, unter denen die Bergleute arbeiten, sind jämmerlich und extrem gefährlich, Sicherheitsvorschriften werden ignoriert, in einigen Minen werden Kinder wegen ihrer geringen Körpergröße zur Arbeit unter Tage eingesetzt, manchmal mehr als 100 Meter unter der Oberfläche."

Trotz aller Anstrengungen, die Kleinbergwerke zu zertifizieren und zu kontrollieren, werden durch ihre Gewinne bis heute im Osten des Landes bewaffnete Gruppen finanziert oder sie werden von Militärs der kongolesischen Armee kontrolliert. Mit der zunehmenden Überwachung der Bergbauregionen versuchen die großen Unternehmen ihr Exklusivrecht zur Erschließung und Ausbeutung der Minen durchzusetzen und es entstehen vermehrt Konflikte zwischen den Bergleuten und den Firmen. Die bewaffneten Gruppen verbünden sich mit den Bergleuten oder der lokalen Bevölkerung.

Wir müssen uns vordringlich die Frage stellen, ob die Entscheidungen, die zur Arbeitslosigkeit von 10.000 Bergleuten in Bisie geführt haben, im Einklang stehen mit Artikel 56 der Verfassung, der lautet: „Jede Handlung, jede Vereinbarung oder Übereinkunft oder jede andere Tatsache, die zur Folge hat, dass die Nation und einzelne natürliche oder juristische Personen in ihren Möglichkeiten eingeschränkt werden, aus eigenen Kräften von den natürlichen Ressourcen zu leben, wird unbeschadet der internationalen Vereinbarungen zu Wirtschaftsverbrechen als Plünderung geahndet."

Artikel 58 der Verfassung sieht zudem vor: „Alle Kongolesen haben das Recht, an den Reichtümern des Landes beteiligt zu werden. Es ist Aufgabe des Staates, sie gerecht zu verteilen und die Entwicklung zu fördern." Wir müssen uns in den folgenden Tagen die Frage stellen, ob die multinationalen Konzerne nicht zu Ungunsten der artisanalen Bergleute bevorzugt werden. Ob die Profite aus dem Bergbau nur einer kleinen elitären Minderheit im Kongo und ausländischen Investoren zugutekommen. Oder ob alle Kongolesen von der wirtschaftlichen Entwicklung profitieren werden, die von diesen Investoren und den großen Bergbauunternehmen angestoßen wird.

Die kongolesische Regierung vergibt an multinationale Konzerne die Erlaubnis, den Untergrund in einer Region zu erschließen und auszubeuten. Aber wenn diese Unternehmen ankommen, sind sie nicht die ersten dort und der Boden wird bereits bearbeitet. Die Konzerne werden von den örtlichen Gemeinden bekämpft, die ein Gewohnheitsrecht haben, diese Böden zu bewirtschaften. Sie müssen eine Einigung finden – nur auf welcher Grundlage soll diese Einigung möglich sein?

Wie sollte eine Familie ihr angestammtes Land verlassen? Den Ort, an dem sie ihre Vorfahren bestattet hat? Das Gebiet, das sie seit Generationen bewohnt? Und wer soll sie aufnehmen?

Die Gesamtsituation in der DR Kongo ist beunruhigend und macht uns in höchstem Maße betroffen. Während dort täglich die extremsten Verbrechen begangen werden, muss man feststellen, dass das Gewissen der Menschheit davon unberührt scheint. Dabei existieren auf nationaler wie internationaler Ebene Gesetze, die diese Verbrechen unter Strafe stellen und verhindern sollen. Die Stille und die Untätigkeit, die diese Verbrechen begleiten, geben uns die Legitimation zu diesem Tribunal, das im Kongo und in der internationalen Gemeinschaft Bewusstsein für diese Verbrechen schaffen will. Hinter diesem Tribunal steht weder die kongolesische Regierung noch irgendeine andere Organisation. Die Mitwirkenden nehmen aus eigenem Antrieb teil, um Verantwortung zu übernehmen und die unverhohlenen Verstöße gegen die universalen Prinzipien, die von der gesamten internationalen Gemeinschaft anerkannt wurden, anzuprangern.

Unser Wunsch ist es, unter Wahrung völliger Unabhängigkeit eine Diskussion zu ermöglichen, die der Menschheit bewusst werden lässt, welche Schrecken und welche Barbarei die kongolesische Bevölkerung täglich erdulden muss. Darf die Welt angesichts dieser Situation weiterhin schweigen und die Arme verschränken?

Unser Tribunal hat selbstverständlich nicht die Macht, Strafen zu verhängen. Es stellt sich aber dennoch die Aufgabe, die folgenden Fragen zu untersuchen:

Sind die ethnischen Konflikte und die Angriffe diverser Gruppen im Osten in einem solchen Maß außer Kontrolle geraten, dass die kongolesische Regierung und die Armee, die sich gerade von 20 Jahren des

Konflikts erholen, bei dem Versuch, die Ordnung wiederherzustellen, scheitern müssen?

Sind die Regierung des Kongo und die Armee Akteure bei den Angriffen auf die lokale Bevölkerung und erhalten so bewusst das Chaos und die Unsicherheit in der Region aufrecht – sei es durch Passivität oder durch direkte Kollaboration mit den bewaffneten Gruppen?

Tragen die internationale Gemeinschaft und die MONUSCO-Truppen, die im Osten des Kongo stationiert sind, zur politischen Stabilisierung und zur Sicherheit in der Region bei, indem sie die noch schwache Regierung und Armee dabei unterstützen, sich zu konsolidieren?

Machen sich die internationale Gemeinschaft und die MONUSCO-Truppen der Komplizenschaft schuldig, indem sie mit einer Regierung und einer Armee kollaborieren und diese militärisch und logistisch stärken, die nicht zum Wohl der kongolesischen Bevölkerung arbeiten und die Menschenrechte nicht achten?

Schafft der industrielle Erzbergbau eine Basis für den Frieden und die Demokratie in der Region, indem er die Entstehung einer adäquaten Infrastruktur und die Schaffung von Arbeitsplätzen begünstigt und sich positiv auf benachbarte Felder der lokalen Ökonomie auswirkt?

Haben die multinationalen Konzerne, die in der Region Erzbergbau im industriellen Maßstab betreiben, die politische Instabilität während der 20 Jahre des Krieges ausgenutzt, um sich zu günstigen Bedingungen Konzessionen zu verschaffen und die Bodenschätze im Osten des Kongo in Beschlag zu nehmen? Sind sie in diesem Fall der Ausplünderung der kongolesischen Bevölkerung schuldig?

Unser Tribunal wird den Zeugen der Verbrechen und den Überlebenden eine Stimme geben. Die Mitglieder der Jury werden ihre Meinung ohne Rücksichten äußern. Wir stellen uns der großen Verantwortung, die diesem Tribunal innewohnt, um die unhaltbaren Zustände anzuprangern und die Wahrheit herauszufinden. Wir hegen die Hoffnung, dass die Stimmen der Experten, der Mitglieder der Jury und der Zeugen die Welt dazu veranlassen, der DR Kongo zu Hilfe zu kommen.

Colette Braeckman, Mitglied Jury (Bukavu / Berlin)

CHRONIK EINES LANGEN UND GEWALTSAMEN BEUTEZUGES. ZUR JÜNGEREN GESCHICHTE DER DEMOKRATISCHEN REPUBLIK KONGO

Eröffnungsrede Berlin, 26. Juni 2015

Der Kongo hat bei anderen Staaten immer schon Begehrlichkeiten geweckt. Nach dem Sklavenhandel, der mit der Peitsche und dem Gewehr betrieben wurde, war im Namen des Kampfs gegen die Sklaverei erneut ein anderes Regiment der Peitsche angebrochen, jener Nilpferdpeitschen, die denen galten, die sich weigerten, ihre Kautschuk-Ernte abzuliefern oder die flohen, um nicht in die Kupferminen hinabsteigen zu müssen.

Diesem kolonialen Beutezug, der im Anzug begangen und mit Reden von Zivilisation bemäntelt wurde, verdankt es Belgien, dass es am Ende des Zweiten Weltkrieges ohne Schulden dastand. Dank des Urans aus Katanga, das man den Amerikanern zum Freundschaftspreis überlassen hatte, standen die Kolonialherren in den Reihen der Gewinner gut da und wurden Teil der Gründerväter jener Ordnung, die

Bretton-Woods-System genannt wird, und die mit dem Internationalen Währungsfonds und der Weltbank heute noch die Geschicke der Welt lenkt.

Auf eine chaotische Phase der Unabhängigkeit, deren Führungsfigur, Patrice Lumumba, auf Weisung der Amerikaner und Belgier ermordet wurde, weil er seine Landsleute an den Gewinnen aus den Reichtümern des Landes beteiligen wollte, folgte schließlich auf den Beutezug der Anzugträger derjenige mit Leopardenmütze und Stock. 32 Jahre lang blieb Mobutu an der Macht, plünderte das Land aus und verschleuderte seine Ressourcen. Es war die Zeit der Briefumschläge, der Taschen und, gegen Ende, der Kisten voller druckfrischer Scheine aus München. Einige davon gingen vom Flughafen in Kinshasa an die Nationalbank, viele andere aber direkt zur Jacht des Präsidenten, wo die politischen Führer sich des Nachts für ihren Verrat auszahlen ließen. Wie sollte man sich bei einem solchen geschichtlichen Erbe, das Korruption zu einer Institution hat werden lassen, über den Verfall des Wertesystems wundern?

Zu Beginn der 90er-Jahre endete die „Nationale Souveräne Konferenz", jenes umfangreiche Unternehmen, das alle Kräfte des Landes zusammenbringen sollte, mit einem Fehlschlag und ohne die politischen Morde aufklären zu können oder die Mechanismen hinter der Ausplünderung des Landes zu untersuchen.

Nachdem das Ende des Kalten Krieges den alten, vom Krebs bereits gezeichneten Diktator entbehrlich hatte werden lassen, bestand die Armee nur noch aus der Präsidentengarde und einem Heer unmotivierter und unbezahlter Soldaten. Zaïre, das bald wieder Kongo heißen sollte, war zum Archipel derer geworden, die sich gewieft durchschlagen konnten - jeder gegen jeden. Eine riesige Grauzone im Herzen Afrikas, in der die großen wirtschaftlichen Akteure wegen mangelnder Sicherheit und Ortskenntnis keine Investitionen tätigen wollten und die von den Journalisten gerne als „gescheiterter Staat" bezeichnet wurde ...

1994 wurde der Osten des Landes durch den Zustrom von Flüchtlingen aus Ruanda - unter ihnen nicht wenige Täter des Völkermords - zunehmend unsicher. Die Unterbringung von eineinhalb Millionen Zivilisten und bewaffneten Männern in den von der internationalen Gemeinschaft eingerichteten Lagern wurde vom neuen Regime in Ruanda unter Paul Kagame als existentielle Bedrohung wahrgenommen.

Im Oktober 1996 begann dann das, was man als Krieg im Krieg bezeichnen könnte. Der Krieg der Infanteristen, der Gummistiefel und der Kalaschnikows ... An vorderster Front die Männer aus Ruanda und Uganda. Sie hatten sich vorgenommen, die Flüchtlingslager zu zerstören, die „Völkermörder" zu jagen, und im Verlauf ihres Vormarsches wurden nicht weniger als 200.000 Menschen als vermisst gemeldet. Einige der „Befreier", die bis Kisangani vorstießen, träumten davon, den Osten des Landes von Kinshasa abzutrennen. An ihrer Seite kämpften diejenigen Kongolesen, die, wie Laurent-Désiré Kabila, schon lange gegen Mobutu opponiert hatten. Sie dachten, die Stunde der Rache sei gekommen und dass es Zeit war, die nationalistischen Ideen Lumumbas neu zu beleben.

Die Techniken dieses ersten Kongokrieges waren einfach: Vorrücken, töten, die Zivilbevölkerung vertreiben, die Jungen verführen und in ein Abenteuer verwickeln, das sieben Monate später zum Sturz des Diktators führen und in Kinshasa eine neue Ordnung errichten sollte. Wer wusste in dieser Zeit von den amerikanischen Militärberatern, die in Goma stationiert waren? Wer fragte sich, warum amerikanische Bergbaufirmen, wie etwa die in Atlanta, der Heimat der Clinton-Familie, beheimatete American Mineral Fields den Rebellenchefs Transportflugzeuge bereitstellten und Verträge über Minen abschlossen, noch bevor das Mobutu-Regime gestürzt war?

Die Finanzierung dieses ersten Krieges war ebenso einfach, denn Zaïre, das in Demokratische Republik Kongo unbenannt worden war, hatte noch ein paar Reste vom Tafelsilber: Eine Erzaufbereitungsanlage wurde in Südkivu abgebaut und auf die andere Seite der Front geschafft, Militärflugzeuge, die auf dem Hinweg bewaffnete Einheiten transportierten, kamen beladen mit Waren zurück und hunderte Fahrzeuge mit „zaïrischen" Kennzeichen fuhren durch die Straßen von Kampala und Kigali. In einer eingeschlossenen Stadt wie Kisangani waren die Einwohner dagegen wieder auf die „Tolekas", die alten Fahrradtaxis, angewiesen.

Es war der Raubüberfall des Jahrhunderts, begangen im Namen der Grenzsicherung, des Sturzes eines verhassten Diktators und der Befreiung des Volkes. Aber hinter dieser Fassade steckten längerfristige Ambitionen: Wie hatte man dieses Land brachliegen lassen können, das über das größte Waldgebiet der Erde und mit dem Kongobecken über das größte Wassereinzugsgebiet verfügt, ein Land, in dem hunderte Minenstandorte noch nicht erschlossen waren?

In der Folge kam es jedoch zu einem Fehler in der Besetzung: Der neue Präsident, Laurent-Désiré Kabila, weigerte sich, die ihm zugedachte Rolle als Statthalter ausländischer Interessen zu spielen. Der ehemalige Widerstandskämpfer, der auch Che Guevara empfangen hatte, weigerte sich, einem von Kigali und Kampala aus installierten Politbüro zu gehorchen. Er verurteilte die Bergbau-Verträge, die er selbst während des Krieges unterzeichnet hatte und ermunterte die Bevölkerung dazu, auf die eigene Stärke zu vertrauen und sich in „Volkskomitees" zusammenzuschließen, um die lokalen Initiativen zu stärken und weniger von ausländischer Hilfe abhängig zu sein.

Es hatte ein Jahr gebraucht, bis Kabila sich schließlich Ende Juli 1998 dazu entschloss, die ruandischen Militärs, die ihm zum Amt verholfen hatten, hinauszukomplimentieren und sie aufzufordern, in ihr Land zurückzugehen. Im Gegenzug dauerte es keine 48 Stunden, bis man von Ruanda aus die Grenzen überschritten hatte und mit dem Rassemblement Congolais pour la Démocratie eine Bewegung installiert hatte, die sich als „kongolesisch" darstellte und in der aus dem Kongo stammende Tutsi eine führende Rolle spielten, die jedoch letztlich ihre Befehle von Kigali entgegennahm. In Uganda wollte man dem in Nichts nachstehen: Man ermunterte den ehemaligen Mobutu-Anhänger Jean Pierre Bemba, ebenfalls eine Rebellengruppe aufzubauen, den Mouvement pour la Liberation du Congo, der zu Beginn noch von ugandischen Truppen unterstützt wurde.

Dieser Krieg, der am 2. August 1998 begann, wurde bald darauf „Afrikas erster Weltkrieg" genannt, denn auch Kabila rief seine Verbündeten zu Hilfe: Simbabwe und Angola schickten Verstärkungstruppen, die die schwache Regierungsarmee unterstützten und den Vormarsch der Rebellen aufhielten.

Während dieses Krieges wäre der Kongo beinahe auseinandergebrochen: Er war in mehrere Zonen geteilt, die untereinander keinen Kontakt hatten, und jede der Kriegsparteien finanzierte ihre militärischen Aktionen aus den jeweils lokalen Ressourcen. Während der Osten des Landes geschröpft wurde, zahlte sich Simbabwe mit Diamanten aus Kasai aus und die Angolaner sicherten sich Konzessionen, um die Erdölvorkommen in den gemeinsamen Küstengewässern abbauen zu können. Der Beutezug dieser Zeit gehorchte einem einfachen Motto: „take the money and run...". „Dieser Krieg trägt sich selbst", versicherten die ruandischen Finanziers, „er belastet den Haushalt unseres Landes nicht."

Als 1999 die Verhandlungen in Lusaka aufgenommen wurden, war die internationale Gemeinschaft darauf bedacht, dass Kabila in einer Minderheitenposition war und die Rebellengruppen gleich stark vertreten waren wie die Regierungsanhänger. Doch der alte Rebell, der zur Unterzeichnung gezwungen war, sabotierte das Abkommen: Er regte das Wiedererstarken lokaler Verteidigungstruppen im Osten an, der Mai-Mai, die vor den Linien der Regierungstruppen kämpften ...

Laurent-Désiré Kabila, jener Mann, der die bedrohte Souveränität seines Landes so entschlossen verteidigte, wurde 2001 von einem seiner Leibwächter ermordet, der von Libanesen mit amerikanischem Geld angeheuert worden war. Antoine Vumilia, der hier anwesend ist, könnte uns mehr darüber erzählen... In den Hauptstädten der westlichen Länder war die Erleichterung spürbar. Joseph Kabila, sein 29-jähriger Sohn, sollte dem Vater an der Spitze eines besetzten, geteilten und von verschiedenen ausländischen Armeen ausgeplünderten Landes nachfolgen. Er, der mit der Radikalität seines Vaters gebrochen hatte, war zum Lavieren gezwungen, zu Kompromissen, um Schritt für Schritt nicht nur das Ende der Kampfhandlungen herbeizuführen, sondern den Rückzug der ausländischen Truppen und die Wiedervereinigung des Landes. Ruanda und Uganda weigerten sich mit amerikanischer Rückendeckung so lange ihre Truppen abzuziehen, bis ihre Verbündeten und Komplizen, ihre „Stellvertreter" oder „Kollaborateure" in die Zentralregierung einbezogen wurden.

In Erwartung allgemeiner Wahlen, die für 2006 geplant waren, wurde eine bizarre „Eins plus vier"-Regelung geschaffen, mit einem Präsidenten und vier Vizepräsidenten, von denen zwei die Rebellengruppen vertraten.

Offiziell verließen die ausländischen Truppen das Land, aber in den östlichen Provinzen blieben zum Teil bis heute mehr als zwanzig Rebellengruppen aktiv, die allesamt lokale Ressourcen plünderten und die örtliche Bevölkerung terrorisierten. In dieser Zeit prangerte Doktor Mukwege, ein Gynäkologe aus Panzi in der Nähe von Bukavu, erstmals systematische Vergewaltigungen als Kriegsstrategie an, die zur Unterwerfung der Zivilbevölkerung genutzt werde, um sich an den Reichtümern bedienen zu können.

Bis heute sind die Opfer dieses „Afrikanischen Weltkrieges" nicht gezählt. Man spricht von vier oder sechs Millionen Toten, die durch Gewalt, Vertreibung, Zwangsarbeit und den Entzug medizinischer Hilfe ums Leben gekommen sind. Auch wenn man die exakte Opferzahl nie herausfinden wird: Eines Tages wird man vielleicht die Sammel- und Massengräber öffnen, die sich im Osten des Landes vom Norden Kivus bis zur Grenze zu Burundi aneinanderreihen ...

In dieser Zeit, als der Kongo nicht von einer legitimen Regierung gelenkt wurde, sondern von Führungskräften, die allesamt aus dem bewaffneten Kampf hervorgegangen waren, diktierte die Weltbank 2002 ein von einem sehr liberalen Geist beseeltes Bergbaugesetz. Es sollte ausländische Investoren durch außergewöhnlich günstige Bedingungen anziehen: Steuerfreiheit für fünfzehn Jahre, Gewinnrückführung und einiges mehr.

Im Laufe der folgenden Jahre füllte sich die kongolesische Landkarte mit Parzellen und Gebieten, für die potentielle Investoren Konzessionen von Kinshasa erhalten hatten, ohne auch nur einmal vor Ort gewesen zu sein.

Der Beutezug im ersten Kongokrieg wurde mit Kalaschnikows geführt, mit Kindersoldaten und Raketenwerfern; der des zweiten Kongokrieges mit Kriegsfahrzeugen und schweren Maschinengewehren. Der Beutezug, der auf die Friedensabkommen folgte, wurde mit raffinierteren Mitteln geführt, nicht mit Schaufeln und Hacken, sondern mit Radladern und Baggern, die sich durch die Hügel fressen, mit Tiefladern, die vollbeladen mit Erde die Grenzposten passieren, mit Flugzeugen, die Goldbarren abtransportieren.

Der Kongo fand langsam seinen Platz in der Weltordnung: Größter Produzent von Kobalt, zweiter beim Kupfer mit einer Million Tonnen pro Jahr, größter Produzent von Coltan.

Die ersten demokratischen Wahlen fanden 2006 unter Beobachtung der internationalen Gemeinschaft statt und Joseph Kabila wurde in seiner Führungsrolle legitimiert. Sein Mandat wurde 2011 in einer neuen Wahl verlängert, die vielfach angezweifelt wurde und von diversen Unregelmäßigkeiten begleitet war: Es endet 2016 und ist im Prinzip das letzte Mandat, das er erhalten kann.

Der Krieg im Osten ist allerdings keineswegs beendet: Trotz der Präsenz von 20.000 Blauhelm-Soldaten, trotz der größten und teuersten UNO-Friedensmission, konnten sich die bewaffneten Gruppen halten. Unter dem Namen FDLR (Forces démocratiques pour la libération du Rwanda) sind die Beteiligten am Völkermord in Ruanda weiterhin aktiv. Sie beuten Rohstoff-Lagerstätten aus, entführen kongolesische Frauen, und tausende Kinder sind wie Samen in einer fremden Erde aus ihren Vergewaltigungen entstanden. Manche der kongolesischen bewaffneten Gruppen sind aufgelöst, andere greifen erneut zu den Waffen, um ihr Gebiet gegen die von Kigali unterstützten Rebellen zu verteidigen. Die im Zuge der Friedensabkommen 2002 festgelegte Regel, die den Rebellen, im Gegenzug für das Niederlegen der Waffen, die Eingliederung in die Armee und den Anführern Amnestie, wenn nicht gar Beförderung, zusichert, hat perverse Folgen: Die nationale Armee ist seither von ausländischen Kämpfern infiltriert und von Männern, die nichts kennen außer Gewalt und Diebstahl.

Während all dieser Jahre hat Ruanda (und in einem etwas schwächeren Maß auch Uganda) nie von dem Plan Abstand genommen, eine Hand auf den Osten des Kongo zu legen, den man als eigenes ökonomisches Hinterland betrachtet. Trotz der Niederschlagung der M23 im November 2013, der letzten großen von Kigali unterstützten Rebellengruppe, bleibt die Region instabil. Im Norden Kivus, in Beni, sind die Gräuel weiterhin an der Tagesordnung, denn auch die kongolesischen Politiker haben ihre Lektion aus den Erfahrungen mit der Straflosigkeit nach den Friedensabkommen gelernt: Hebe eine Truppe aus, töte Zivilisten und handle anschließend als Gegenleistung für die Kapitulation einen Offiziersgrad oder einen Ministerposten aus.

Die wiederholten Rebellionen üben auch ökonomischen Druck aus: So fiel der Ausbruch des Krieges, den Laurent Nkunda anführte, jener Rebellenchef, der heute in Kigali Unterschlupf gefunden hat, genau in den Zeitraum, zu dem man in Kinshasa die Bergbauverträge überprüfen und einige Änderungen an den Bestimmungen des Bergbaurechts vornehmen wollte. Ich erinnere mich, dass ich immer, wenn ich ihn auf seinem Gut interviewen wollte, auf amerikanische Geschäftsleute traf, die von Gesprächen mit ihm kamen und ihn in den höchsten Tönen priesen.

Ich möchte mich abschließend für die Einladung nach Berlin bedanken, eine Einladung in jene Stadt, in der 1885 die Aufteilung Afrikas beschlossen wurde. Hier wurden die noch heutigen Grenzen des Kongo gezogen, die im Falle der östlichen Provinzen noch immer umkämpft sind. Hier wurde der Grundstein für den Raub der Ressourcen gelegt, der bis heute andauert; hier legte man die Grundlagen für die folgenden Kriege, die heute noch härter ausgefochten werden, da auch neue Akteure wie die Chinesen und die Asiaten im allgemeinen einen Platz am Tisch ergattern wollen.

Aber mit diesem Tribunal wird Berlin auch der Ort sein, an dem ein erster Schritt getan wird, um diesen bewaffneten Raub und diese Weiße-Kragen-Kriminalität zu verurteilen, der Ort, an dem die Kongolesen endlich selbst über ihr Leid und ihre Kämpfe berichten können.

Antoine Vumilia, Mitglied Jury (Berlin)
AUF KOSTEN DER BEVÖLKERUNG REGIEREN ODER STERBEN.
DAS BEISPIEL LAURENT-DÉSIRÉ KABILA
Eröffnungsrede Berlin, 27. Juni 2015

Verehrter Präsident des „Kongo Tribunals",

Ich möchte im Folgenden kurz die bewegten und widersprüchlichen Beziehungen analysieren, die Präsident Laurent-Désiré Kabila mit den multinationalen Bergbaukonzernen unterhalten hat.

Die Ausgangslage Mitte der 90er-Jahre des letzten Jahrhunderts, kurz nach dem Genozid in Ruanda, ist die folgende: Die USA sind dabei, die geopolitische Situation im Gebiet der Afrikanischen Großen Seen neu zu ordnen. Die Präsenz von an den Massakern beteiligten Truppen im Kongo dient als Vorwand um Mobutus Zaïre anzugreifen. Aber wie verleiht man einer Operation, die vom und für das Ausland geplant wurde, einen glaubwürdigen Anstrich? Die Antwort auf diese Frage hat Yoweri Museveni. Der wichtigste Verbündete der Amerikaner in der Region macht sich auf die Suche und zaubert Laurent-Désiré Kabila aus dem Hut. Denn der Imperialismus braucht eine Maske, hinter der er sich bei seinem Auftritt auf der Bühne des Kongo verstecken kann. Also wird Kabila an die Spitze einer bunt zusammengewürfelten Koalition aus ruandischen, ugandischen und kongolesischen Truppen gesetzt, die man AFDL (Alliance des Forces Démocratiques pour la Libération du Congo) nennt und die ihren ersten Angriff im Oktober 1996 von Ruanda aus startet. Als Vorwand dient ein Krieg zwischen verschiedenen Ethnien.

Aber wer ist dieser Laurent-Désiré Kabila? Ein kongolesischer Nationalist, der von den Ideen Lumumbas inspiriert ist. Er hat in Südkivu seit den 60er-Jahren eine sporadisch aktive revolutionäre Untergrundgruppierung aufrechterhalten und träumt davon, Mobutu zu stürzen. Aber er hat weder die nötigen finanziellen Mittel noch genügend Männer. Geld und Männer sowie Waffen und Informationen - das ist es, was seine neuen Verbündeten ihm versprechen. Der Regisseur dieser riesigen Vorstellung heißt AMFI (American Mineral Fields International). Dieser multinationale Konzern wurde 1995 hastig gegründet, mit dem erklärten Ziel, amerikanischen Firmen den Zugang zu afrikanischen Minen zu öffnen. Die AMF, wie man sie auch nennt, verhandelt Knebelverträge. Und so ergibt es sich, dass der aufständische Kabila gleich zu Beginn drei Bergbaukonzessionen an seine Geldgeber vergibt. Es handelt sich um die Kupfer- und Kobaltkonzessionen von Kolwezi, die Kobaltkonzessionen sowie die Zinkverarbeitungsfabrik in Kipushi, in der Provinz Katanga.

Die örtliche Filiale der AMF, die American Diamond Buyers, erhält das Monopol für den Diamantenhandel in Kisangani, in der Provinz Orientale. Aber die AMF ist nicht der einzige Gewinner. Andere amerikanische, kanadische und sogar schwedische Unternehmen steigen in das Geschäft ein. First Quantum, Lundin und Emaxon sind einige der Namen, die man in diesem Zusammenhang nennen könnte. Es geht um Diamanten, um Gold, Kobalt, Mangan, Kupfer, Zink, Germanium, Blei, Eisen und noch einiges mehr. Die Vorkommen wurden zu absurd niedrigen Preisen geschätzt. So wurden beispielsweise die Rohstoffvorkommen von Kipushi von der AMF auf 44 Milliarden Dollar taxiert, während sie von anderen Experten auf 300 Milliarden Dollar geschätzt werden. Die enttäuschte Bevölkerung musste zusehen, wie Lastwagenladungen mineralischer Bodenschätze nach Ruanda und Uganda gebracht wurden, während der sogenannte Befreiungskrieg auf seinem Weg nach Kinshasa voranschritt. Natürlich sind die Zahlen, die ich genannt habe, anfechtbar – die Tatsache jedoch, dass eine Plünderung stattgefunden hat, ist unbestreitbar. Wie dem auch sei, wir sehen uns der absurden Situation gegenüber, dass ein Nationalist mit jenen gemeinsame Sache macht, die seine Nation ausplündern! Tatsächlich aber hat Laurent-Désiré Kabila in der AFDL nur wenig zu sagen. Er hat sie nicht kontrolliert, aber es war auch nicht so, dass er betrogen worden wäre und nicht mitbekommen hätte, was passiert. Ich kann das bezeugen, denn ich erinnere mich an eine Rede, die er einmal gehalten hat. Das war im Frühjahr 1997, als er in seiner Residenz in Goma einige junge politische Kader empfangen hat, die beim Geheimdienst ausgebildet wurden. Bei dieser Gelegenheit hat Kabila auf die Geschäftsmänner hingewiesen, die etwas abseits standen und darauf warteten, von ihm empfangen zu werden. Er hat sie als Plünderer bezeichnet und gesagt, dass sich die Kongolesen ihrer entledigen müssten, wenn er erst einmal an der Macht sei. Sie verstehen also: Es schien, als trage die AFDL den Motor ihrer eigenen Zerstörung in sich.

Die AFDL ergreift am 17. Mai 1997 die Macht in Kinshasa. Am 29. Juli des Folgejahres schreitet Laurent-Désiré Kabila, nun Präsident, zur Tat. Er hebt die Verordnungen auf, die dem kanadischen Unternehmen Banro sehr vorteilhafte Bedingungen zusichern. Eben jenem Unternehmen, das heute noch Thema sein wird. Unmittelbar im Anschluss beschließt er, alle Bergbauverträge neu zu verhandeln, darunter auch jene, die er selbst unterzeichnet hatte, als er noch ein Rebellenführer war. Unter den betroffenen multinationalen Konzernen waren American Mineral Fields, De Beers, Ashanti Goldfields, Barrick Gold Corporation und die schwedische Firma Lundin. Weniger als eine Woche später schlägt ein Putschversuch gegen Kabila nur knapp fehl - sicherlich nur ein Zufall im Timing. Aber Sie müssen zugeben: ein beunruhigender Zufall. Das war am 2. August 1998. Ein Aufstand, oder vielmehr mehrere Aufstände entstehen in der Folge und werden von denselben Staaten unterstützt, die die AFDL gegründet hatten, sowie von den verbitterten multinationalen Konzernen. Kabila kündigt ein Gesetz gegen Wirtschaftsverbrechen an, das die Plünderung und den Betrug erschweren soll. Dieses Gesetz wird von der Weltbank und allen westlichen Botschaftern einstimmig verteufelt, noch vor seiner Veröffentlichung. Der von der internationalen Presse bereits als „einsamer Mann" bezeichnete, isoliert sich noch weiter. Seine Herrschaft wird paranoid und noch autoritärer. Kabila wird am 16. Januar 2001 in seinem Büro ermordet. Es folgen Ereignisse, für die ich keinen passenden Namen finden kann: Nacheinander schiebt man 84 Personen den Schwarzen Peter zu; fünf sterben noch am selben Tag, etwa fünfzig schmoren bis heute in ihren Gefängniszellen und einige sind ins Exil gegangen - größtenteils nach Schweden. Während dieser Geschehnisse wurde eine naheliegende Frage nie gestellt: Wer hat die Ermordung bestellt und von ihr profitiert? Es ist bekannt, dass der Tod von Laurent-Désiré Kabila die Rückkehr von Banro auf die kongolesische Bühne ermöglicht hat und dass dieses Unternehmen heute noch die Fäden zieht in jenen makabren Vorgängen, bei denen Bewohner umgesiedelt, Wasser vergiftet und ganze Landstriche verwüstet werden.

Herr Präsident, es scheint, als seien die kongolesischen Führer seit Lumumba immer wieder mit dem gordischen Knoten des Kapitalismus konfrontiert. Und ebenso mit der kafkaesken Entscheidung, lange auf Kosten der eigenen Bevölkerung zu regieren oder so schnell zu sterben, dass keine Zeit bleibt, um deren Bedürfnissen zu dienen.

VÉRITÉ ET JUSTICE
LE TRIBUNAL SUR
LE CONGO
DAS KONGO TRIBUNAL
THE CONGO
TRIBUNAL

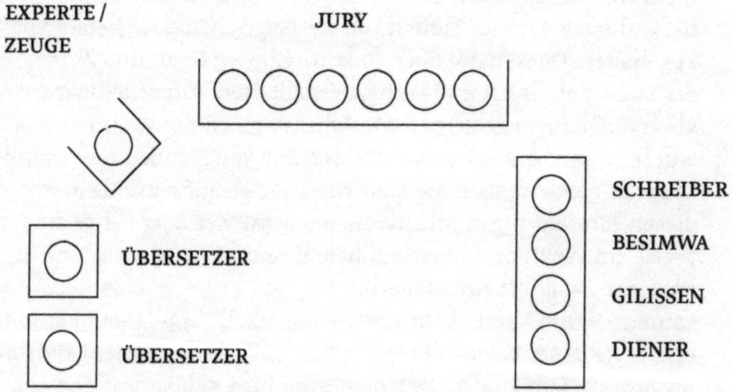

EXPERTE / ZEUGE

JURY

SCHREIBER

BESIMWA

GILISSEN

DIENER

ÜBERSETZER

ÜBERSETZER

FALL I – DER FALL BANRO
DIE ZIELSTREBIGKEIT DER ROHSTOFFFIRMEN IN DEN WIRREN DES KRIEGES

Banro, ein kanadisches Startup-Unternehmen, hatte von Mobutu 1996 zu Spekulationszwecken Konzessionen für den Goldabbau in mehreren Gebieten erworben, darunter das Gebiet der Mine Twangiza, die nicht weit nördlich von Bukavu liegt. Während der Herrschaft Mobutus wurden die Konzessionen von der belgischen Gesellschaft Sominki gehalten. Diese hatte über 20 Jahre hinweg Gold- und Zinnoxid in der Region abgebaut und eine paternalistische Unternehmensstrategie verfolgt, im Zuge derer 6.000 Arbeiter mit ihren Familien versorgt wurden. Man bezahlte nicht nur den Bau von Schulen und Krankenhäusern, sondern auch die Mediziner, Pflegekräfte und Lehrer, die in diesen Einrichtungen arbeiteten. Als Mitte der 80er-Jahre die Zinnpreise am Weltmarkt drastisch fielen, befürchtete das Unternehmen, auf einen Bankrott zuzusteuern.
Laurent-Désiré Kabila kam 1997 an die Macht, enteignete Banro und errichtete in der Region ein Staatsunternehmen unter der Leitung der Mwami aus Luhwindja. Nach der Ermordung Kabilas und den Abkommen von Sun City beanspruchte Banro die Besitzrechte wieder und bekam die Konzession für den Goldabbau zurück. Im Jahr 2005 beschloss die Firma, den Erkundungsbetrieb in Twangiza aufzunehmen.
Um für die industrielle Infrastruktur Platz zu schaffen, wurden die Einwohner des Dorfes Luhwindja, die sich auf dem Gebiet der Mine befanden, entschädigt und auf einen Hügel umgesiedelt, der sich auf dem Banro-Gelände befindet. Es brach ein Konflikt aus zwischen dem multinationalen Konzern und der Bevölkerung, die hauptsächlich vom Goldabbau in handwerklichem Maßstab lebt.

Zihalirwa Chakirwa, Pfarrer von Cinjira, Zeuge (Bukavu)
„SIE HABEN MICH VERJAGT UND NICHTS BEZAHLT."
Befragung Bukavu, 30. Mai 2015

JURY Das Tribunal möchte wissen, wie Sie gelebt haben, bevor Banro in Luhwindja ankam. Was Sie gearbeitet haben, ob Sie Felder hatten und wenn ja, welche.

CHAKIRWA Ich wurde 1970 in Luhwindja geboren, in Mihambo, im Regenwald. Dort bin ich aufgewachsen und dort habe ich gelebt. Aber als die Firma ankam, haben sie mir mein Land genommen. Sie wollten eine Fabrik bauen und haben mich verjagt. Sie haben mir nichts bezahlt, mich nicht entschädigt. Sie haben mich und meine sieben Kinder verjagt, ebenso wie neun andere Familien.

JURY Können Sie uns erklären, was Sie verloren haben? Wie groß war Ihr Land? Was haben Sie sonst noch verloren? Ein Haus? Erzählen Sie dem Tribunal davon.

CHAKIRWA Ich hatte viel Land, auf dem ich Mais angebaut habe - soviel, dass meine Familie sich ein ganzes Jahr davon ernähren konnte. Alle meine Bäume wurden gefällt und mein Haus wurde zerstört.

JURY Sie sagen, dass Sie keinen Ort haben, an dem Sie bleiben können, dass Sie wie Abfall einfach weggeworfen wurden. Aber uns hat man gesagt, dass Banro alle entschädigt hat, deren Land man enteignet hat. Haben sie Ihnen etwas bezahlt? Und wenn nicht: Warum haben sie Ihnen nichts gegeben?

CHAKIRWA Auch diejenigen, die etwas bekommen haben, wurden nicht so bezahlt, wie es ausgemacht war. Ich weiß nicht, warum sie mir nichts gegeben haben. Ich hatte keine Probleme mit dem Unternehmen selbst oder irgendwelchen Mitarbeitern. Vielleicht gab es jemanden, der sie beeinflusst hat und dafür gesorgt hat, dass ich nicht bezahlt wurde.

JURY Wurde die Bevölkerung angehört, als Banro beschlossen hatte, sie umzusiedeln? Hat man sie nach ihrer Meinung gefragt?

CHAKIRWA Nein, man hat sie nicht gehört. Man hat sie damit allein gelassen. Sie sind gekommen und haben uns gezwungen zu gehen, ohne uns zu entschädigen.

JURY Können Sie uns bitte erklären, wie die derzeitige Lebenssituation der Menschen in Cinjira ist?

CHAKIRWA Die Situation in Cinjira ist sehr schlecht. Wissen Sie warum? Dort wo man die Leute hingebracht hat, gibt es keine einzige Straße, es gibt keine Wasserversorgung und es ist sehr schwierig, an Lebensmittel zu kommen. 25 kg Maismehl kosten über 20 Dollar in Bukavu, aber in Cinjira sind es 40 Dollar oder sogar 50 Dollar, aufgrund der schwierigen Transportsituation. Nur in Kibuti gibt es eine Straße. Banro hat nur für ihre eigenen Fahrzeuge eine kleine Straße zu unserem Dorf gebaut. Die sind gut und kommen mit jeder Straße zurecht.

JURY Herr Chakirwa, Sie haben gesagt, dass einige Bürger eine Entschädigung erhalten haben und andere nicht. Wissen Sie, ob es diesbezüglich Vereinbarungen mit Banro gab?

CHAKIRWA Man hat die Menschen nicht darüber informiert, was vor sich ging. Es gibt einen sogenannten Pflichtenkatalog, aber niemand weiß, was darin steht.

Valentin Kasha, Zeuge (Bukavu), Vertreter von artisanalen Goldgräbern
„DAS GRABEN IN DEN MINEN IST SACHE DER KONGOLESEN."
Befragung Bukavu, 30. Mai 2015

JURY Geehrter Zeuge, auf dem Gelände von Mukungwe befinden sich derzeit über 1.000 Goldgräber zusammen mit der Polizei und Mitarbeitern des Nachrichtendienstes ANR. Wer, denken Sie, hat diese Vertreter des Staates dort hinbestellt, wenn Sie die Arbeiter doch als Illegale bezeichnen?

KASHA Man nennt sie Illegale, weil der Staat angeordnet hat, dass sie gehen sollen; sie sind aber nicht gegangen. Sie bleiben, und der Staat hat Polizei und Militär geschickt, damit sie diese Illegalen, die immer noch vor Ort sind, vertreiben. Zugleich kann man sagen, dass es der

Staat ist, der diese Leute rettet.

JURY Weil sie von der Polizei und den staatlichen Kräften vor Ort beschützt werden? Also wird das von den Behörden unterstützt. Wer hat in Mukungwe heute denn letztlich die Kontrolle? An wen zahlen die illegalen Schürfer ihre Steuern?

KASHA Da ich nicht mehr vor Ort bin, kann ich nicht sagen, an wen sie ihre Steuern zahlen. Aber sicherlich bekommen die Staatsvertreter, die Polizisten und andere etwas von den Illegalen. Wie sie dort leben? Sie kooperieren miteinander.

JURY Sie haben also resigniert und sagen sich: Wenn uns der Staat nicht beschützt, dann halten wir uns an Banro?

KASHA Ja.

JURY Aber welche Forderungen stellen die Goldgräber an Banro?

KASHA Banro hat uns eine Frist eingeräumt, während der wir auf dem Gelände arbeiten dürfen. Danach haben wir auf Vertrauensbasis ein Abkommen mit Banro unterzeichnet.

JURY Aber Banro hat die exklusiven Rechte für das Gelände. Wenn Banro sich weigert, den Goldgräbern etwas abzugeben, was werden Sie dann tun?

KASHA Ich denke nicht, dass sie das noch tun können, denn wir haben ja schriftliche Abkommen. Sie haben Protokolle und Verpflichtungserklärungen unterzeichnet. Kann es noch dazu kommen, jetzt, wo wir uns auch an die Zivilgesellschaft und andere Stellen gewendet haben? Der Staat ist ja nicht zufällig vor Ort. Wir waren nicht alleine. Staatliche Stellen haben uns unterstützt.

JURY Sie hatten aber doch gesagt, dass diese sie nicht schützen.

KASHA Sie schützen uns, aber sie treffen keine Entscheidungen.

JURY Sie waren der Erste auf dem Gelände von Mukungwe, der Erste, der mit der Arbeit dort begann, noch bevor der Staat Banro die Konzession erteilt hat.

KASHA Ja.

JURY Ihr Recht stützt sich also auf Legitimität. Sie waren der Erste, der dort gearbeitet hat und mit Bezug auf diese Legitimität, die nicht zwingend auch Legalität ist, fordern Sie, dass der Staat ihre Berechtigung anerkennt?

KASHA Nun, zuerst haben wir das Recht, in der Mine zu arbeiten, denn wir sind Kongolesen. Wir haben Druck auf Banro ausgeübt.

JURY Hat jeder Kongolese das Recht, diese Mine auszubeuten?

KASHA Ja. Jeder, der diesen Beruf gewählt hat, soll dort arbeiten. Das Graben ist eine Sache der Kongolesen. Aber als wir den Brief des Ministers gesehen hatten, haben wir begriffen, dass das Gelände fortan Banro gehört. Also haben wir beschlossen, zu Banro zu gehen - und wir sind nicht allein losgegangen. Wir haben mit Banro verhandelt und die Zusammenarbeit mit der Zivilbevölkerung gesucht, damit sie uns bei diesem Prozess begleitet.

Raymond Africa, Zeuge (Bukavu), Sprecher der Gemeinde Cinjira
„WIR BEFINDEN UNS IN EINER AUSWEGLOSEN SITUATION."
Befragung Bukavu, 30. Mai 2015

JURY War es die traditionelle Führung, die akzeptiert hat, dass die Menschen nach Cinjira umgesiedelt werden? Und wenn ja, auf welcher Basis wurde diese Entscheidung getroffen?
AFRICA Das kann ich nicht klar mit Ja oder Nein beantworten. Ich würde sagen, Ja, denn die lokale Autorität hat die Aufgabe, die Entscheidungen der Bevölkerung über ihre eigene Zukunft mit Ideen und Hilfestellungen zu begleiten. Und Cinjira liegt auf einer Höhe von 2800 Metern. Sie können sich vorstellen, was das bedeutet. Die Provinzbehörden wissen auch, dass es schwierig ist, dort zu leben. Auch wenn ein Teil der Bevölkerung sagt, sie wollen dort leben, ist es Teil der Verantwortung der Autoritäten, sie aufzuklären und ihnen deutlich zu machen, was es heißt, dorthin zu gehen. Das ist leider nicht geschehen und ich kann nicht sagen, warum das nicht geschehen ist.
JURY Bezahlt Banro regelmäßig die Steuern, die dem Staat und der Be-

hörde zustehen?
AFRICA Diese Frage stellen wir uns jeden Tag.
JURY Man gibt Ihnen darüber also keine Auskunft?
AFRICA Wir fragen nach, was wir bekommen, und manchmal gibt man uns zur Antwort, alles sei an den kongolesischen Staat bezahlt worden und dass wir warten müssten, bis uns dieser unseren Anteil abgibt. Aber darauf warten wir noch immer. Ebenso wie auf die versprochene Entwicklung: Aber die kommt nie. Daher schreiben wir jeden Tag Briefe, demonstrieren, denn wir befinden uns in einer ausweglosen Situation.

Zeuge E (Bukavu), ehemaliger Mitarbeiter von Banro
„DIE FÜHRER WISSEN, WARUM SIE IHRE AUFGABEN NICHT ERLEDIGEN."
Befragung Bukavu, 30. Mai 2015

JURY Kommen wir zu den Lebensbedingungen der Arbeiter, zur Einstellungspraxis und zu den Rechten der Arbeiter. Was können Sie uns darüber sagen? Wie verhält sich das Unternehmen gegenüber seinen Mitarbeitern?

ZEUGE E Bei den Einstellungen werden die Ausländer sehr deutlich bevorzugt gegenüber den Kongolesen. Die hiesigen Menschen haben keinen Platz im Unternehmen gefunden, sind nicht eingestellt worden und waren auf sich alleine gestellt. Die Personalabteilung ist korrupt.

JURY Und bei den Beförderungen, wie verhält es sich da?

ZEUGE E Eine kleine Gruppe profitiert davon, der Rest nicht. Selbst manche, die schon sehr lange dort arbeiten, sind immer noch ganz unten in der Hierarchie.

JURY Hatte die Provinzregierung von Luhwindja - einmal abgesehen davon, dass sie das Bergbaurecht kannte - Kenntnis von dem Vertrag zwischen Banro und der Zentralregierung?

ZEUGE E Sie sind gut informiert.

JURY Wissen die örtlichen Behörden, wie die Arbeit organisiert wird?

ZEUGE E Nein. Aber es gibt ja ein gemeinsames Komitee mit Vertretern von Banro und den Behörden. Sie wissen, was sie tun. Und da sie sich nicht beschweren, scheint es, als sei alles in Ordnung.

JURY Wie schätzen Sie die Rolle des Staates in dieser Situation ein?

ZEUGE E Der Staat spielt nicht die Rolle, die ihm eigentlich zukäme. Wenn er seine Aufgabe erfüllen würde, dann könnte Banro nicht Tischler und Maurer von anderswo herbringen. Und dennoch sind sie da. Bestimmte Leute dürften nicht länger als sieben Jahre als Ausländer hier arbeiten, wenn nicht zugleich die örtliche Bevölkerung ausgebildet wird. Manche Dinge, die Banro importiert, dürften wegen der Zölle gar nicht eingeführt werden.

JURY Warum, denken Sie, erfüllt der Staat seine Aufgaben nicht?

ZEUGE E Es gibt verschiedenste Komplikationen und Beschwerden innerhalb des Staates. Ich kann dazu nichts sagen. Die Führer sind hier im Saal und sie wissen, warum sie ihre Aufgaben nicht erledigen.

Eric Kajemba, Zeuge (Bukavu),
Leiter der NGO „Observance Gouvernance et Paix“
„WO SOLLEN DENN DIE GOLDGRÄBER HIN?“
Befragung Bukavu, 30. Mai 2015

JURY Herr Zeuge, denken Sie, dass der Übergang zum industriellen Bergbau unausweichlich ist? Und wenn ja, wie sehen Sie die zukünftige Zusammenarbeit zwischen Unternehmen wie Banro und den artisanalen Bergleuten?

KAJEMBA Ich denke, dass sogar das kongolesische Gesetz den artisanalen Bergbau anerkennt. Die Frage, um die es geht, betrifft die unrechte Verwaltung der Bergbaulizenzen. Überall, wo die Unternehmen hinkommen, sind artisanale Bergleute. Das Problem bleibt also bestehen, denn es gibt nicht genügend Zonen, die für den artisanalen Bergbau ausgewiesen sind. Wir bestehen darauf, dass das Handwerk die Entwicklung im Land vorantreiben kann, wenn es gut ausgebildet wird. Die Industrie hat ihren Platz. Es gibt Gegenden, in denen man mit handwerklichen Mitteln nichts abbauen kann und in denen die Industrie tätig werden kann. Und es gibt Minen, die in kleinem Maßstab arbeiten. Das Ideal ist, dass die Kongolesen die handwerklich betriebenen Minen weiterentwickeln zu kleinen Industrieminen. Davon würde, denke ich, sogar die Mittelschicht profitieren. Ich bin also überzeugt, dass das Handwerk bei der Entwicklung helfen kann, und man hat in anderen Situationen bereits gesehen, dass dies so ist.

JURY Für Sie ist also das Nebeneinander der verschiedenen Sektoren möglich. Aber ist dies nicht nur dann möglich, wenn die Vorbedingung erfüllt ist, dass die Gemeinden, die sich als geschädigt betrachten, ihre Rechte zurückerhalten?

KAJEMBA Ich denke, wir befinden uns in einer Situation, in der die Tatsachen bereits geschaffen wurden. Es wurde ja bereits erwähnt: Banro ist im Besitz der Konzession. Und dennoch sind da 10.000 Leute. Wo sollen die hin in einem Land, in dem es keine Arbeitsplätze gibt? Man muss also verhandeln – und genau das wollen wir tun. Wir wollen eine Übereinkunft zwischen Banro und den Gemeinden finden, die beide Seiten zufriedenstellt. Danach wird man sehen müssen, ob Zonen für den artisanalen Bergbau eingerichtet werden. Man hat es in Matètè gesehen, dort gab es eine solche Zone, sie hatten dort sogar Unterstützung von Banro und anderen Partnern. So kann man, denke ich, einen wirklich anständigen Abbau in den Minen gewährleisten.

JURY Ein zweites Anliegen von Ihnen ist die Berechtigung und Qualifizierung der Personen, die behaupten, im Namen der Bevölkerung zu sprechen. Haben Sie konkrete Ratschläge für die Gemeinden, um Kriterien zu entwickeln, wenn es darum geht, wer in ihrem Namen verhandeln darf?

KAJEMBA Ja, ich erinnere mich etwa an die letzte Diskussion mit den Behörden, da hatte ich das Gefühl, dass die Gemeinde letztlich von zwei, fünf oder zehn Personen aus Bukavu vertreten werden soll. Aber das sind Menschen, die ihre eigenen Interessen vertreten. Ich habe gesagt, dass man dies ändern und eine qualitativ und quantitativ angemessene Vertretung einrichten muss, die die Bevölkerung vertritt, die die Arbeiter vertritt und die so zusammengesetzt ist, dass sie die Verhältnisse vor Ort und auch die soziale Zusammensetzung widerspiegelt. Wenn man eine solche Basisvertretung gebildet hat, kann man Unterhändler in die Verhandlungen schicken, die wirklich die Interessen der Bevölkerung vertreten. Ich denke, dieses Problem stellt sich überall. Darf nur der Anführer einer Gemeinde diese vertreten? Ich denke nicht. Er ist der Anführer, aber er braucht viele Berater, die ihm die Belange der Bevölkerung zutragen. Was er nicht braucht, sind fünf oder zehn Personen, die mehr für sich selbst als für die Gemeinde sprechen.

JURY Der Provinzgouverneur von Südkivu hat uns berichtet, dass das Bergbaurecht außerhalb des Landes verfasst wurde und den nationalen Autoritäten übergestülpt wurde. Es wurde auf Englisch verfasst und die Behörden haben es lediglich ins Französische übersetzt. Warum sollten sich die lokalen und kongolesischen Gemeinden einem Bergbaurecht beugen, das von denselben geschrieben wurde, die nun die Bodenschätze im Kongo abbauen wollen? Hieße das nicht, den Ausverkauf des nationalen kongolesischen Erbes gutzuheißen? Würde das nicht den Tod des kongolesischen Staates bedeuten?

KAJEMBA Das Gesetz wurde verfasst, als das Land geteilt war, mit einem Übergangsparlament in Lubumbashi. Genau in diesem Moment hat man das Bergbaurecht eingeführt, das die Zentralbank eingeflüstert hat. Dieses Gesetz gilt noch heute. Es wird gerade überprüft. Wir haben Änderungen vorgeschlagen, die all das berücksichtigen sollen, was ich hier dargestellt habe. Ich habe heute Morgen mit Abgeordneten gesprochen, um zu sehen, ob man diesen Prozess in der Hinsicht beeinflussen kann, dass die Verhältnisse und Interessen der Bevölkerung eine größere Rolle spielen. Es stimmt, dass die Unternehmen auch heute nicht von diesem Gesetz lassen wollen. Auch das neue Bergbaugesetz setzt uns unter Druck und es liegt an uns, zu verhandeln, damit unsere Interessen darin Eingang finden. Die Regierung hat eine Tendenz, nachzugeben, aber wir wissen, dass wir die Dinge vorantreiben müssen, damit nicht wieder ein Gesetz dabei herauskommt, das von außen kommt. Dafür kämpfen wir derzeit.

JURY Sie denken also, dass das Verhalten der Goldgräber legitim ist, weil es keine Stelle gibt, an die sie sich wenden können.

KAJEMBA Ich habe Ihnen ja bereits gesagt: Wo sollen die Goldgräber denn hin? Im Kongo gibt es, den Zahlen der Weltbank zufolge, 2.500.000 Goldgräber. Wenn man das mit sechs multipliziert - wie viele Menschen leben dann vom artisanalen Bergbau? Und für sie gibt es keine ausgewiesenen Abbaugebiete. Überall, wo sie graben, sind sie auf dem Gebiet von jemand anderem. Was sollen sie machen, sie müssen schließlich von etwas leben. Für die Gemeinden hier dreht sich alles um den Erzabbau. Egal, was andere behaupten. Der Gouverneur hat gestern gesagt, dass das nicht sein könne, dass sich das Land so nicht entwickeln könne. Aber ich denke, es ist nun einmal so. Es ist die Realität, in der wir hier in Nord- und Südkivu und in Maniéma leben. Dieser Realität können wir nicht einfach entfliehen, wenn man uns keine Alternativen anbietet.

Peter Mugisho Matabishi, Zeuge (Bukavu),
politischer Aktivist aus Luhwindja
„WIR MÜSSEN BETEILIGT WERDEN."
Befragung Bukavu (Recherchereise), 16. Juni 2014

JURY Erzählen Sie mir bitte ein wenig von der Gemeinde, die von Banro umgesiedelt wurde. Wie ging das vor sich? Wohin wurden die Bewohner umgesiedelt? Wie ist die Situation heute?

MUGISHO Banro unterliegt als Unternehmen kanadischem Recht. 1998 herrschte Krieg und Banro hat die Erschließungsarbeiten erst 2003 aufgenommen. Das ging bis 2008. 2008 begannen die Versuchsgrabungen. In dieser Zeit haben sie auch die Anlagen aufgebaut und dann 2010 mit der Produktion begonnen. Während des Baus der Fabrik wurde die Frage nach der Umsiedlung der Bevölkerung laut, denn der Großteil lebte vom artisanalen Bergbau auf einem Hügel. Und genau dort wurde die Fabrik gebaut. Sie haben über 450 Familien umgesiedelt. Dabei wurden die internationalen Konventionen und Grundsätze nicht eingehalten. Auch die Gesetze der DR Kongo wurden nicht eingehalten

bei der Umsiedlung der Gemeinden. Diese Umsiedlungen sind das eigentliche Problem. Denn bei uns besteht der Reichtum eines Bürgers in seinen Kindern, seiner Frau, seinem Vieh und seinen Feldern. Aber Banro hat kleine Häuser gebaut von etwa 20 bis 25 Quadratmetern. Da gibt es nur ein Schlaf- und ein kleines Wohnzimmer. Vorher hatte eine Familie aber ein Haus mit vier oder sechs Zimmern, dazu Anbauten. Die Häuser waren zwar vielleicht aus Lehm und Stroh, aber es waren Häuser für eine Familie. Als Banro sie umgesiedelt hat, hat man ihnen ein Haus mit einem kleinen Wohnzimmer und einem kleinen Schlafzimmer gegeben. Der Vater fragt sich also: Wenn ich dort mit meiner Frau wohne, wo sollen dann meine Kinder hin?
Sie haben gesehen, dass die Häuser, die Banro gebaut hat, bereits jetzt Risse haben. Die Menschen haben diese Häuser verlassen und sich auf die Suche nach einem Leben an einem anderen Ort gemacht. Man hat diese Menschen auf einem Hügel angesiedelt, auf 3.000 Metern. Das ist unerträglich, insbesondere für uns Kongolesen. Man hat der Gemeinde Ersatz für das Land versprochen, aber dazu kam es nie. Man hat versprochen, sich besonders um diejenigen zu kümmern, die direkt von den Arbeiten in der Mine betroffen waren. Man hat versprochen, sich um die Bildung der Kinder zu kümmern und drei Jahre lang den minimalen Lebensstandard zu sichern, bis sich die Menschen an die neue Umgebung gewöhnt haben. All das ist nicht passiert.
Man hat Basket- und Fußballplätze versprochen, Kirchen, Schulen, Gemeindezentren... Man kann keine Menschen umsiedeln und dann vergessen, sanitäre Einrichtungen zu bauen. Sie waren ja selbst vor Ort und haben gesehen, dass die Menschen dort noch nicht einmal Zugang zu Trinkwasser haben. Die Situation ist katastrophal. Die Preise für Nahrungsmittel sind gestiegen, sodass die Angestellten von Banro sie sich noch leisten können, die örtliche Bevölkerung aber nicht.
JURY Aber welche Rechte haben sie in Bezug auf Abgaben? Gibt es ein Gesetz, das regelt, was zu geschehen hat, wenn eine Firma Land in Be-

sitz nimmt und die Bevölkerung umsiedelt? Gibt es dazu eine eindeutige Gesetzeslage?

MUGISHO Ja, der Gesetzgeber hat vorgesehen, dass wenn eine multinationale, eine internationale oder auch eine kongolesische Firma Erschließungs- oder Abbauarbeiten aufnimmt, sie zuerst einmal verstehen muss, dass der Boden und die Bodenschätze dem Staat gehören. So steht es im Bergbaurecht. Die Bevölkerung hat das Recht, von ihren Möglichkeiten Gebrauch zu machen, das nennt man „Recht auf Zugehörigkeit zum Land". Wir haben Gott schließlich nicht dafür bezahlt, dass wir auf diesen Hügeln geboren wurden, unter denen riesige Reichtümer schlummern. All das kommt von Gott und wir werden deshalb jetzt zu Opfern. Dabei sollte es die Grundlage für unseren Reichtum sein und diesen Gemeinden zugutekommen.

JURY Hat Banro die Gesetze befolgt oder gebrochen? Und wenn Gesetze verletzt wurden, welche?

MUGISHO Wir haben bei Banro angefragt, ob sie einen Vertrag haben, ein Dekret oder einen Erlass vom Staatschef oder vom zuständigen Minister, der den Abbau erlaubt. Man hat uns gesagt: „Nein, wir haben ein einvernehmliches Abkommen". Wir haben darauf geantwortet: „Gut, dann zeigt uns dieses Abkommen, damit wir sehen können, welche Regelung der kongolesische Staat vorgesehen hat und was Banro zukommt, was dem Staat und was vom Staat für diese Gemeinde vorgesehen ist." Ich schwöre: Bis heute haben wir dieses Abkommen nicht zu Gesicht bekommen. Banro hat zudem die Umweltschutzgesetze nicht eingehalten. Sie haben die Natur völlig zerstört, insbesondere das Wasser. Sie haben Speicher angelegt, Dämme, hinter denen sich Abwasser sammelt. Das ist ein kleiner, ungeschützter See. Auf diesem Bild können sie unsere Tiere und Vögel sehen, die das Wasser getrunken haben. Es ist mit Zyanid verseucht. Hier, da ist ein Vogel, da eine Ziege und dort eine Kuh. All diese Tiere haben das Wasser getrunken, das Zyanid und Natrium enthält. Bei diesem Abwasser-Stausee hat

Banro nicht nur keine Aufbauten konstruiert, sondern man hat auch die Ufer nicht befestigt. Sie haben einfach ein Loch gegraben, etwas Sand aufgeschüttet und das Wasser hineingeleitet. Nun ist auch das Grundwasser betroffen, unser Trinkwasser ist bereits kontaminiert. Die Umweltbehörden haben keine Mittel und keine Experten, um ernstzunehmende Kontrollen durchzuführen und die Auswirkungen auf unsere Gemeinde einzuschätzen.
Darüber hinaus hat Banro viele Brunnen gegraben und sie setzen Helikopter ein. Wenn in unserem bergigen Land ein Hubschrauber kreist, dann fliehen die Tiere und fallen in die Löcher. Auch Kinder können hineinfallen. Wir haben hier viele Todesfälle zu verzeichnen. Sie haben die Straßen gesehen: Noch nicht einmal die Straßen, die sie für ihre Industrie nutzen, sind richtig befestigt. Die Abgase von der Fabrik ziehen direkt über den Hügel. Eine Gemeinde wurde unterhalb dieses Hügels angesiedelt. Die Menschen dort atmen die Abgase den ganzen Tag lang ein. Jeden Morgen liegt ein furchtbarer Geruch in der Luft und die Menschen können nicht mehr richtig atmen. Es gibt viele Kranke. Kinder werden mit Fehlbildungen geboren. Wir haben das untersucht und einige Dinge über diese Chemikalien in Erfahrung bringen können, sodass wir davon ausgehen müssen, dass dies in den nächsten zehn Jahren drastisch zunehmen wird. Wir fordern daher den kongolesischen Staat auf, sehr wachsam zu sein und Wege zu finden, seine Bevölkerung zu achten und sie nicht zugunsten internationaler Firmen aufzugeben. Wenn das nicht geschieht, wird unsere Gemeinde verschwinden.

JURY Das ist ein interessanter Aspekt. Banro hat also ein Abkommen mit der Zentralregierung in Kinshasa. Ist es also nicht vielleicht eher Ihre eigene Regierung, die sie verkauft, um Steuern einzunehmen und der die eigene Bevölkerung dabei völlig egal ist?

MUGISHO Das ist eine gute Frage. Ich selbst glaube nicht, dass die Zentralregierung die Bevölkerung verkauft hat. Aber wenn drei Personen in der Kirche knien, sollte man nicht davon ausgehen, dass alle drei dasselbe tun. Der eine ist vielleicht am Beten, ein anderer wird bestraft und der dritte ist bei seinen Geschäften. In diesem Bild ist der kongolesische Staat derjenige, der betet und der hofft, dass Banro Fortschritt für das Land bringt. Das kongolesische Volk hingegen wird bestraft, bestraft von Banro, die ihrerseits ihren Geschäften nachgehen. Manchmal nennen wir multinationale Unternehmen wie Banro auch Zauber-Unternehmen. Sie sind manchmal mächtiger als die Regierungen. Insbesondere dann, wenn sie feststellen, dass es keine Gesetze und keine internationalen Normen gibt, an die sie sich zu halten haben. Ich denke, Banro profitiert von der Schwäche des kongolesischen Staates und insbesondere von dem Fehlen einer Überwachungsstelle innerhalb der Regierung, die Kontrollen durchführt und ein Auge auf das Geschehen und die Produktionsbedingungen haben könnte. Bis heute weiß ich als Mitglied der Gemeinde und als kongolesischer Staatsbürger nicht einmal, welche Menge Gold Banro überhaupt produziert.

Wir als Gemeinde haben mit Banro einen Pflichtenkatalog ausgehandelt, in dem steht, dass Banro uns 1 % der jährlichen Fördermenge abgeben muss, damit wir uns entwickeln können. Dieser Pflichtenkatalog existiert seit Oktober 2010 und ich schwöre Ihnen, dass wir bis heute dieses 1 % nicht bekommen haben, obwohl Banro seit vier Jahren Gold fördert. Es war vorgesehen, dass Banro uns die 1 % in Form von Krediten für Kohle gibt, aber auch davon haben wir nie etwas gesehen. Wir wollten uns an die internationalen Organisationen wenden, wie etwa die Afrikanische Entwicklungsbank, um prüfen zu lassen, ob die Vereinbarungen mit Banro bereits eine vertragliche Vereinbarung darstellen, denn der kongolesische Staat kennt diese Möglichkeit. Der Gesetzgeber hat vorgesehen, dass eine lokale Gemeinde Vereinbarungen mit einem Unternehmen, das sich in ihrem Gebiet niederlässt, abschließen kann, um die wirtschaftliche, soziale, sanitäre und schulische Infrastruktur zu entwickeln. Als wir den Pflichtenkatalog mit Banro vereinbart haben, da dachten wir, die Dinge würden sich zum Besseren entwickeln, wir setzten unsere Hoffnung auf Banro, aber sie haben sich nicht daran gehalten und nichts hat sich verändert.

JURY Um es etwas plastischer zu machen: Sie haben von jemandem erzählt, der sein Land für einen sehr niedrigen Preis verkauft hat und davon, dass man eine Straße über einen alten Friedhof gebaut hat. Können Sie uns mehr solche Geschichten erzählen, die passiert sind.

MUGISHO Die einfachsten Grundsätze von Ausgleich und Entschädigung wurden bei der Umsiedlung nicht berücksichtigt. Wir sind durch unsere Kultur stark mit unserem Land, unseren Vorfahren verbunden. In den Leitlinien, die von einer südafrikanischen Consulting-Firma namens SRK erstellt wurden, nachdem die Auswirkungen der Mine auf Gesellschaft und Natur analysiert worden waren, war Folgendes vorgesehen: Wenn die Bevölkerung umgesiedelt werden muss, dann hat jeder das Recht, zu verlangen, dass die Gräber seiner Vorfahren geöffnet werden und die sterblichen Überreste an dem Ort neu bestattet werden, an dem die Person angesiedelt wird. Banro hat das nicht getan. Im Gegenteil: Wir haben Bagger und Planierraupen gesehen, die Gräber ausräumten, um eine Straße anzulegen. Das war Grabschändung und damit sowohl nach lokalem und nationalem wie auch nach internationalem Recht strafbar. Zudem hat sich durch die Ankunft dieser Leute HIV bei uns ausgebreitet. Die Bevölkerung ist arm und die Frauen sind gezwungen, zu den Banro-Arbeitern zu gehen, um wenigstens etwas zu haben. Dadurch hat sich HIV ausgebreitet. Wir bestehen darauf, dass Banro für die Schäden und Demütigungen aufkommt, die sie unserer Gemeinde zugefügt haben.

JURY Eine Sache, die mich persönlich interessiert: Würden Sie sagen dass Banro in letzter Instanz die Bevölkerung auslöschen will?

MUGISHO Wenn man keinen Zugang zu Wasser, zur Gesundheitsversorgung, zu schulischen und sanitären Einrichtungen hat, dann ist man bereits so gut wie tot, auch wenn man noch am Leben ist. Wir sind bereits tot, seit Banro hier ist. Man muss uns wiederbeleben, damit wir wieder leben können. Und das muss auf eine Art und Weise geschehen, dass nicht nur einfach irgendetwas für uns getan wird, sondern wir müssen beteiligt werden. Wir appellieren an die Gemeinschaft, sich selbst zu organisieren und zu helfen. Wir werden bis zuletzt auf die Rechte bestehen, die unsere Verfassung uns gibt.

Albert Murhi, Zeuge (Bukavu), Bergbauminister der Provinz Südkivu
„WIR SIND EINE POST-KONFLIKTREGION."
Befragung Bukavu, 30. Mai 2015

JURY Ich möchte Sie fragen, ob es Sie manchmal verlegen macht, dass, wie wir hier von den Zeugen gehört haben, die Zentralregierung häufig rücksichtslose Entscheidungen trifft, die dann auf Sie zurückfallen. Wie stehen Sie dazu, wenn Sie das, was in diesem Rahmen geschehen ist, korrigieren müssen?

MURHI Verlegen macht mich das nicht, denn es handelt sich ja um Normen, die wir respektieren müssen; wir müssen die Hierarchie einhalten. Sie wissen ja, verehrte Mitglieder der Jury, dass wir uns in einer schwierigen Post-Konfliktsituation befinden. Wir sind eine Post-Konfliktregion. Ich kann keinen Standort beurteilen, ohne die Glaubwürdigkeit zu beurteilen. Ein vorläufiger Bericht einer gemeinsamen Kommission aus Vertretern der Zivilgesellschaft, der Armee und den MONUSCO-Truppen wird zusammengestellt, der dann an das Ministerium geschickt wird, das eine Verordnung erlässt. Das kann ich nicht unterlaufen. Ich kann in der Situation, in der wir uns befinden, keinen Standort anerkennen oder ausweisen. Ich denke, die Dinge verbessern sich gerade und wir bilden Inspektoren aus, die diese Arbeit einmal erledigen sollen.

Serge Lammens, Zeuge (Berlin), ehemaliger Direktor von Sominki, dem Vorgängerunternehmen von Banro
„ICH MUSSTE UNTERSCHREIBEN,
DASS ICH BANRO VOR KEINEM GERICHT VERKLAGE."
Befragung Berlin, 27. Juni 2015

Sominki war das belgische Bergbauunternehmen, das 1996 von Banro übernommen wurde. Lammens berichtet unter anderem darüber, wie die Verantwortlichen von Banro einige Monate nach der Übernahme alle 6.000 Mitarbeiter von Sominki entlassen haben.

JURY Herr Lammens, können Sie uns erklären, wie der Übergang von Sominki zu Banro ablief und wie er sich auf die soziale Situation der Arbeiter ausgewirkt hat?

LAMMENS In Bezug auf die soziale Situation der Arbeiter waren wir an die geltenden Tarifbestimmungen gebunden, die im Staat Zaïre galten. Davon durfte man nicht zu sehr abweichen. Trotz allem waren unsere Löhne die höchsten in ganz Kivu und ganz Manièma. Aber die Arbeiter kamen nicht in erster Linie der Löhne wegen zu uns. Wir hat-

ten eine sehr soziale Unternehmenspolitik. Im Bereich der Bildung wurden etwa die Schulgelder übernommen und die Fahrtkosten zu Beginn und am Ende des Schuljahres. Es gab Geschäfte, sogenannte Kantinen, in denen die Arbeiter Nahrungsmittel kaufen konnten. Die Preise dort waren deutlich niedriger als die üblichen Handelspreise, weil wir den Transport nicht berechneten. Der wichtigste Teil der sozialen Unternehmenspolitik war die Gesundheitsversorgung. Wir hatten ein Dutzend Krankenhäuser, darunter drei Spezialkliniken. Zu Beginn hatten wir ein Dutzend Ärzte, vier oder fünf ausländische und der Rest afrikanische - und alle waren sehr kompetent. Das alles kam nicht nur den Arbeitern zugute, sondern der gesamten Bevölkerung. Die Leute kamen von weit, weit her, sie reisten mit Lastwagen über furchtbare Straßen an, um sich bei uns operieren zu lassen.
JURY Was denken Sie: Gibt es eine Verbindung zwischen dem Mord an Kabila und der Ankunft von Banro?
LAMMENS In den fünf Wochen vom 29. Dezember 2000 bis zum 2. Februar 2001 passierten Dinge, die vielleicht reiner Zufall waren; jedenfalls lässt sich nichts Gegenteiliges beweisen. Aber komisch sind diese Zufälle schon. Es gab noch andere mysteriöse Todesfälle. Die verkohlte Leiche von Naluwindja wurde in Lyon zusammen mit der Leiche eines Generals in einem Auto gefunden. Er hatte eine Kugel im Kopf Ein Mord, der viele Rätsel aufgibt. Naluwindja war ein erbitterter Gegner der Ansiedlung von Banro. Ich kann nicht sagen, dass das Attentat auf Naluwindja von Banro in Auftrag gegeben wurde, das würde ich nicht wagen ... Aber seltsam ist es schon. Er war bei der Bevölkerung sehr beliebt. Dann gibt es, etwas später, das Attentat auf Kabila. Am selben Tag - was für ein Zufall - reicht Banro vor einem amerikanischen Bundesgericht Klage ein. All diese Umstände sind merkwürdig Präsident Bush nimmt am 20. Januar sein Amt auf und am 26. Januar wird Joseph Kabila zum Nachfolger seines Vaters ernannt, der, im Gegensatz zu seinem Vater, auf die Amerikaner hört. Am 2. Februar wird

Joseph Kabila zum Prayer Breakfast eingeladen, zu dem Bush auch Kagame, den Präsidenten Ruandas, lädt. Am selben Tag trifft Joseph Kabila hohe Funktionäre, darunter den Außenminister Colin Powell und am Abend ist er Gast bei einem Galadiner, das der Leiter der amerikanischen Bergbauvereinigung veranstaltet. Von da an drängt die US-Administration Kabila dazu, die Konzessionen wieder an Banro zu vergeben – eben jene Konzessionen, die von seinem Vater eingezogen wurden. Und ich möchte noch hinzufügen, dass der Vater von George W. Bush, George Bush, Banro-Aktionär war. Ebenso wie der ehemalige kanadische Premierminister. Sie waren sogar beide einmal im Aufsichtsrat von Banro.

JURY Können Sie mir sagen, wieviel Banro für alles bezahlt hat und wieviel es wirklich wert ist?

LAMMENS Sie haben nicht mehr als 3 Millionen Dollar bezahlt. Als man ihnen die Konzession wegnahm, wurde sie auf 1 Milliarde geschätzt und soviel Entschädigung verlangt. Ich weiß nicht, ob diese 1 Milliarde den ganzen Betrieb oder den Gewinn der Twangiza-Mine meint, aber in jedem Fall ist es ein großer Unterschied, ob von 3 Millionen oder von 1 Milliarde Dollar die Rede ist.

JURY Wie verlief Ihre Entlassung?

LAMMENS Als ich noch Generaldirektor war, habe ich mich darum gekümmert, dass unsere Anlagen intakt bleiben und der Abbau weitergehen kann. Als ich in Kinshasa ankam, wurde mir gesagt, ich sei entlassen. Ich kann verstehen, dass ich den neuen Eignern nicht passte. Man erklärte mir, dass Banro auf Plünderungen der Anlagen gehofft hatte, um die Konzessionen loszuwerden, die sie nicht interessierten, wie diejenigen für die Zinn- und Zinnoxidvorkommen. Sie wollten die Arbeitsverträge ohne Abfindungen beenden. Ich war wütend, ich fühlte mich benutzt.

Der Geschäftsführer gab mir die Schuld daran, dass es nicht zu Plünderungen gekommen war und dass so der Plan der Kanadier vereitelt wurde. Aber es lag nicht an mir, dass es keine Plünderungen gab. Es lag an der Bevölkerung, die ruhig geblieben ist. Die Arbeiter und die Armee haben sich ohne zu plündern zurückgezogen. Es war ein diabolischer Plan. Aber es kränkt mich doch, dass man mich rausgeschmissen hat, wie den letzten Dreck. Nach acht Monaten habe ich angenommen, was sie mir als Abfindung angeboten haben. Ich musste unterschreiben, dass ich Banro vor keinem Gericht verklage, weder vor einem kongolesischen noch einem belgischen oder einem amerikanischen.

Vital Kamerhe, Zeuge (Bukavu / Berlin)
Oppositionspolitiker und Präsidentschaftskandidat
„BAUEN WIR UNSER LAND NEU AUF!"
Befragung Berlin, 27. Juni 2015

JURY Wie Sie bereits erwähnt haben, hatten Sie eine wichtige Rolle im politischen System der DR Kongo inne, zuerst als Parlamentspräsident, dann als Vertreter des Landes bei den Gesprächen von Sun City und als Minister in verschiedenen Ressorts. Können Sie bitte der Jury etwas über die Hintergründe der Bergbauverträge sagen, die während ihrer Amtszeit geschlossen wurden? Was waren die Motivationen der Unternehmen? Haben Sie das Gefühl, dass die Unternehmen die politische Instabilität ausgenutzt haben, um Verträge auszuhandeln, die für die kongolesische Bevölkerung von Nachteil sind?
KAMERHE Ich denke, wir müssen uns zunächst über eines klar werden. Die Verantwortlichkeiten sind verteilt zwischen dem kongolesischen Staat, zwischen nichtstaatlichen kongolesischen Autoritäten, den multinationalen Konzernen und ausländischen Lobbygruppen. Wenn

wir vom Bergbaugesetz sprechen, müssen wir beachten, dass es von der verfassunggebenden Versammlung beschlossen wurde, die damals als Parlament agierte, weil es noch kein neues Parlament gab. Damals kamen Experten von der Weltbank, um bei der Ausarbeitung des Gesetzes zu helfen. Wenn man dieses Gesetz aber durchliest, dann fällt auf, dass es unbegrenzte Steuerbefreiungen vergibt. Es gab Proteste dagegen, die aber nichts bewirkten. Es gibt einige Beispiele, die dies illustrieren. So deklarierte etwa ein Bergbauunternehmen einen Umsatz von 130 Millionen Dollar und später stellte sich heraus, dass eben dieses Unternehmen 200 Millionen Dollar an Dividenden ausgeschüttet hatte. Jeder, der auch nur ein bisschen von Buchhaltung versteht, muss anerkennen, dass dies kaum zu erklären ist. 200 Millionen Dividende für die Aktionäre bei einem Umsatz von 130 Millionen: Diese Zahlen müssen frisiert sein. Hat dieses Unternehmen eine Steuerberichtigung verhindern können, wie sie bei uns eigentlich vorgesehen ist?
Hier kommen unsichtbare, versteckte Akteure ins Spiel. Es gibt im Kongo Behörden, die immer neue Behörden hervorbringen. Ich habe das, während ich Präsident der Nationalversammlung war, als Parallelregierung bezeichnet. Es gibt den Staat, aber zugleich gibt es Behörden, die sich über den Staat stellen. Es gab auch einige Skandale. Als ich Präsident der Nationalversammlung war, zeigte man uns die Verträge mit China. Was die Rechte der Chinesen angeht, sind sie sehr klar: Die Chinesen dürfen 12 Millionen Tonnen Kupfer ausführen im Gegenzug für die Straßen, Schulen und Universitäten, die sie bauen. Wenn man sich den damaligen Marktpreis von Kupfer ansieht, dann bedeutet das, dass China 90 Milliarden Dollar erhält gegenüber einem Darlehen von 9 Millionen Dollar an die Kongolesen.
Es gab Druck von außen. Der Direktor des Internationalen Währungsfonds, Dominique Strauss-Kahn, kam nach Kinshasa. Nachdem die Nationalversammlung Empfehlungen zu den Verträgen mit China ge-

äußert hatte, um deutlich zu machen, dass dieser Vertrag unausgewogen ist, mussten den Chinesen zwei Garantien zugestanden werden. Für den Fall, dass Gécamines (ein staatliches Bergbauunternehmen im Kongo) nicht zahlt, behielt sich China das Recht vor, irgendwelche anderen Bodenschätze des Kongo an sich zu nehmen. Und dann gab es noch eine besondere steuerliche Vereinbarung. Nur bei diesem einen Fall zeigt sich also bereits das Gesicht der Mafia, die vom kongolesischen Staat aufrechterhalten wird.

JURY Wie würden Sie heute die Art und Weise beurteilen, in der sich die Bergbauunternehmen im Kongo verhalten?

KAMERHE Sie verhalten sich, als wären sie in einem besetzen Gebiet, einem Nicht-Staat, und sie machen das, was wir im ersten Semester Ökonomie gelernt haben: Sie maximieren ihren Profit. Wir können uns zwar nicht so einfach über unsere eigenen Fehler hinwegsetzen, aber wir müssen die Fehler der anderen und die des Staates eindämmen.

JURY Haben sie dafür konkrete Pläne?

KAMERHE Es ist ganz einfach. Zunächst einmal muss festgehalten werden, dass nichts und niemand über den Gesetzen der DR Kongo und dem Staat steht. Zweitens ...

JURY Ich möchte Sie fragen, wie Sie die Verhandlungen beurteilen, die 2002 dazu führten, dass Banro seine Geschäfte im Kongo wieder aufnehmen konnte, obwohl Präsident Laurent-Désiré Kabila den ursprünglichen Erlass aufgehoben hatte, der Banro die Arbeit im Kongo gestattete.

KAMERHE Ich lege Ihnen meine Meinung dar: Am 27. November 2000 trafen wir uns in Maputo unter der Schirmherrschaft von Präsident Mbeki (damaliger Präsident von Südafrika). Anwesend waren die Präsidenten von Angola, von Ruanda, von Uganda und andere internationale Abgesandte sowie der Stellvertreter des Generalsekretärs der Vereinten Nationen. Laurent-Désiré Kabila sagte, er würde eher ster-

ben als auch nur einen Meter kongolesisches Gebiet abzutreten. Eineinhalb Monate später war er tot. Und dennoch möchte ich betonen, dass Banro mit Kabilas Zustimmung in den Kongo zurückgekehrt ist. Druck oder kein äußerer Druck – das sind doch nur Ausreden.
Dass Banro zurückkommt, ist an sich noch keine Sünde, denn es gibt in diesem Land Gesetze. Jedes nationale oder internationale Unternehmen kann hier investieren, sofern es sich an die Gesetze hält. Und wenn diese Gesetze fehlerhaft sind, dann liegt es an den kongolesischen Behörden, sie zu berichtigen. Banro ist dafür ein Beispiel. Wir haben vorhin die Ausführungen von Herrn Lammens gehört, der Sominki geleitet hat, und wir sind in gewisser Hinsicht alle Kinder Sominkis, wir aus Kivu. Wir wissen um den positiven Einfluss, den Sominki bei allem Paternalismus hatte. Sominki und Banro sind nicht vergleichbar. Heute sehen wir die Helikopter, die von der Twangiza-Mine ins Ausland fliegen, und der kongolesische Staat kann nicht einmal sagen, wie viel Gold Banro jeden Tag ausführt. Banro deklariert, was sie deklarieren wollen. Und doch geht es nicht an, allein Banro alle Schuld zu geben. Man muss den kongolesischen Behörden die Frage stellen, warum sie das zulassen und ob sie dafür bezahlt werden. Die Steueroasen sind voll mit dem Geld der kongolesischen Würdenträger. Ist Banro daran schuld? Wir sagen, dass die Verantwortung auf beiden Seiten liegt. Das macht dieses Tribunal auch so interessant. Der ehemalige Direktor von Sominki hat hier Dokumente vorgelegt und wir alle tun dasselbe: Wer etwas zu sagen hat, sagt es, weil wir auf der Suche nach der Wahrheit sind. Die Wahrheit wird der kongolesischen Bevölkerung Gerechtigkeit bringen, sie wird dazu führen, dass unserem Land nie wieder vergleichbare Dinge widerfahren. Eine Verschärfung der Armut bei all diesen Reichtümern – das können wir nicht akzeptieren.
JURY Ich habe noch eine Frage. Sie wurden zum Rücktritt vom Amt des Parlamentspräsidenten gedrängt. Ich würde gerne wissen, ob Sie da-

bei einen Zusammenhang zu Ihrem Widerstand gegen die Verträge mit China sehen, die Sie als Knebelverträge bezeichnen.

KAMERHE Ich denke nicht, dass das der ausschlaggebende Punkt war. Aber wir können einige Aspekte zusammentragen. Zunächst gab es die Affäre um Jean-Pierre Bemba, die Konfrontation zwischen Bemba und den Truppen Joseph Kabilas in der Hauptstadt. Die Nationalversammlung, die ich damals leitete, verurteilte dies als inakzeptablen Vorgang, wie es ihr verfassungsmäßiges Recht war. Dass man nach seinem Wahlsieg den Herausforderer mit Waffengewalt angreift, das ist inakzeptabel. Zweitens gab es das Massaker in der Region Bas-Congo, das wir verurteilt haben. Drittens war da die Überprüfung der Bergbauverträge, die nach Gutdünken ausgehandelt worden waren. Wir in der Nationalversammlung haben uns gegen diese Verträge ausgesprochen. Viertens waren ruandische Truppen auf kongolesisches Gebiet gekommen und damit wurde Artikel 213 der Verfassung verletzt. Die Verfassung ist da sehr deutlich: Wenn fremde Truppen ins Land gelassen werden sollen, muss die Nationalversammlung informiert werden. Der ruandische Präsident Paul Kagame hat sein Parlament davon unterrichtet, Kabila aber hatte es nicht für nötig befunden, das seine zu informieren. Ich war der Leiter seiner Wahlkampagne, aber ich sagte mir damals, dass es in der Politik keine Freundschaften gibt. Es sind nicht allein die republikanischen Werte, die uns verbinden, und also habe ich eine Krise wie diejenige von 1960 zwischen Kasavubu und Lumùmba verhindert. Der Präsident steht über mir und ich habe beschlossen, mich zurückzuziehen – allerdings während der parlamentarischen Ferien. Präsident Kabila musste mich also noch 58 Tage lang aushalten, ich habe die Wahlen organisiert und dann mein Amt in der Nationalversammlung an meinen Nachfolger übergeben, um so das Ansehen der Kammer aufrechtzuerhalten. Ich habe mich nicht durch die Hintertür verabschiedet.

JURY Verehrter Zeuge, wenn ich mich recht erinnere, dann sind Sie am

Vorabend der Präsidentschaftswahlen von 2011, bei denen Sie kandidiert haben, nach Kanada gereist. Haben Sie bei dieser Gelegenheit Kontakt zu den Bergbauunternehmen gehabt und wenn ja, welche Stimmung herrschte bei diesen Gesprächen?

KAMERHE Ich sehe, worauf sie hinauswollen. Die Bergbauunternehmen Kassak und Fes Quantum konkurrierten beide um Konzessionen im Kongo. Ich habe in Kanada niemanden von Fes Quantum getroffen. Aber es ist kein Geheimnis und war sogar in der Presse zu lesen, dass sie uns Bedingungen stellten. Sie sagten, dass sie mich und Tchenki Sékéli unterstützen würden, wenn eine Einigung gefunden würde. Aber die Frage, die ich gestellt habe und die sich auch Tchenki Sékéli gestellt hat, war die: Was ist die Gegenleistung für diese Unterstützung? Wenn es darum geht, im Kongo ein Klima zu schaffen, in dem eine Gesetzgebung besteht, die es erlaubt, dass Unternehmen miteinander frei konkurrieren - dann gerne! Wenn es darum geht, bürokratische Scherereien zu vermeiden - gerne! Man darf ja nicht vergessen, dass Unternehmen, die in den Kongo kommen, einfachere Wege suchen, weil sie an bis zu 150 Stellen Abgaben entrichten sollen: An einen General, einen Richter, einen Polizeikommissar, einen Gebietsverwalter, etc. Zu einer solchen Unterstützung kam es nicht. Sie können also beruhigt sein.

JURY Ich habe eine weitere Frage. Sie waren, glaube ich, zu der Zeit im Amt, als einige der Bergbauverträge neu verhandelt werden sollten. Stimmt es, dass versucht wurde, durch eine Verhinderung des Schuldenerlasses Druck auszuüben, der aber letztlich doch zum 50-jährigen Jubiläum der Unabhängigkeit stattgefunden hat? Welcher Art war der Druck, der ausgeübt wurde?

KAMERHE Es wurde verschiedentlich Druck ausgeübt, aber dem konnte man entgehen. Ich denke, unser größter Fehler - und darin nehme ich mich keineswegs aus, denn ich bin nicht vor diesem Tribunal erschienen, um andere zu beschuldigen und selbst besser dazustehen - unser größter Fehler besteht darin, dass wir unsere eigene Bedeutung nicht erkennen und immer aus einer Position der Schwäche heraus verhandeln, obwohl wir es sind, die über die Reichtümer verfügen.

JURY Welcher Art war dieser Druck?

KAMERHE Es gab Druck von den Unternehmen und deren Lobbys. Die Unternehmen, die im Besitz einer Konzession waren, bestanden darauf, dass sie damit bestimmte Rechte erworben hätten. Sie sagten, dass sie die Konzessionen schließlich nicht mit vorgehaltener Waffe erpresst hätten und dass sie nun für die ihnen zugestandene Vertragsdauer hier bleiben würden. Aber unsere Aufgabe als Vertreter des Volkes war es, zu zeigen, dass ein auf unlautere Art und Weise geschlossener Vertrag eben nicht rechtlich bindend ist. Wir haben gesehen, dass in Guinea der Präsident Alpha Condé mehrere Verträge neu verhandelt hat und dass man ihn nicht aus dem Amt gejagt hat. Die Unternehmen haben verstanden, dass es im Interesse aller Beteiligten liegt, Verträge auszuhandeln, an deren Bestehen auch die einheimische Bevölkerung ein Interesse hat. Wenn das nicht der Fall ist, wird die Bevölkerung die Sache eines Tages selbst in die Hand nehmen, und das ist für niemanden von Vorteil.

JURY Herr Kamerhe, sie bewerben sich um das Präsidentenamt. Wie wollen Sie als potentieller zukünftiger Führer das Vertrauen der Menschen gewinnen und ihnen zeigen, dass Sie ihre Interessen gegenüber den Bergbauunternehmen vertreten werden?

KAMERHE Ich habe bereits gesagt, dass ich direkt oder indirekt einen Teil der Verantwortung für das trage, was in unserem Land geschehen ist. Aber wir müssen auch festhalten, dass der Kongo wegen seiner Bodenschätze eine Reihe von schier endlosen Kriegen erlebt hat. Und diese Kriege waren Stellvertreterkriege. Der ruandische Verteidigungsminister weiß heute sehr wohl, dass die ruandische Armee durch die Einnahmen aus dem illegalen Handel mit Coltan unterhalten wird. Wir wissen, dass Präsident Kagame gesagt hat, der Kongo sei wie ein

unbewachtes Haus. Er hat sogar die Worte des Vaterunser-Gebetes gebraucht: Der Kongo führt uns täglich in Versuchung. Jeder will in den Kongo vordringen: Es gibt zuviel Reichtum und keine Armee.
Ich glaube also, dass wir einen Staat aufbauen müssen, mit allem, was zu einer echten staatlichen Herrschaft gehört. Erstens eine Armee, die nicht dazu da ist, die Leute nachts zu überfallen. Zweitens eine professionelle Polizei, die nicht nachts schläft und die alle gleichermaßen beschützt. Drittens eine Justiz, die das Rückgrat des Rechtsstaates bildet. Wo es keine funktionierende Justiz gibt, haben auch die Investoren keine Sicherheit. Viertens muss die öffentliche Verwaltung wiederhergestellt werden. Fünftens müssen wir eine politische Kultur der regionalen und internationalen Zusammenarbeit schaffen, die diejenigen abschreckt, die auf illegitime Weise Zugang zu Ressourcen erlangen wollen. Was hindert uns beispielsweise daran, gemeinsam mit Uganda das Öl im Albertsee zu fördern? Was hindert uns daran, gemeinsam mit Ruanda das Gas im Kivusee zu fördern?
Mit Tansania, Sambia und Burundi teilen wir uns den Tanganjikasee. Mit Angola und Kongo-Brazzaville das Öl im Ozean. Mit der Zentralafrikanischen Republik haben wir einen gemeinsamen Fluss. Der Kongo ist also ein Drehkreuz, das der Motor für den Aufschwung Afrikas sein könnte. Aber um das zu erreichen, müssen wir Verträge verhindern, bei denen beispielsweise eine Konzession der AGK Mines vormittags für 35 Millionen Dollar aufgekauft wird, um dann am Nachmittag für 850 Millionen weiterverkauft zu werden. Es gibt einen anderen Fall, bei dem ein Anteil der AGK Mines für 55 Millionen Dollar gekauft und am Nachmittag von Dan Gertler für 250 Millionen wieder verkauft wurde. Es gibt hier ein Phänomen von Abstandszahlungen. Geld kommt, wie etwa die 350 Millionen aus China, und verschwindet dann in irgendwelchen Kanälen und auf irgendwelchen angeblich staatlichen Konten.
Ich denke, wir müssen schlicht den Staat neu aufbauen und unserer

Bevölkerung erklären, dass es unser Wasser, unser Wald, unser Land, unsere Energiequellen, unsere Diamanten, unser Gold ist. Heute ist die Situation so: Wir werden ausgebeutet. Man hinterlässt nur Löcher im Boden. Die Reichtümer sind in den Händen von Leuten wie Dan Gertler mit Marcon und Singamine. Die Bürger von Kasaï-Oriental haben nichts mehr - und dabei leben sie in der Welthauptstadt der Diamanten. Wann soll das enden? In Katanga ist es genauso. Jeden Tag wird Kupfer exportiert, aber Katanga sieht nichts von den Gewinnen. Wenn man in der Provinz Orientale von Bèni nach Kisangani fährt, dann sind alle Tankstellen, an denen man vorbeifährt, Scheinunternehmen, die von Somaliern betrieben werden. Der artisanale Bergbau wird von Chinesen ohne Aufenthaltspapiere betrieben - und nichts wird unternommen. Der Staat ist dabei, sich aufzulösen.
Bauen wir also unseren Staat wieder auf, setzen wir die jungen Leute und die Frauen in Arbeit und machen wir unser Land schöner als zuvor. Ich denke, dass es an uns ist, die Sache in die Hand zu nehmen und zu zeigen, dass der Kongo Lösungen nicht nur für den Kongo selbst, sondern für die ganze Region, für ganz Afrika und die Welt aufzeigen kann. Dann haben sie hier auch keine illegale Einwanderung über das Mittelmeer mehr. Der Kongo kann eine Antwort auf viele Fragen bieten - auch auf die Fragen, die sich in Bezug auf Boko Haram oder Al-Shabaab stellen.

Raf Custers, Zeuge (Berlin), Historiker und Autor
eines Buches über die Rolle der Weltbank bei Minenverträgen
„DER ULTRALIBERALE GEIST IN DEN BERGBAUGESETZEN."
Befragung Berlin, 27. Juni 2015

JURY Herr Custers, ich danke Ihnen, dass Sie sich unseren Fragen stellen. Falls Sie darüber Informationen haben, könnten Sie dann bitte der Jury erklären, unter welchen Umständen das Bergbaurecht der DR Kongo eingeführt wurde? Und welche Rolle die Weltbank bei der Ausarbeitung der Gesetze gespielt hat? Haben Sie den Eindruck, dass die Weltbank in diesem Prozess die Lage des Kongo berücksichtigt hat, der vom Krieg geschwächt war?
CUSTERS Ich denke, man muss die historischen Umstände berücksichtigen. Im Jahr 2002 herrschte ja noch Krieg. Hier war schon die Rede von der Einsetzung Joseph Kabilas im Jahr 2001. Er hat sofort die Beziehungen zu den internationalen Institutionen und zur Weltbank wiederhergestellt. Man hat ihm vorgeworfen, dass er sich zu sehr auf Linie hat bringen lassen. Gleichzeitig darf man nicht vergessen, dass

er gerade einmal 29 Jahre alt war und, wie gestern bereits erwähnt wurde, keinerlei Erfahrung in der Führung eines Staates hatte. Ich denke schon, dass die Weltbank dies in gewisser Hinsicht ausgenutzt hat.

Ich bin allerdings skeptisch, was die Behauptung angeht, die Weltbank habe dem Kongo ein neues Bergbaurecht aufgezwungen. Dafür habe ich keinerlei Beweise finden können. Hingegen weiß ich, dass eine amerikanische Anwaltskanzlei, Duncan & Allen, Untersuchungen für die Weltbank angestellt hat, die von der Weltbank auch finanziert wurden und die der Ausformulierung des Bergbaurechts dienten. Bei Gesprächen über die Novellierung des Gesetzes war ein Berater, ein gewisser John P. Williams, zugegen, der seit den 90er-Jahren an diversen Bergbaugesetzgebungen in aller Welt mitgearbeitet hat. Er hat eine Studie erstellt, die sich „African Mining Strategy“ nennt, 1996 hat er eine Studie zu Südamerika gemacht. Wenn man seine Texte liest, bemerkt man sehr schnell den ultraliberalen Geist, den die Weltbank in den Bergbaugesetzen verwirklicht sehen will.

JURY Sie wissen, dass derzeit über die Erneuerung der Gesetze beraten wird. Die kongolesische Zivilbevölkerung fordert dies, aber es gab auch verhaltene Reaktionen, etwa von der Weltbank oder den Bergbauunternehmen. Können Sie uns etwas über diese Reaktionen sagen und auch über die Reaktionen der Staaten, in denen die Unternehmen ihren Stammsitz haben?

CUSTERS Das ist eine lange und komplizierte Geschichte. Zunächst möchte ich anmerken, dass der eben erwähnte Herr Williams sich brüstet, gemeinsam mit der Weltbank eines der liberalsten Bergbaugesetze der Welt geschaffen zu haben. Aber was heißt liberal? Es bedeutet, dass ein Staat internationalen Unternehmen satte Privilegien verschafft. Das Gesetz lädt Investoren ein, im Kongo aktiv zu werden, Minen zu eröffnen, und der Staat gewährt im Gegenzug gewichtige Vorteile, insbesondere steuerliche Vorteile. Das ist ein erstes, wichtiges Element. Es handelt sich um ein sehr liberales, ein ultraliberales Bergbaugesetz. Als Beispiel für diese liberale Gesetzgebung bietet sich ein Großprojekt in Katanga an, die Tenke Fungurume Mine. Das ist die größte Kupfer- und Kobaltmine der Welt. Unter dem Bergbaugesetz wurde der Anteil von Gécamines, dem staatlichen Bergbauunternehmen, an diesem Projekt von 45 % auf 17,5 % zurückgefahren – ein auffälliger Zufall.

JURY Ich möchte Sie bitten, Herr Custers, noch einmal auf Banro zurückzukommen. Für wie viele Jahre hätte Banro nach den Bestimmungen des Bergbaugesetzes Steuerfreiheit genossen? Und wie verhält es sich mit den Gewinnrückführungen? Können Sie uns diesen Aspekt näher erläutern?

CUSTERS Ja, das ist wirklich unglaublich. Im Abkommen von 1997, das in einer einvernehmlichen Regelung 2002 wieder aufgegriffen wurde, ist festgehalten, dass Banro totale Steuerfreiheit für das Minen-Projekt in Südkivu genießt – und zwar für die gesamte Dauer des Projekts. Es gibt einige kleinere Ausnahmen, aber im Großen und Ganzen ist das die Regelung. Totale Steuerbefreiung: Banro zahlt keinerlei Steuern für die Geschäfte in Südkivu.

JURY Wie lange soll die Twangiza-Mine Ihren Informationen zufolge bestehen?

CUSTERS Ich war länger nicht auf dem Gelände. Gestern habe ich den aktuellen Stand im Video gesehen, aber selbst war ich zuletzt 2009 dort. Da gab es die Fabrik noch nicht und der industrielle Abbau sollte erst beginnen. Aber ich habe mir den Plan mit den hunderten von Bohrungen angesehen, die Banro unternommen hat, um die Goldvorräte zu lokalisieren. Der ganze obere Teil des Hügels enthält enorme Mengen an Gold. Ich denke also, dass es sich um eine Unternehmung von, sagen wir, zehn Jahren handeln dürfte.

JURY Wenn man den industriellen Bergbau im Unterschied zum artisanalen betrachtet: Von welcher Art profitiert die Bevölkerung am meisten?

CUSTERS Zunächst sollte ich sagen, dass ich meine persönliche Meinung vertrete, was den Goldsektor angeht. Ich denke, dass es völlig irrwitzig ist, neue industriell arbeitende Goldförderprojekte zu beginnen. Ich denke, die Welt könnte sich mit dem Gold aus artisanalem Bergbau zufriedengeben. Egal wo dieser dann letztlich stattfindet, er wird immer Arbeitsplätze schaffen. Natürlich kennt man aber die Umstände, unter denen im Kongo diese Art von Bergbau betrieben wird, und diese sind häufig entsetzlich. Ich denke also, dass man den artisanalen Bergbau fördern und zugleich die Arbeitsbedingungen verbessern sollte. Man sollte eine gewerkschaftliche Organisierung zulassen und Kooperativen einrichten. Das, denke ich, wäre eine Lösung für die Goldproduktion auf der ganzen Welt.

JURY Gibt es Ihren Recherchen zufolge Beispiele dafür, dass Banro oder andere Unternehmen Aufräumarbeiten oder einen Rückbau vornehmen, wenn sie mit einem Gelände fertig sind? Gibt es Beispiele für minimale oder maximale Eingriffe in ein Gebiet und dafür, dass es funktionieren kann, ein Gebiet wiederherzustellen? Bei den Minen, die ich kenne, ist danach nur noch totes Land übrig.

CUSTERS In der Region Limburg in Belgien, aus der ich komme, hat man Kohleabbaugebiete nach dem Ende der Ausbeutung wieder gefüllt. In Afrika oder auch in Südamerika ist das sehr häufig nicht der Fall. Man kümmert sich überhaupt nicht darum. Wenn sie eine Mine fertig ausgebeutet haben, ziehen sie einfach weiter.

JURY In manchen Ländern der Welt wird also eine Renaturierung durchgeführt. Gibt es Ihren Erfahrungen zufolge keinerlei Beispiele dafür im Kongo oder in ganz Afrika?

CUSTERS Ich kenne keine konkreten Fälle. Aber ich möchte hinzufügen, dass es in Südafrika eine lange Bergbautradition gibt und dass man dort möglicherweise Erfahrung mit dem „Aufräumen“ von Bergbaugebieten hat.

JURY Sie hatten ja erwähnt, dass der artisanale Bergbau Arbeitsplätze schafft. Meine Frage ist, ob er auch umweltverträglicher ist. Ich denke etwa an die traditionelle Landwirtschaft, die ja das Land auch weniger auslaugt, als die industriellen Plantagen. Kann man Ähnliches über den Bergbau sagen?
CUSTERS Zunächst möchte ich eines klarstellen: Wenn ich vom artisanalen Bergbau spreche, dann meine ich den Goldbergbau. Auf andere Formen ist das nicht direkt übertragbar.
JURY Aber beim Goldabbau ist es so?
CUSTERS Oft arbeiten die Goldgräber mit hochgiftigen Substanzen. Daher sind, wie ich bereits sagte, die Bedingungen oft entsetzlich.
JURY Erlauben Sie noch eine Frage zur Weltbank. Dieser Name klingt zunächst nach einer anonymen Institution, aber wir wissen, welche Staaten in der Weltbank stark vertreten sind: insbesondere die USA und europäische Staaten. Sie haben eben die fatale Strategie der Weltbank im Kongo beschrieben. Kennen Sie die Positionen der europäischen Staaten und insbesondere Deutschlands, die zu dieser Strategie geführt haben?
CUSTERS Ich denke, was für Deutschland heute Priorität hat, ist die Versorgung mit Rohstoffen zu sichern. Die Rohstoffinitiative der EU von 2007 wurde von Deutschland angestoßen und ihr Ziel ist, dass die Rohstoffversorgung von außerhalb gewährleistet ist. Da überschneiden sich also die Interessen Deutschlands, der EU und der Weltbank. Ich kann die Frage nicht direkter beantworten. Aber die Interessen decken sich, denke ich.
JURY Wir haben heute die Auswirkungen der Bergbaugesetze im Kongo besprochen. Wie aber wurde eigentlich ein solches Gesetz, das diese Firmen derart bevorzugt, legitimiert? Wie wurde das Gesetz beworben, damit die Leute dafür sind?
CUSTERS Ich kenne keine Argumente, mit denen man von kongolesischer Seite damals das Abkommen begründet hat. Aber man muss

die Vorgeschichte im Blick haben: Banro war damals, 2002, vor die gerichtlichen Instanzen der Weltbank gezogen, um seine Rechte einzuklagen. Da wurde ein enormer äußerer Druck aufgebaut. Eine öffentliche Diskussion gab es im Kongo damals, denke ich, nicht. Das wurde in den Kabinetten beschlossen, ohne dass erklärt worden wäre, was genau vor sich geht.

Dominic Rohner, Zeuge (Berlin), Experte für den Zusammenhang zwischen Rohstoffvorkommen und ethnischen Konflikten
„WIR SEHEN JA, DASS DIE MEISTEN FIRMEN IN EUROPA SICH GEGENÜBER DEM STAAT EINIGERMASSEN GUT VERHALTEN."
Befragung Berlin, 27. Juni 2015

JURY Offensichtlich machen ja die „guten" Firmen eine bessere post conflict policy vor Ort als die „bösen" Firmen. An welcher Stelle in internationaler Politik wird diese Erkenntnis umgesetzt? Ich frage das unter anderem weil, wenn wir das Szenario mal wechseln und uns überlegen, wie sozusagen mit den schwachen Ländern in der Eurokrise umgegangen wird, ich bislang den Zeitungen noch nicht entnommen habe, dass genau geguckt wird, welche Banken welche Formen von Investments machen. Und diese Unterscheidung zwischen den Guten und den Bösen ist mir da noch nicht aufgefallen. Also wie soll man das operationalisieren?

ROHNER Die corporate social responsibility scores von den Firmen sind öffentlich einsehbar. Und ich bin mit Ihnen total einverstanden, dass dem Thema in der Politik nicht genug Aufmerksamkeit geschenkt wird und es nicht genug Druck auf die Firmen gibt, sich gut zu verhalten. Denn ich habe wirklich das Gefühl, dass es einen riesigen Unterschied macht, ob eine Firma eben probiert, integrativ zu sein, Schulen zu bauen, Spitäler zu bauen, die Leute gut zu behandeln und mit der lokalen Bevölkerung gut auszukommen und Arbeitsgelegenheiten zu offerieren oder ob die Firma einfach probiert, möglichst viel Profit zu machen und sich nicht schert um alles andere. Und das macht einen riesigen Unterschied für das Konfliktrisiko.

JURY Und könnte man bei so einer Strategie zurückgreifen auf historische Erfahrungen mit Unternehmen, die sich beispielsweise in Post-Konfliktländern gut verhalten haben, um sie dann zu privilegieren, wenn es um neue Investitionen geht? Ist das eine Möglichkeit?

ROHNER Ich bin sicher, dass man da Anreize schaffen sollte, auch mit regulatorischem Druck auf die europäischen Gesetze. Und auch, dass die Minenverträge so gemacht werden sollten, dass sie fair sind und dass alle Seiten davon profitieren. Aber wie genau man das umsetzen sollte, da fehlt mir vielleicht ein wenig das juristische Rüstzeug dafür.

JURY Ich habe noch eine Frage, die Sie vielleicht nicht beantworten können, weil sie wahrscheinlich niemand richtig beantworten kann, die aber trotzdem natürlich in das Zentrum des Problems führt. Wenn ich jetzt eine Funktion in einem Unternehmen habe, dann muss ich ja dafür sorgen, qua Funktion, dass dieses Unternehmen wirtschaftlich möglichst erfolgreich agiert. Wenn ich jetzt eine Situation habe wie im Kongo oder in anderen Ländern, wo es Post-Konfliktsituationen gibt, öffnet das ja also beispielsweise für ein Bergbauunternehmen Gelegenheitsstrukturen, diese Aufgabe sozusagen besonders gut zu erfüllen. Das heißt, es liegt also eigentlich in der Logik eines solchen Systems, dass diese Gelegenheitsstrukturen genutzt werden, oder? Und nicht in der Logik eines solchen Systems läge es, diesen eigentlich sinnvollen Vorschlag, wie sie ihn eben angedeutet haben, Unternehmen mit etwas weniger Profitinteressen zu bevorzugen?

ROHNER Ja, das ist ein ganz wichtiger Punkt. Wir haben Kriterien entwickelt, um die Minenkonzessionen zu beurteilen. Und was wir dabei feststellen, ist tatsächlich, dass man beispielsweise bei einem Land mit schwacher Staatskapazität eine Situation hat, die fast magnetisch gewisse Firmen anzieht, weil sie deswegen möglichst billig an die Ressourcen kommen. Das Geschäftsmodell ist wie eine Lotterie, sie wissen, dass sie wegen der politischen Instabilität mit einer gewissen Wahrscheinlichkeit ihr Investment verlieren werden, aber sie bezahlen einen so tiefen Preis, dass sich das trotzdem rechnet. Und hier muss man ansetzen. Denn wenn wir schon wissen, dass gewisse Staaten zu schwach sind, um diese internationalen Firmen gut limitieren zu können, müssen wir, die europäischen Staaten, die eigentlich viele Druckmittel zur Verfügung haben, einspringen und Druck machen auf das Headquarter in Europa. Also zum Beispiel die Schweiz. Die Schweiz könnte viel mehr Druck ausüben auf die verschiedenen Firmen, die jetzt in der Schweiz ansässig sind. Okay, es gibt vielleicht ein gewisses Risiko, dass ein paar von diesen Firmen vielleicht wegziehen würden. Aber ich finde, das ist ein Risiko, das man in Kauf nehmen kann. Denn wir sehen ja, dass die meisten Firmen in Europa sich gegenüber dem Staat einigermaßen gut verhalten. Das muss man überall durchsetzen.

JURY Sie kommen ja aus der Schweiz. Stellen wir uns die Frage doch mal nicht nur theoretisch, sondern faktisch. Die Schweiz ist Sitz einiger der größten Rohstoffkonzerne der Welt, unter anderem Glencore, denen zahlreiche Menschenrechtsverletzungen auf der ganzen Welt vorgeworfen werden. Warum passiert in der Schweiz zu wenig, warum wird in der Schweiz, genau was sie jetzt hier theoretisch dargelegt haben, praktisch nicht umgesetzt?

ROHNER Das ist eine politische Frage. Ich persönlich würde das befürworten. Wenn man diese tiefen Preise kennt, die die Firmen bezahlen und auch wenn man auf die Mining-Verträge schaut, die Royalties und die Steuern, da gibt es schon noch Luft nach oben. Das heißt, selbst wenn man eine härtere Regulierung wählen und die Firmen zwingen würde, da viel mehr zu bezahlen und die Lokalbevölkerung besser zu behandeln, die würden immer noch große Gewinne machen und nicht pleitegehen. Aber die europäischen Regierungen haben bis jetzt nicht genug Interesse daran gezeigt, die Situation zu ändern. Die europäische Bürgergesellschaft auch nicht. In der Schweiz könnte man eine Initiative machen und abstimmen. In Deutschland könnte auch Druck kommen von der Bürgergesellschaft. Und ich glaube, das ist was, das helfen könnte und dieses Projekt hier natürlich - das Kongo Tribunal - sensibilisiert hoffentlich die Leute ein wenig mehr für solche Themen.

Saskia Sassen, Mitglied Jury (Berlin)

DIE SCHWACHE POSITION DER REGIERUNGEN

Schlussrede zur 1. Sitzung in Berlin, 27. Juni 2015

Diese Sitzung hat uns detaillierte Einsichten in die Praktiken und vertraglichen Bestimmungen der Minengesellschaften erlaubt – ebenso wie in den Missbrauch derselben. Es zeigt sich, wie sehr diese Praktiken die Interessen der artisanalen Bergleute und der Arbeiter vor Ort missachten. Ich möchte mich auf fünf Aspekte konzentrieren, obwohl ich, um ehrlich zu sein, auch noch viele weitere aufgreifen könnte, denn dies heute war eine außergewöhnliche Sitzung. Ein erster Punkt, der weit über den Kongo hinausgeht, besteht in der Feststellung, dass vieles darauf hindeutet, dass multinationale Konzerne das Gesetz hintergehen, indem sie Verträge zu ihren Gunsten auslegen oder sie schamlos missachten. Wir haben extreme Beispiele dafür gehört. Man muss, denke ich, einbeziehen, dass die Hintergründe stets komplex sind. Ich möchte hinzufügen, dass man derartige Geschäftspraktiken auch in den USA beobachten kann. Die Goldminen in Montana wetteifern mit denen im Kongo, wenn es darum geht, die Arbeiter und die lokale Bevölkerung zu misshandeln, Wasser zu vergiften, Tiere und Menschen zu töten, existierende Gesetze zu umgehen.

Nun zu einem zweiten Punkt. Ein Aspekt, der in der Diskussion über die Bergbauindustrie häufig vergessen wird, der aber heute in einem der Statements kurz aufkam, ist die Finanzialisierung von immer mehr industriellen Sektoren. Dies lässt sich auch an anderen Industriezweigen beobachten, die international operieren und die ebenfalls zunächst sehr handfeste, materielle Dinge produzieren, wie etwa die Autoindustrie. Dadurch kommt ein sehr spezifischer Aspekt hinzu. Jeder Dollar, der durch die schlechte Bezahlung der Arbeiter, durch die Missachtung von Umweltauflagen oder durch Steuervermeidung eingespart wird, ist nicht einfach nur ein Dollar Gewinn. Es entstehen vielmehr Multiplikator-Effekte durch die Börsenbewertung des Unternehmens. Ein Großteil der Diskussion um Arbeitskräfte, jene bekannte Diskussion über Outsourcing, dreht sich weniger um niedrige Löhne als solche, es geht einerseits um die Umgehung von Regulierungen und Vorschriften, vor allem aber um die Börsenbewertung. Lassen Sie mich Ihnen ein einfaches Beispiel erzählen: Goldman Sachs ist ein Investmentunternehmen. Es hatte sich stark im Warenhandel engagiert. Bei meinem Beispiel geht es um den Aluminium-Handel. Die Details sind öffentlich geworden, ein Prozess wurde geführt und eine Verurteilung hat stattgefunden, ich erzähle Ihnen also nur Informationen, die zugänglich sind. Ab einem bestimmten Zeitpunkt kontrollierte Goldman Sachs über die Hälfte der Aluminium-Zufuhr auf dem Weltmarkt. Und es geschah etwas Eigenartiges. Die Preise stiegen und stiegen, ohne dass es dafür eine Erklärung gab. Zu verdanken war dieser Preisanstieg den Lastwagenfahrern, die das Aluminium für Goldman Sachs von einem Lager zum anderen brachten – in einem endlosen Kreislauf.

Diese Lastwagenfahrer haben wir getroffen und sie haben die Sache aufgeklärt. Durch die Verzögerungen bei den Lieferungen stieg der Preis von Aluminium enorm an. Goldman Sachs hatte riesige Lagerhallen gebaut und eine große Zahl an Lastwagenfahrern eingestellt, die das Aluminium im Umlauf zwischen den Lagerhäusern hielten, um so die Auslieferung zu verzögern. Wenn Goldman Sachs bereit ist, so weit zu gehen, können Sie sich vorstellen, was dies für die Bergbaukonzerne bedeutet.

Was ich mit Hilfe dieser Geschichte betonen will ist, dass die Finanzialisierung von Gütern – Aluminium, Gold, Diamanten (auch wenn es bei Diamanten ein bisschen anders funktioniert) – den Gewinn noch steigert, egal auf welche Weise er ursprünglich erwirtschaftet wurde. Ich denke, dies ist ein wichtiges Thema in Bezug auf die Minen im Kongo. Es geht nicht nur um die direkten Verstöße, die dort begangen werden, sondern um eine größere, globale Tendenz, die nicht so einfach dingfest zu machen ist.

Ein dritter Punkt ist die Frage des artisanalen Kleinbergbaus. Ich kenne mich auf diesem Gebiet nicht sehr gut aus, aber es scheint, dass der artisanale Bergbau zwar Umweltschäden verursacht, zugleich aber Arbeitsplätze schafft, wie einer unserer Zeugen hier erklärt hat. Es scheint auch so, als könnte der Abbau umweltschonender betrieben werden. Aus den Diskussionen hat sich, denke ich, ergeben, dass die Förderung des artisanalen Bergbaus eine Möglichkeit sein könnte, zumindest im Goldsektor. Und dies übrigens auch in anderen Ländern wie Brasilien oder Australien. Dem sollte man vermutlich weiter nachgehen. Eine solche Förderung des artisanalen Bergbaus wäre auch durch neue Gesetze zu erreichen, die zugleich die Arbeiter schützen würden, denn diese hätten durch den Kleinbergbau eine Alternative zu den großen Konzernen.

Zum vierten Punkt. Die Beweise, die wir hier gehört haben, aber auch die Beweise, die es in der digitalen Welt zu finden gibt, machen auf überwältigende Weise deutlich, dass Unternehmen wie Banro, aber auch andere Unternehmen, den Arbeitern und den Regierungen vor Ort keine angemessene Entschädigung zahlen für das, was sie zerstören. Sie betrügen einfach. Der Finanzkreislauf, auf den ich hingewiesen habe, ist nur ein weiterer Anreiz dazu. All diese Unternehmen haben aber bereits betrogen, bevor es diesen neuen Anreiz gab. Dahinter steht die Frage: Haben die Regierungen zu viel Angst vor diesen Unternehmen oder sind sie zu korrupt, um etwas zu tun? Gibt es Gesetzeslücken, die den Betrug begünstigen? Eine ganze Reihe von Fragen schließt sich hier an.

Nun der fünfte und letzte Punkt. Frau Saage-Maaß vom ECCHR (European Center for Constitutional and Human Rights) hat einen Weg des Widerstands aufgezeigt. Dieser Weg wurde von den Regierungen nicht immer stark gemacht, wenn es um Firmen ging oder um die Länder, wie den Kongo, wo sie tätig sind. Dieser Weg des Widerstands sollte verfolgt werden, und ich möchte dem ECCHR für seine Arbeit danken. Aber die Regierungen müssen eine viel stärkere Rolle spielen. Heute findet man häufig die Vorstellung, dass die Regierungen quasi machtlos sind. Aber das darf ich nicht einfach hinnehmen. Es gab immer wieder Regierungen, beispielweise unter Patrice Lumumba, und noch viele andere, die den Mut hatten, zu kämpfen. Aber der Widerstand der Regierungen muss weitergehen. Regierungen sind derzeit in einer schwachen Position, ob nun in den USA oder im Kongo - wie es in Deutschland ist, weiß ich nicht, in Deutschland sind die Dinge ja immer ein wenig speziell. Aber dies gilt für viele Regierungen. Sie sollten zusammenarbeiten, sie müssen globale Vereinbarungen schließen. Aber nicht solche wie die neuen Freihandelsabkommen, die in Wirklichkeit Investorenabkommen sind. Durch sie bekommen die Unternehmen noch mehr Macht und die Regierungen können immer weniger Einfluss nehmen. Die Richter werden de facto zu den Anwälten der Unternehmen. Im Fall des Kongo ging es vorrangig um Minen und Bergbauunternehmen, aber es sollte um etwas viel Umfangreicheres gehen. Denn die Unternehmen bekommen immer mehr Rechte, während die Bürger immer mehr Rechte verlieren. Dies ist eine beinahe unsichtbare Entwicklung. Aber sie passiert.

Vielen Dank.

FALL II – DER FALL BISIE UND DER DODD-FRANK ACT

DIE KRIEGSÖKONOMIE DER REBELLEN UND DIE INTERVENTIONEN DES WESTENS

Die Mine von Bisie wurde 2002 entdeckt. Die Firma Magminerals Potasses Congo (MPC), die die Erze der Mine kaufte, begriff schnell die Bedeutung des Erzvorkommens. Sie beantragte bei der Regierung in Kinshasa eine Konzession für das Gelände und erhielt so einen Exklusivvertrag für die Förderung.
Mit der Ankunft von neuen Akteuren brach auf dem Gelände ein Konflikt zwischen dem Unternehmen MPC und den kleinen Minenarbeitern aus. Die handwerklichen Schürfer, die in verschiedenen Kooperativen zusammengeschlossen waren, verteidigten ihre Rechte, da sie als erste auf dem Gelände begonnen hatten zu arbeiten und traten in Verhandlung mit MPC. 2007 wurde ein erstes Abkommen zwischen beiden Seiten unterzeichnet.
Ab 2009 wurden die Dörfer um das Bergwerk von Bisie mehrere Male von bewaffneten Gruppen angegriffen. Sie plünderten unter anderem die kleinen Kaufläden des Dorfes Mubi, eines Handelszentrums am Fuße des Hügels. Man verzeichnete hunderte Fälle von Vergewaltigungen von Frauen während dieser systematischen Angriffe in der Region.
2010 reagierte die Regierung in Kinshasa auf die unsichere Lage in der Region und stoppte den Abbau von Rohstoffen im Ostkongo. Fast zeitgleich beschloss der US-amerikanische Kongress den Dodd-Frank Act, der den amerikanischen Firmen verbot, sogenannte „Konfliktrohstoffe" aus den Konfliktgebieten im Kongo zu kaufen. Dieses Embargo hatte zur Folge, dass über 10.000 eigenständige Minenarbeiter von einem auf den anderen Tag ihre Arbeit aufgeben mussten. Immer mehr junge Arbeitslose schlossen sich zu kleinen bewaffneten Gruppen zusammen und machten die Region unsicher.

2012 kaufte Alphamin, eine in der Schweiz angesiedelte Firma, große Teile von MPC auf. Alphamin kündigte große Investitionen in Bisie an, um eine Infrastruktur aufzubauen, die einen industriellen Abbau ermöglicht. Alphamin verhandelte von Neuem mit den Kooperativen der Minenarbeiter. Für die lokale Bevölkerung in Walikale stellten diese Investitionen einen Hoffnungsschimmer dar, trotz der Erfahrungen mit MPC.

Stephane Ikandi, Zeuge (Bukavu), Vertreter der artisanalen Schürfer
„WIR DACHTEN, DASS DIE ROHSTOFFE
EINE CHANCE FÜR UNS SIND."
Befragung Bukavu, 30. Mai 2015

JURY Können Sie dem Gericht erzählen, unter welchen Bedingungen die Menschen gearbeitet haben, als Sie das Bergwerk entdeckten?
IKANDI Als wir, die Schürfer, den Hügel von Bisie und die Erze entdeckt haben, lief alles sehr gut. Die Bevölkerung lebte unter guten Bedingungen, die Rohstoffe wurden im Tausch gegen Lebensmittel oder an-

dere Fertigware vertrieben.

JURY Können Sie dem Gericht sagen, ob es Soldaten in Bisie gab, als Sie die Mine entdeckten?

IKANDI Ja, es gab mehrere kleine bewaffnete Gruppen.

JURY Können Sie uns sagen, ob die kongolesische Nationalarmee auch präsent war?

IKANDI Ja, zu dieser Zeit war sie auch da.

JURY Was das Militär angeht - die bewaffneten Gruppen sowie die kongolesische Armee - können Sie uns sagen, welche Aufgaben sie auf dem Gelände hatten?

IKANDI Sie nahmen Rohstoffe aus Eigeninteresse.

JURY 2010 hat die kongolesische Regierung jegliche Bergbauaktivität gestoppt. Wie hat die Bevölkerung diese Situation erlebt und auf diese Maßnahme reagiert?

IKANDI Diese Maßnahme war gut gemeint, hat aber viele Schwierigkeiten für die Bevölkerung eingebracht. Die Regierung wollte die Aktivitäten der bewaffneten Gruppen unterbinden, indem sie die Bergwerksaktivität stoppte. Aber das Gegenteil war der Fall: Wir sind arbeitslos geblieben und das Leben wurde schwieriger.

JURY Sehr geehrter Herr Ikandi, Walikale ist ein Ort, der für seine Bodenschätze bekannt ist. Aber er ist auch bekannt dafür, dass die eigene Bevölkerung an Hunger und Malaria stirbt und an Stellen beerdigt wird, die voll von Rohstoffen sind. Das ist das was am meisten verwundert. Leute sterben vor Hunger und werden in Gräber gelegt, die voller Erze sind! Als der Staatspräsident 2011 in Goma war, sagte er: „Wenn du nach Walikale kommst ohne zu weinen, dann bist du kein Mensch." Das sollte heißen: Walikale ist ein Ort voller Rohstoffe, aber voll von sehr armen Einwohnern. Ist es also eine Chance oder ein Verhängnis, dass es Bodenschätze in ihrer Region gibt?

IKANDI Eigentlich dachten wir, dass Rohstoffe in unserer Region eine Chance für uns sind. Aber jetzt ist die Situation ins Gegenteil umgeschlagen. Wir ziehen keinerlei Nutzen aus den Bodenschätzen. Dass wir sie haben, ist eher bedauerlich. Wenn sie nicht da wären, würden wir in Walikale wenigstens in Frieden leben, hier in unserer Republik Kongo.

JURY Es ist bekannt, dass in der Vergangenheit keine großen Firmen in Walikale Erze abbauten. Die Hauptgewinnung fand durch den handwerklichen Bergbau der lokalen Bevölkerung statt. Können Sie dem Gericht bitte sagen, ob der handwerkliche Bergbau nützlich für beide war, für die kleinen Schürfer und die anderen Einwohner?

IKANDI Das ist richtig: Der handwerkliche Bergbau ist unsere traditionelle Tätigkeit. Unsere Großeltern bauten Erze mit der bloßen Hand ab. 80 % der gesamten kongolesischen Erzproduktion kam aus dem handwerklichen Bergbau. Diese Tätigkeit hat die Bevölkerung von Walikale vor der Arbeitslosigkeit bewahrt. Sie hat es den Familien ermöglicht, zu überleben.

JURY Ich würde gerne wissen, was die Hauptproblematik ist: Liegt das Problem hauptsächlich an der Anwesenheit von MPC oder wollen Sie einfach keinen industriellen Bergbau in Ihrem Dorf?

IKANDI Wir verachten den industriellen Bergbau nicht. Wir wissen, dass gewerbliche industrielle Tätigkeit zur Entwicklung unseres Landes beiträgt. Aber unser Hauptproblem heute ist MPC, da sie die Abkommen, die wir unterzeichnet haben, nicht einhalten. Wir verlangen jetzt von unserer Regierung, dass sie uns eine Firma präsentieren, die bereit ist, mit uns zusammenzuarbeiten und zu kommunizieren. Wir bitten auch die Völkergemeinschaft um Hilfe, unser Bergwerk zurückzubekommen. Unsere Regierung hat unser Areal von dem Gelände von MPC abgetrennt. MPC hat eine eigene Mine, aber jetzt wollen sie unsere noch dazu. Wir möchten gerne, dass es in Walikale industriellen Bergbau gibt, aber wir wollen, dass die Firmen die lokale Bevölkerung respektieren und verstehen. Und wir wollen ein Abkommen, dass wir gemeinsam unterzeichnen.

JURY Sie haben 2002 begonnen, in Walikale in der Gegend von Bisie Erze abzubauen. Fest steht, dass MPC erst ab 2004 Käufer ihrer abgebauten Produkte war. Dann erlaubte die Regierung, dass die Firma auf dem Gelände selber nach Erzen sucht. Einige Monate später gab man der Firma die Erlaubnis, ebenfalls Erze abzubauen. Können Sie dem Gericht mitteilen, wann MPC den ursprünglichen Plan, mit Ihnen zusammenzuarbeiten, änderte? Wann fand das statt?

IKANDI Die Regierung weiß, dass MPC zweimal ihre Position geändert hat. Zuerst haben sie nur nach Erzen gesucht, da wo die einheimischen Schürfer das gleiche taten. Nach einer Weile fing MPC an, selber Erze auf industrielle Weise abzubauen. Wir, die lokalen Schürfer, sahen nie auch nur irgendeinen Nutzen in dieser Firma. Die Menschen leben deswegen einfach unter harten Bedingungen.

JURY Sie wissen, dass Sie als handwerklicher Schürfer alle Regeln und Vorschriften respektieren müssen. Haben Sie das getan?

IKANDI Ich stimme Ihnen zu. Als lokaler Bergmann muss ich Mitglied der Kooperative der lokalen handwerklichen Schürfer sein. Ich muss auch eine schriftliche Genehmigung der Behörde haben. Ich denke, dass ich getan habe, was von mir verlangt wurde.

JURY Sie haben dem Gericht gesagt, dass Sie 2002 in Bisie Erze entdeckt haben. Zu der Zeit gab es in Bisie lokale Führungsstrukturen und -personen. Hatten Sie eine Genehmigung dieser Ebene für den Abbau von Erzen? Ich würde gerne wissen, was für ein Abkommen Sie mit ihnen hatten, bevor Sie mit dem Abbau begonnen haben. Bezahlten Sie dafür?

IKANDI Ja, wir haben Bezahlungen vorgenommen. In unserer lokalen Sprache in Walikale nennen wir das „umutulo“. Du gibst 1 kg von 10 kg Erzen ab. Das heißt, wir bezahlen 10 % von unserem Einkommen.

JURY Ich würde gerne wissen, ob auch die bewaffneten Gruppen und die staatlichen Streitkräfte „itulo/umutulo“ bezahlen, wenn sie Erze abbauen? Bezahlen sie die lokale Regierung?

IKANDI Ich danke Ihnen, dass Sie die bewaffneten Gruppen ansprechen. Das sind die, die hier hinkommen, um Erze abzubauen, ohne auch nur einen Cent für die Gemeinschaft zu hinterlassen. Sie haben nie auch nur ein Gesetz beachtet. Die einzigen, die die Gesetze beachten, sind die kleinen Bergmänner, da sie ihre eigene Gemeinschaft lieben.
JURY Danke! Meine letzte Frage ist: Sie sagten, dass die Regierung Ihnen einen gesonderten Platz in Bisie gab, wo Sie Ihren eigenen Abbau betreiben konnten. Das heißt, dass die kleinen Schürfer ihr eigenes Areal hatten und der Rest war für MPC. Die Genehmigung der Regierung, die Sie hatten, erlaubte Ihnen also, dort zu arbeiten?
IKANDI Das ist richtig, Euer Ehren! Als der Konflikt zwischen den kleinen Schürfern und MPC ausbrach, wollte die kongolesische Regierung diesen Konflikt beenden. Eine Delegation aus Kinshasa kam hierher und gab uns das von der Firma abgetrennte Areal. Ich habe einen Beweis, den ich dem Gericht vorlegen werde.

Zeuge B (Bukavu), ehemaliger Rebell
„DIE VERGEWALTIGUNGEN GEHEN NICHT NUR VON DEN REBELLEN AUS."
Befragung Bukavu, 30. Mai 2015

JURY Können Sie dem Gericht sagen, zu welchem Zeitpunkt und unter welchen Bedingungen die bewaffnete Gruppe von Sheka gegründet wurde?
ZEUGE B Sie wurde 2009 gegründet. Sheka arbeitet mit den Schürfern seit der Entdeckung der Mine in Bisie zusammen. Als die Firma MPC hier ankam, hat sie Sheka gebeten, für sie zu arbeiten. Er wurde einer ihrer Angestellten. Er war mit den Ankäufen beauftragt, er kümmerte sich um die Logistik dieser Firma und flüchtete plötzlich. Wir haben erfahren, dass er sogar 60.000 Dollar mitgenommen haben soll, als er im Wald verschwand, um Leute zu rekrutieren und Waffen zu kaufen. Man fragt sich, ob es die Firma selbst war, die ihn finanzierte oder ob er das Geld veruntreut hat.
JURY Was rechtfertigt Ihrer Meinung nach die Anwesenheit von be-

waffneten Gruppen in Walikale? Was veranlasst die Söhne und Töchter von Walikale, sich den bewaffneten Gruppen anzuschließen?

ZEUGE B Ich weiß, dass die Regierung in Kinshasa und sogar die Provinzregierung die Situation in Walikale nicht kennt. Es gibt drei Hauptgründe dafür, dass die Leute zu Waffen greifen. Erstens gibt es eine Autoritätskrise des Staates: Es gibt keine Polizei und die Regierungsstreitkräfte sind nicht da. Man sieht sie nur in den großen Zentren von Walikale, in Mubi und manchmal in den Bergwerken.

Zweitens herrscht große Unzufriedenheit, was die Bodenschätze in Walikale angeht. Die Menschen profitieren nicht von diesem Reichtum. Es besteht ein Missmanagement. Es ist paradox: Es ist ein reiches Gebiet, aber die Bevölkerung ist sehr arm. So kam es dazu, dass einige zu diesem Mittel griffen, um die Regierung dazu zu bringen, klare Regeln für die Verwaltung der Bodenschätze aufzustellen.

Und drittens gibt es das Problem der Arbeitslosigkeit. Seit 2006 hören wir von fünf verschiedenen Bergbaugeländen, aber wenn sie nach Walikale kommen, sehen sie nichts von diesen fünf Geländen. 2011 war es so: die Bevölkerung profitierte zumindest von dem handwerklichen Abbau in Minen wie z.B. Bisie. 2010 hat der Staatschef den Minenbetrieb in Walikale plötzlich gestoppt und so sind die Menschen, die auf dem Gelände gearbeitet haben, zu den bewaffneten Gruppen gestoßen.

JURY Ich würde gerne wissen, ob die bewaffneten Gruppen in Walikale die Bergbaufirmen bekämpfen oder die Interessen der Firmen schützen.

ZEUGE B Bestimmte Unternehmen profitieren von der Anwesenheit der Milizen. Es gibt Bergbaufirmen, die sehr gut mit ihnen zusammenarbeiten. Man kann also nur schwer sagen, dass die bewaffneten Gruppen die Tätigkeiten der Firmen behindern.

JURY Wir haben das Glück, mit Ihnen einen Zeugen zu haben, der sein Leben oder zumindest einen Teil seines Lebens bei den Rebellen verbracht hat. Ich würde gerne von Ihnen wissen, ob Sie uns über die Verbindungen zwischen den bewaffneten Gruppen und den Streitkräften der Demokratischen Republik Kongo aufklären können?

ZEUGE B Man kann nicht sagen, dass es direkte Verbindungen zwischen den Rebellen und der Armee gibt. Es ist eher so, dass die Milizen in den Gebieten, die die Armee nicht erreicht, in den entlegenen Gegenden, agieren. Wenn die Armee also präsenter wäre in solchen Gegenden, würden wir zumindest nicht diese Situationen mit den Rebellen erleben.

JURY Können Sie uns bestätigen, dass die Rebellengruppen als Hauptmotivation den Schutz der Bevölkerung sehen?

ZEUGE B Ja.

JURY Können Sie uns bestätigen, dass alle, die sagen, die Rebellen würden Vergewaltigungen organisieren, lügen?

ZEUGE B Die Vergewaltigungen gehen nicht nur von den Rebellen aus, sondern auch von den Regierungstruppen.

Etienne Kibanja, Zeuge (Bukavu),
Vertreter der Zivilgesellschaft in Walikale
„DAS BERGBAUKATASTERAMT VERGIBT SCHÜRFRECHTE, OHNE ZU WISSEN WO DIE ORTE LIEGEN."
Befragung Bukavu, 30. Mai 2015

JURY Wie schätzen Sie die - heute legale - Methode ein, Schürfrechte von Kinshasa aus zu erteilen? Wird die Rolle der örtlichen und regionalen Behörden dadurch untergraben?

KIBANJA Dafür ist unsere Regierung verantwortlich. Das Bergbaukatasteramt in der Demokratischen Republik Kongo vergibt Schürfrechte, ohne genau zu wissen, wo die Orte liegen. Wir haben hier z.B. das geschützte Gelände „Walikale Monument". Wenn man aber auf die Höhe von Kami kommt, stellt man fest, dass für den Ort der Denkmäler ein Schürfrecht vergeben wurde. Selbst für die Stelle des Verwaltungsbüros wurde ein Schürfrecht ausgestellt. Da kommt einer aus Kinshasa mit den geographischen Koordinaten und stellt fest, dass man ihn auf eine Stätte gelotst hat, wo jemand wohnt, in ein Dorf, auf einen Friedhof. Das ist das Übel der Verwaltung unseres Staates.

JURY Können Sie dem Gericht sagen, wie Sie die Wirkung beurteilen, die der Stopp der Bergwerksaktivität durch die kongolesische Regierung 2010 und die Umsetzung des Dodd-Frank Acts auf die Minenaktivität in Bisie hatte?

KIBANJA Was die Sperre angeht, die der Staatschef verhängt hatte, war das eine gute Sache. Dieser Stopp sollte eine gewisse Ordnung herstellen und den Bergbausektor stabilisieren. Leider gab es keine Durchführungsmaßnahmen. Nachdem der Staatschef die Bergbauaktivität im Ostkongo gestoppt hatte und ein Jahr nachdem der Dodd-Frank Act erlassen wurde, haben wir begriffen, dass das im Endeffekt eine Art Embargo war. Wir haben begriffen, dass diese beiden Gesetze zum Elend und Verarmung der Bevölkerung von Walikale beigetragen haben. Die Menschen, die vom Abbau der Erze lebten, sahen sich nach diesen Maßnahmen gezwungen, ihre Tätigkeit aufzugeben und heute funktioniert nichts mehr.

JURY Sehen Sie einen Zusammenhang zwischen diesen Maßnahmen und der Existenz der Rebellengruppen oder ihrem Anwachsen?

KIBANJA Ja. Diese Maßnahmen haben nicht zum Vorteil oder Profit der Bevölkerung beigetragen, sondern eher zu Betrug und Schmuggel geführt. Anstatt den Abbau offiziell durchzuführen, arbeiten die Menschen jetzt in mafiaartigen Strukturen, so dass es sogar für die Rebellengruppen unübersichtlich wurde.

Vital Domengo, Zeuge (Bukavu),
ehemaliger Angestellter bei Magminerals Potasses Congo (MPC)
„ANFANGS WURDEN WIR GUT AKZEPTIERT."
Befragung Bukavu, 30. Mai 2015

JURY Herr Domengo, können Sie dem Gericht die Gründe sagen, die dazu führten, dass Sie bei MPC kündigten?
DOMENGO Ich war zuerst verantwortlich für Bisie. Als wir den Betrieb für MPC aufnahmen, der sich dann in eine Extraktionsindustrie wandelte, sind wir vor Ort angegriffen worden. Ich erinnere mich sogar, dass einer der Angestellten verletzt wurde und bis jetzt behindert ist. Das Unternehmen hat das Gelände evakuiert, da wir uns nicht mit der Bevölkerung und den Genossenschaften verstanden. Man hat mich gebeten, dort zu bleiben, um die Situation zu meistern. Sie müssen wissen, dass wir zuvor 200 Leute waren, und als man mich bat, alleine zu bleiben, habe ich mir gedacht, dass ich dort nicht in Sicherheit bin. Die einzige Lösung war zu kündigen, was ich dann 2007 getan habe.
JURY Können Sie dem Gericht sagen, wie sich die Situation in Bisie seit

Ihrem Fortgehen entwickelt hat? Haben Sie Informationen darüber?
DOMENGO Nach 2007 war die Situation in Bisie nicht sehr gut. Die Genossenschaften wollten nicht mehr, dass MPC in den Minen anwesend ist. Da MPC fast 90 % der Produktion kaufte, kamen Schwierigkeiten auf, vor allem finanzieller Art. Anfangs wurden wir gut akzeptiert, doch als das Unternehmen ein Industrieunternehmen wurde, ohne sich mit den Genossenschaften abzusprechen, hat das nicht gut funktioniert und das Sozialleben in den Minen verschlechterte sich.
JURY Falls Sie es wissen, können Sie uns mitteilen, ob das Unternehmen MPC die örtlichen Behörden in Walikale aufsuchte, bevor es irgendein Schürfrecht erhielt, so wie es der Artikel 64 des Gesetzes vorsieht?
DOMENGO MPC hat die Behörden in Walikale aufgesucht, aber auf eine schlechte Art und Weise: Anstatt zuerst zu den Einheimischen zu gehen, sind sie zu einer Behörde gegangen, die von den Einheimischen nicht anerkannt wird und haben dort Verträge unterschrieben. Dann sagten sie, dass diese Behörde die Gemeinschaft vertritt. Aber die einheimische Gemeinschaft hat das nicht anerkannt. Diesen Punkt muss man beachten.

Nadine Lusi, Zeugin (Bukavu),
Beauftragte für Öffentlichkeitsarbeit bei Alphamin
„ALLERDINGS MUSS MAN IRGENDWANN EINEN STRICH UNTER DIE VERGANGENHEIT ZIEHEN."
Befragung Goma (Recherchedreh), 20. Mai 2015 :

JURY Wie würden Sie Entwicklungsarbeit definieren?
LUSI Die Entwicklungsarbeit ist ein Konzept, das man nur schwierig in einfachen Worten erklären kann. Entwicklung, das bedeutet Infrastrukturen, der Zugang der Bevölkerung zu Basisdiensten, es bedeutet Arbeitsplätze und ein Einkommen über dem Existenzminimum. Aber Entwicklung heißt auch, dass die Individuen das machen können, was sie wollen. Nicht im hedonistischen Sinn, im Sinne von Vergnügen, sondern was ihre Tätigkeit betrifft. Wenn jemand handwerklicher Minenarbeiter sein möchte, dann soll ihm das möglich sein. Und er soll so viel verdienen, dass er ein anständiges Leben führen kann, in sicheren und gut geordneten Arbeitsverhältnissen.
JURY War der artisanale Abbau kein erfolgreiches Konzept für die Ent-

wicklung in der Region?

LUSI Ich glaube nicht, dass es darum geht, ob der handwerkliche Sektor erfolgreich war oder fehlgeschlagen ist. Die Frage betrifft eher die besondere Situation der Minen in Bisie und Walikale: sie stellen nämlich genau das Gegenteil von Entwicklung dar. Nach all diesen Jahren, in denen die Menschen handwerklichen Abbau betrieben haben, gibt es immer noch keine Straßen in Walikale, sehr wenig Gesundheitswesen, wenig Bildungsmöglichkeiten für die Kinder; es gibt überhaupt keine Geldökonomie.

Die Frage nach dem handwerklichen Sektor ist eine Fangfrage und ich bin mir sicher, dass Sie durch dieses Projekt viel mehr Antworten bekommen werden. Ich glaube, dass die Realität in Walikale für sich spricht. Wenn Sie dorthin fahren mit dem Wissen, dass Bisie zu gewissen Zeiten 5 % des Welthandelvolumens an Zinn lieferte, während es keine Straßen in der Region gab und die Bevölkerung unter schrecklichen Bedingungen lebte, spricht die Wirklichkeit für sich.

JURY Macht es der industrielle Bergbau besser?

LUSI Ich glaube, dass der industrielle Abbau in den Bergwerken Straßen und ein gewisses Niveau an Infrastruktur mitbringt. Die handwerklichen Minenarbeiter sollten arbeiten können, aber in einem gesicherten und regulierten Umfeld. Übrigens sagt das kongolesische Gesetz, dass die handwerklichen Schürfer und die Industrieunternehmen nicht auf der gleichen Konzession arbeiten dürfen.

JURY Wie kann die Regierung mit den handwerklichen Schürfern arbeiten und gewährleisten, dass sie einen Ort haben, an dem sie ihr täglich Brot verdienen können?

LUSI Das ist ein Punkt, an dem wir gemeinsam arbeiten müssen. Wir müssen Druck auf die Regierung ausüben, damit sie auf die Bedürfnisse der Bevölkerung und in diesem besonderen Fall auf die Bedürfnisse der kleinen Schürfer eingeht. Wir haben viel Mühe darauf verwendet, damit diese Grundsatzvereinbarung mit der Gemeinschaft zusammen unterschrieben wird. Wir tun viel dafür, eine Arbeitsplatzpolitik in die Wege zu leiten. Wir lassen nichts unversucht, um einen offenen und aufrichtigen Dialog zwischen den Gemeinschaften herzustellen. Wir geben uns wirklich viel Mühe, um mit den einflussreichen Mitgliedern der Zivilgesellschaft zu diskutieren. Wir bitten sie, falls sie etwas von Problemen gehört haben, mit uns zu sprechen, um die Tatsachen zu prüfen.

Die Zeiten, in denen wir uns gegenseitig Beschuldigungen an den Kopf warfen, sind vorbei. Ich glaube, wir müssen nach vorne schauen. Wenn wir das nicht schaffen, dann wird ganz Walikale leiden und Investitionen werden sehr schwierig, da die ganze Welt uns beobachtet. Sie müssen wissen, dass es in Wirklichkeit um ein Gebiet geht, das rechtsfrei ist. Und ich glaube, ein Teil der erstaunlichen Sachen, die wir in den letzten 8 Monaten erreicht haben, ist ein Team, das wir zusammengestellt haben, ein Team aus Menschen, die über einen großen Erfahrungsschatz und vielerlei Fähigkeiten verfügen. Das heißt, dass wir einen Dialog mit der Bevölkerung begonnen haben. Allerdings muss man irgendwann einen Strich unter die Vergangenheit ziehen, sonst stecken wir für immer im Schlamm fest.

Die Leute, die auf einer harten Anti-Alphamin-Position beharren, werden immer weniger und wir müssen weiter daran arbeiten. Wenn jemand einfach die ganze Zeit behauptet, dass das nicht funktioniert, dass wir das nicht schaffen, ohne eine wirkliche Diskussion zu beginnen, dann drehen wir uns im Kreis. Die Industrialisierung wird stattfinden, ob wir es wollen oder nicht, und die Menschen können sich aussuchen, ob sie an einer heilsamen und lebendigen Debatte teilnehmen wollen oder nicht. Wir brauchen unbedingt ein Gleichgewicht. Wir müssen die Bedürfnisse der Gemeinschaft kennen und verstehen, was sie von uns hält. Das ist selbstverständlich. Aber das muss im Einvernehmen passieren, in Zusammenarbeit, im Fortschritt und nicht mit Ressentiments und Verbitterung. Wir müssen vergeben, aber wir müssen dieses Vergeben und diese Bitte ums Vergeben organisieren. Am Ende wissen wir alle, dass wir viel mehr Fortschritt erreichen werden als jemals zuvor in der Vergangenheit. So viel mehr, dass alle staunen werden. Aber wenn die Leute einfach nur „auf ihrem Pferd" bleiben wollen und ablehnen zu kooperieren, zusammenzuarbeiten, dann müssen wir halt ohne sie weitermachen und sie dort zurücklassen, wo sie sind.

Fidel Bafilemba, Zeuge (Bukavu),
Koordinator der amerikanischen NGO „Enough Project"
„DIE WIRKUNGEN DES DODD-FRANK ACT
SIND ZWIESPÄLTIG UND CHAOTISCH."
Befragung Bukavu, 30. Mai 2015

JURY Können Sie dem Gericht erzählen, welche Initiativen und politischen Erwägungen zur Einführung des Titels 15 (Section 1502) des Dodd-Frank Act geführt haben? Ihre Organisation ist auf dieses Feld spezialisiert. Können Sie das Gericht über die Motivationen dieser Innovation aufklären?

BAFILEMBA Die Beweggründe, die dazu beigetragen haben, dass der Titel 15 (Section 1502) in den Dodd-Frank Act, so wie wir ihn heute kennen, aufgenommen wurde, sind nicht nur politisch, sondern auch sicherheitsbezogen und sozial. Lassen Sie mich zuerst klarstellen, dass dieses Gesetz kein kongolesisches Gesetz ist. Es richtet sich an ca. 4.000 US-amerikanische Unternehmen aus dem Elektronikbereich. Und dieses Gesetz ist, das muss ich hier sagen, ein Sieg, ein Erfolg für die Zivilgesellschaft im Kongo, für die kongolesische Opposition. Für alle, die sich auf die Seite derjenigen stellen, die die Bodenschätze im Kongo nicht für einen Segen, sondern einen Fluch halten. Wir erleben seit 1998, seit der Invasion oder der zweiten Invasion der Rebellenarmee RDC durch Ruanda und Uganda, ein systematisches Plündern, organisiert und aufrechterhalten durch mafiaartige Netzwerke innerhalb der ruandischen und ugandischen Armee.

Als wir damals mit der UN-Expertengruppe und den Menschenrechtsgruppen zusammengearbeitet haben, haben wir Netzwerke wie das „Congo Desk" aufgedeckt. Diese Netzwerke gibt es heute immer noch. 2005 hat die kongolesische Regierung vor dem internationalen Gerichtshof geklagt, Uganda ist schuldig gesprochen worden für das Begehen von Wirtschafts- und Kriegsverbrechen und wurde zu 10 Milliarden Dollar Strafe verurteilt. Die sind bis heute nicht bezahlt worden. Alles das - und natürlich noch andere Faktoren - hat dazu beigetragen, dass die Bischöfe, wir, die Zivilgesellschaft und die Opposition vor dem amerikanischen Kongress geklagt und dies vor Kurzem auch vor dem Europa-Parlament wiederholt haben. Heute folgt das Europaparlament dem Beispiel des US-amerikanischen Kongresses. Für uns, die Bevölkerung, bedeutet das einen Sieg.

JURY Können Sie uns von den Ergebnissen und der tatsächlichen Auswirkung dieses Gesetzes berichten?

BAFILEMBA Wir dürfen die Augen nicht vor den Tatsachen verschließen: Die Ergebnisse und Wirkungen des Dodd-Frank Act sind zwiespältig und chaotisch. Das kongolesische Recht, das man Berggesetz nennt, konnte selbst durch das Ankurbeln durch die Weltbank keine Wunder erreichen. Präsident Kabila hat den Erzabbau gestoppt, ohne irgendetwas zu erreichen. Wir können von diesem Gesetz keine Wunder erwarten. Aber andererseits kann man sehen, dass dieses Gesetz einen Anreiz darstellt. Heute gibt es eine Zertifizierung auf subregionaler Ebene. Wir haben die Entmilitarisierung vorangetrieben.
JURY Was können Sie den kleinen Schürfern sagen, die sich heute gegen dieses Gesetz auflehnen?
BAFILEMBA Ich stelle mich hinter die Schürfer und bin vollständig mit ihnen einverstanden. Ich stelle mich nicht nur hinter die Schürfer, sondern hinter alle Gemeinschaften, die sich gegen ein Gesetz auflehnen, das nicht die Ergebnisse bringt, die man sich erhoffte. Aber nochmals: Ist das das Problem? Oder geht es – wie ich Seine Exzellenz den Gouverneur vorhin zugeben hörte – um die Machtlosigkeit der kongolesischen Regierung, die sich wie ein Laufbursche der Völkergemeinschaft verhält. Das ist die Frage! Aber in den großen Bergwerken, selbst in der Mine von Bisie von der wir hier sprechen, die 5 % des Welthandelvolumens an Zinn herstellt, gibt es heute keine Rebellengruppen mehr.
JURY Hat der Dodd-Frank Act dadurch, dass der kongolesische Staat keine Verantwortung übernommen hat, es nicht anderen Ländern fast leichter gemacht, die kongolesischen Erze zu importieren – natürlich nachdem sie geschmuggelt wurden?
BAFILEMBA Sehen Sie, wir können es drehen und wenden wie wir wollen: Den Schmuggel, den Betrug mit den Erzen gibt es nicht erst seit heute. Ich erinnere Sie daran, wie wir 2002 geschätzt haben, dass die ruandische Armee zu über 80 % aus Erzen aus dem Kongo finanziert wurde, und zu dem Zeitpunkt gab es noch keinen Dodd-Frank Act

Können wir heute den gleichen Umfang, die gleiche Höhe an organisiertem Schmuggel, der seit der zweiten Invasion des Kongos aufrecht erhalten wird, feststellen? Ich glaube nicht. Es stimmt, dass Ruanda während jener Invasion des Kongos zweitgrößter Coltan-Exporteur der Welt wurde. Ich sage hier nicht, dass Ruanda selber keine Bodenschätze besitzt oder keine Coltan-Vorräte. Aber nicht genügend, um als weltgrößter Exporteur zu gelten, zumindest was das Coltan angeht. Das ist eine Schande. Aber ist daran der Dodd-Frank Act Schuld? Ich glaube, das Übel besteht darin, dass die Regierenden sich sagen: O. K., die Völkergemeinschaft zwingt mich das zu tun, und dann beuge ich mich eben. Ich muss dazu stehen und nein sagen, ob die Leute wollen oder nicht. Und wenn sie den Kongo aufteilen, weil ich nein sage, dann sollen sie das eben tun.
JURY Bitte berichten Sie noch etwas ausführlicher von den negativen Folgen des Dodd-Frank Acts.
BAFILEMBA Die negativen Folgen sind sehr reell, denn der Dodd-Frank Act hat nicht nur die mafiaartigen Strukturen getroffen, sondern auch die Menschen, die versuchten, mit dem Gesetz im Einklang zu arbeiten. Sprechen wir über die Begleitmaßnahmen des Dodd-Frank Acts. Ich habe die Beweise dazu dem Gericht zu Beginn übergeben. Wir haben uns dafür eingesetzt, dass 20 Millionen Dollar als Begleitmaßnahmen zu dem Gesetz fließen. Aber tatsächlich sind nicht nur 20 Millionen Dollar an die kongolesische Regierung geflossen, sondern Milliarden. Was aber wurde daraus? Was ist mit den Reformen der Sicherheit, der Justiz, der Wirtschaft, den Straßen usw.? Was wurde genau daraus? Beuten wir uns selber aus, um letztendlich diejenigen zu verdammen, die uns etwas geben, sei es mit guten oder schlechten Absichten?
JURY Was sagen Sie zu diesem augenscheinlichen Widerspruch zwischen dem Dodd-Frank Act auf der einen Seite, der verlangt, dass man sich an Verhaltenslinien hält, dass man die Verbindungen zwischen Konflikten und dem Abbau von Bodenschätzen unterbindet und auf

der anderen Seite dem Verhalten z.B. des Unternehmens Alphamin. Dieses Unternehmen unterliegt dem Dodd-Frank Act. Aber vor Ort herrschen Konflikte, die Firma ist Mitverursacher des Konfliktes. Aber es sind doch US-Amerikaner, die Aktien dieser Firma haben, und das Unternehmen Alphamin hat auf dem Gelände Konflikte mit der kongolesischen Bevölkerung. Steht dieses Unternehmen da nicht im Widerspruch mit dem Dodd-Frank Act?

BAFILEMBA Ich denke, das Komplexe bei MPC/Alphamin ist diese Zweideutigkeit: Man weiß nicht, wer denn da jetzt eigentlich der Hauptakteur ist. Es wurde hier bezeugt, dass Sheka ein Angestellter von MPC sei. Sheka, der sich abgesetzt hat, soll 60.000 Dollar aus MPC gezogen haben. Ich denke, wir wissen, wer hier verantwortlich ist. Alphamin ist in Toronto börsennotiert. Wir haben bei „Enough Project" eine Staffelung und eine Qualifizierung der Unternehmen aufgestellt. Bei 100 von 200 amerikanischen Elektronikfirmen waren wir gezwungen, sie zu prüfen, damit sie sich der Lieferkette von konfliktfreien Erzen anpassen. Das passiert nicht wie mit dem Zauberstab, das ist ein im Prozess befindlicher Vorgang, aber wir kümmern uns darum.

JURY Es hat doch mehrere Versuche gegeben, das Bergwerksgelände von Bisie in diesem Sinne zu klassifizieren, aber das hat ja nicht geklappt. Jedes Mal, wenn eine Delegation auf das Gelände kommen sollte, wurden sie angegriffen. Was denken Sie, war der Hauptgrund für diese Angriffe am Vortag der Klassifizierung von Bisie?

BAFILEMBA Sheka ist der Kriegsherr von Walikale. Er ist nicht mal der einzige. Für wen arbeitet er eigentlich? Das bleibt die große Frage. Ich will hier nicht mutmaßen, ob es Alphamin oder MPC sind, die ihn schicken. Aber ich glaube, dass dieses Tribunal wirklich eins für den Kongo wäre, wenn es sich nicht nur auf die Konsequenzen dieser organisierten Mafia beschränken würde, sondern der Welt die Gesichter zeigt, die sich hinter diesen organisierten Mafias verstecken. Das ist eine pathetische Bitte, die ich an dieses Tribunal richte. Es wird eines werden, wenn es diese Herausforderung annimmt. Indem es sich nicht nur um die Konsequenzen kümmert, Sheka und die anderen, sondern um die Nachbarländer, die sogar verurteilt wurden, manche sogar vor dem Internationalen Gerichtshof: Ich denke da an den UN Mapping Exercise Report und die Berichte des UN-Panels von 2002.

JURY Können sie etwas über die Gründung der Rohstoffbörse in Kigali (Ruanda) sagen? Glauben Sie, Herr Bafilemba, dass diese Börse dazu beitragen wird, dass die Erze zertifiziert werden? Ist das also eine begrüßenswerte Initiative? Eine Börse, die, wie wir gestern vom Gouverneur Cishambo erfahren haben, von einer Person aus den USA geleitet wird. Die USA, die den Dodd-Frank Acts erlassen hat. Oder glauben Sie, dass diese Börse eher zur Geldwäsche beitragen wird, also dass die Erze vom Blut reingewaschen werden? Kritiker sagen übrigens, dass diese Börse und der Dodd-Frank Act vorsätzlich einen drosselnden Faktor für den nationalen Abbau haben.

BAFILEMBA Meine Beurteilung der Rohstoffbörse in Kigali? Das ist ein Recht: Diese Börse könnte im Kongo sein, sie könnte in Hongkong oder Johannesburg sein, jedes Land hat ein Recht darauf. Aber wir sehen mal wieder nur die Spitze des Eisbergs. Jeder weiß, dass der Großteil der ruandischen Unternehmen von der FDR beherrscht wird, der machthabenden Partei. Man hat eine Liste von Sanktionen vorgeschlagen, um die Leute wenigstens wieder dazu zu bringen, die Menschenrechte zu achten. Wenn ich daran denke, dass Rebellengruppen, die in Ruanda formiert wurden, plötzlich „Freedom Fighters" genannt werden, selbst wenn sie auf der Liste der zu Sanktionierenden stehen, und keinen interessiert's, wo sind da alle diese Tausenden sogenannten Experten? Wenn der Kongo uns am Herzen liegt, müssen wir es doch schaffen, eine Linie zu ziehen, eine rote Linie. Eine Linie, die wir nicht überschreiten dürfen. Wir müssen gerecht sein. Ruanda wird also leider wie Singapur werden, mit oder ohne Bluterze, aber es ist abhängig von ihnen, auch wenn ich hier nicht sage, dass diese Börse nur dadurch versorgt wird.

JURY Wissen Sie, dass ein Aspekt des Dodd-Frank Acts die Preiserhöhung für Zinnerz (Kassiterit) auf dem Weltmarkt war und dass dadurch die amerikanischen, kanadischen und australischen Minen erst gewinnträchtig wurden, was sie bis dahin nicht waren? Und dass eine andere Auswirkung des Dodd-Frank Acts die Entwicklung der asiatischen Märkte ist, die weniger für Erze aus Zentralafrika zahlen?

BAFILEMBA Ob ich darüber etwas weiß? Ich würde sagen ja und nein. Ich sage Ihnen, dass wir große Hoffnungen hatten, als wir gekämpft haben. Und hier spreche ich im Namen aller: der Bischöfe, die dem Amerikanischen Kongress und dem Europäischem Parlament den Hof gemacht haben, der zahlreichen Mitglieder der Zivilgesellschaft, auch die Eminenz - wenn ich sie so nennen darf - der kongolesischen Opposition. Wir hatten die Hoffnung, dass wir nicht reingelegt werden, dass der Kongo endlich die Gelegenheit beim Schopfe fasst und auf dieses Gesetz aufbaut. Dieses Tribunal muss uns helfen, unserer Regierung ihre Verantwortung bewusst zu machen. Diese Leute sind nicht zu entschuldigen.

Wolfgang Kaleck, Mitglied Jury (Berlin)
WEM NÜTZEN DIE GESETZE?
Eröffnungsstatement 2. Sitzung Berlin, 27. Juni 2015

Man könnte das, was wir bei diesem Tribunal drei Tage lang besichtigen, als ein „multi-sided global event“ bezeichnen. Also ein globales Ereignis, das an mehreren Orten gleichzeitig stattfindet. Und das können wir in der Tat sowohl bei der Erörterung des Banro-Falls heute Morgen und auch des Bisie-Falls heute Nachmittag wunderbar studieren. Eine Vielzahl von Akteuren, die uns zwingen, jetzt sozusagen kleinteilig und konkret zu werden. Man muss sich das nämlich genau anschauen, wie das politisch und rechtlich geregelt ist. Zum Beispiel beim Banro-Fall. Ich habe mir beim Banro-Fall einfach wild Notizen gemacht, welche verschiedenen Regime, welche verschiedenen Ebenen betroffen sein können. Das fängt natürlich erstmal mit kongolesischem Recht an und jede Menge kongolesische Akteure kommen ins Spiel von lokalen Akteuren, von bewaffneten Gruppen und zwar von bewaffneten rebellischen Gruppen bis zu bewaffneten Regierungsgruppen. Von der Provinzebene bis zur Regierungsebene. Dann kommen, das haben wir heute Morgen beim Banro-Fall gesehen, Akteure aus jeder Menge Ländern ins Spiel. Belgische Unternehmen, kanadische Unternehmen - auch Anglo-Gold -, englische oder schwedische Unternehmen, die sich einerseits, wenn sie vor Ort aktiv werden, kongolesischem Recht unterwerfen müssen, andererseits aber auch nach dem Recht ihrer Heimatstaaten beurteilt werden könnten - und wie wir sagen - müssten. Dann haben wir auch jede Menge internationale Rechtsregime. Das ist zum Teil das Handelsrecht, das ist zum Teil ein internationales Regime, und was unbedingt greifen müsste, aber viel zu wenig benutzt wird, sind die wirtschaftlichen, sozialen und kulturellen Rechte. Vorhin hat eine Kollegin vom Recht auf Wasser, vom Recht auf Nahrung und vom Recht auf angemessene Behausung gesprochen. Das sind alles Rechte, rechtliche Regime, die hier greifen könnten. Und nicht zu vergessen, die Weltbank. Da hat Saskia Sassen zu Recht darauf hingewiesen, welche zumindest indirekten Auswirkungen und indirekten Rechtsverletzungen vom internationalen Finanzwesen ausgehen. Und dann wurden heute Morgen auch bereits die regionalen Akteure angesprochen. Also neben der kongolesischen Regierung, der kongolesischen Armee sind auch die Ugander und Ruander heftig involviert. Man muss sich die Mühe machen, sich das alles einmal im Detail anzuschauen - im Grunde genommen sind natürlich drei Tage viel zu wenig für all diese Themen.

Ich fasse grob zusammen: Es gibt ja einen Diskurs rund um die Globalisierung, den wir auch öfter benutzen. Das fundamentale Ungleichgewicht ist auf den ersten Blick ja dieses, dass die Geheimdienste, die Militärs und auch die großen Unternehmen transnational agieren und sich da auskennen, während die politische und rechtliche Ebene, also die Regulierung hinterherhinkt. Die einen sind globalisiert, die anderen noch nicht wirklich. Wenn wir uns das aber etwas genauer anschauen, dann gibt es natürlich bereits jede Menge transnationaler Regulierungen. Die sind aber schlecht. Entweder ist es ein Recht, das nicht die Mehrheit, sondern die Minderheit bevorteilt, oder aber es gibt bewusste Lücken für bestimmte Akteure, die das ausnutzen. In der Konsequenz, und das ist heute Morgen von einigen angesprochen worden, gibt es einen großen regulatorischen Druck. Und zwar einen Druck, die Aktivitäten der Unternehmen zu regulieren. Aber in welcher Weise? Wir haben auf der einen Seite nämlich ein gut funktionierendes, robustes Regime von Handelsrecht und auf der anderen Seite ein sehr fragiles Regime von Menschenrechten. Also sind es immer die Menschenrechte, die nicht genügend durchgesetzt werden. Wenn ich mir nämlich jetzt anschaue, was wir uns heute Nachmittag hier oder heute am frühen Abend als Programm vorgenommen haben, dann geht es da ja überall um bestehende Regulierungen. Der Dodd-Frank Act, US-Gesetzgeber, die OECD, Europäische Union und UN haben alle Versuche unternommen, das, was da im Kongo passiert, in irgendeiner Weise zu regulieren. Das ist ein neues Stadium. Es ist nicht mehr so, dass die Probleme nicht anerkannt würden. Keiner von denen, die daran beteiligt sind - also weder beim US-Kongress noch bei der OECD, bei der EU oder UN - wird sich mehr hinstellen und sagen, im Kongo ist alles schön, im Kongo werden keine Verbrechen begangen. Nein, es wird anerkannt, dass dort Verbrechen begangen werden, es wird auch anerkannt, dass dort bestimmte Akteure dafür verantwortlich sind. Was wir also sehen, ist der Versuch zu zeigen, dass man das in irgendeiner Form reguliert. Und dann muss man sich darauf einlassen, sich das genau anzuschauen und das ist die Aufgabe für den heutigen Nachmittag. Wem nützen die konkreten Regulierungen, wer profitiert davon? Wo ist vernünftiges Recht, also Recht, von dem die Mehrheit der Menschen profitiert und wo gibt es ein Recht, das eindeutig nur Eliten, seien es nationale oder internationale, bevorteilt.

Noch ein festgefügter Diskurs steht hier zur Debatte: Hier die braven kongolesischen Nationalisten und dort die bösen transnationalen

Akteure. Auch das stimmt in dieser Form natürlich nicht. Ich meine, wir müssen nicht über den Dualismus Kongolesen und Europäer reden, sondern wir müssen über Klassen reden. Es gibt Eliten im Kongo, die profitieren und es gibt internationale Eliten, die profitieren. Das ist ein systemisches Problem und nicht einfach ein Problem von Nationen. Das muss man sehr genau untersuchen und das hat Saskia Sassen auch angesprochen. Wir müssen gucken, wo geltendes Recht verändert werden muss, wo neues Recht geschaffen werden muss, also welche Lücken geschlossen werden müssen. Und viel wird darauf ankommen zu schauen, wer mögliche Akteure sind, die vor Ort im Sinne der Bevölkerungsmehrheit der Kongolesen handeln. Ich weiß nicht, ob da der US-Kongress, die OECD, die UNO oder die EU die geeigneten Akteure sind, ich will dem auch nicht vorgreifen. Ich denke nur, wir sollten sehr genau hinschauen, was da für Initiativen in den letzten Jahren ergriffen wurden und wem sie tatsächlich nützen.

Christoph Vogel, Zeuge (Berlin), Experte für die Auswirkungen transnationaler Regulation auf den Minensektor in der Region Ostkongo

„ICH MEINE, DASS ETHNISCHE KONFLIKTE INSTRUMENTALISIERT WERDEN."

Befragung Berlin, 27. Juni 2015

JURY Das Gericht würde gerne wissen, was Sie im Ostkongo machen, seit wann Sie dort leben und wie die Situation der kleinen Minenarbeiter dort ist. Haben Sie eine gewisse Entwicklung feststellen können, seit Sie dort angekommen sind? Welche Tendenzen gibt es?

VOGEL Auch wenn ich schon seit 2008 mindestens ein Drittel meiner Zeit in der Demokratischen Republik Kongo verbracht habe, habe ich erst seit 2013 im Rahmen meiner Doktorarbeit angefangen, mich mit der Problematik der Minen zu befassen. Vorher habe ich mich mit den Rebellengruppen und der Sicherheitsdynamik beschäftigt. In dieser kurzen Zeit, in der ich aus eigener Erfahrung sprechen kann, habe ich keine großen Unterschiede, keine Veränderungen gesehen. Man begann mit der Umsetzung der praktischen Maßnahmen, die dem

Erlass 1502 der Sektion Dodd-Frank Act folgten, aber die Situation der Bevölkerung, das Leid, blieb im Großen und Ganzen unverändert. Aber, wenn Sie erlauben, würde ich gerne kurz etwas zum Dodd-Frank Act sagen. Im Grunde genommen verbietet dieses Gesetz keinem Unternehmen, mit irgendeinem Rohstoff Handel zu treiben. Es sagt sehr klar, dass jedes Unternehmen, das in den USA börsennotiert ist, die Regierung darüber informieren muss, ob die Rohstoffe aus dem Osten des Kongo stammen. In der Folge dieses Gesetzes gab es mehrere Maßnahmen, die eher technischer Art sind. Sie sollten dazu dienen, den Minensektor zu sanieren. Und sie sollten technische Vorkehrungen ermöglichen, damit die Unternehmen ihrer Sorgfaltspflicht nachkommen und der Regierung Bericht erstatten können. Leider haben diese Maßnahmen zu einer starken Monopolisierung des Marktes geführt. Man muss das klar unterscheiden: Auf der einen Seite haben wir das Problem der Konzessionen, das z.B. in Bisie eine Rolle spielt. Und dann haben wir eben das Problem der Monopolbildung, die die Maßnahmen im Rahmen des Dodd-Frank Act mit sich gebracht haben. Das ist ein komplett anderes Problem.

JURY Wir haben also eine Reihe von Regelungen, die aber vor Ort keinen positiven Einfluss haben. Was kann man hier tun?

VOGEL Ich denke, dass ich zu jung und nicht weit genug in meiner Forschung bin, um echte Vorschläge machen zu können. Aber ich kann vielleicht zur Identifizierung des Problems beitragen. Ich habe über die unterschiedlichen Rebellengruppen im Kongo geforscht. Von den 50 Gruppen, die ich in meiner Bestandsaufnahme habe, kenne ich nur eine Gruppe, die nur deshalb existiert, weil sie in den Minen Erze abbaut. Die Erze haben also vordergründig in diesem Konflikt keine große Rolle gespielt. Auf der anderen Seite war es für die transnationalen und internationalen Akteure während der Kriege und der chaotischen Situationen natürlich sehr einfach, in diese Gebiete einzudringen und von dem Chaos zu profitieren. Jetzt haben wir plötzlich die Situation, dass man das auf der moralischen Ebene nicht mehr machen kann. Die Grenze, die für das Kapital und den internationalen Handel in den Kriegssituationen geöffnet war, schließt sich jetzt wieder durch Regulationen, die - wieder einmal - von westlichen Akteuren eingeführt wurden. Eingeführt zumindest im Rahmen der Rückverfolgbarkeit des Abbaus in den handwerklichen Minen. Der Großteil, sagen wir 80 % bis 90 %, der handwerklichen Schürfer wurden dadurch vom Markt ausgeschlossen. Sie haben keinen legalen Weg mehr, ihre Erzeugnisse zu verkaufen.

JURY Wie funktioniert das Kontrollsystem? Wer profitiert? Gibt es Möglichkeiten des Betrugs?

VOGEL Kein System ist perfekt. Das existierende System dient vor allem einer Lobby, einer Gruppe von internationalen Produzenten, die Zinnerz abbauen. Sie bekommen eine Art Beweis, dass ihre Mineralien sauber sind. Allerdings ist dieses Konsortium in vielen Minen im Ostkongo nur sehr wenig vertreten, wie Sie bestimmt selber wissen. Und das führt dazu, dass diese Zertifizierung, diese Rückverfolgbarkeit im Moment nur symbolisch dazu dient, den Kunden zu zeigen, dass diese Mineralien sauber sind.

JURY Sie haben erwähnt, dass viele Regulationen eigentlich von westlichen Akteuren stammen, die damit ihre eigenen Interessen verfolgen. Aber was wäre denn eine gute Regelung der Wirtschaft im Ostkongo? Oder noch grundsätzlicher gefragt, welche Art von Wirtschaft würde vor Ort eigentlich gebraucht?

VOGEL Ein Großteil der lokalen Wirtschaft, nicht nur der Minenbetrieb, funktioniert ohne offizielle Regelungen. Was die handwerkliche Minenarbeit im Ostkongo angeht, gibt es daher ganz klar ein paar Dinge, die man meiner Meinung nach regulieren könnte. Ich meine alles, was mit Arbeitsschutz, Sozialversicherung, medizinischer Versorgung und Bildung in den Bergbaugemeinden zusammenhängt, das sollte man machen. Und wie wir es in unterschiedlichen Zeugenaussagen in Bukavu gehört haben, tun Unternehmen wie MPC/Alphamin sicher nicht so viel, wie sie könnten. Aber auf der anderen Seite muss man sehen, dass es unterschiedliche Arten gibt, wie man Wirtschaftssysteme und politische Systeme organisieren kann. Und was ich im Kongo in sehr, sehr vielen Gebieten und Sektoren, auch außerhalb der Bergwerksbranche, gesehen habe, ist eine Art halbformelle Solidarwirtschaft. Und diese Solidarwirtschaft funktioniert auf eine Weise, die wir hier mit unserer Verwestlichung oft als Korruption oder Nepotismus bezeichnen würden. Das gibt es, keine Frage. Aber nicht alles, was ungeregelt ist, nicht jeder informelle Austausch, ist zugleich auch Korruption. Ich denke, man muss in Betracht ziehen, wie die Leute sich organisiert haben. Doch es gibt seit 25 Jahren Kriege. Und es sind genau diese Konflikte, die die Grundlagen der existierenden Solidarwirtschaft zerstört haben. Und deshalb gerät die Bevölkerung unter Druck, deshalb werden die Leute vertrieben. Und wenn man einmal vertrieben wurde, ist es sehr schwer, wieder auf sein Feld zurückzukommen. Die Bergwerksarbeit bleibt eine der wenigen Einkommensmöglichkeiten. In dieser Verkettung ist es schwierig, von außen Hilfe anzubieten, auch wenn sie nötig ist. Denn wenn zum Beispiel aus gut gemeinten Gründen ein Embargo über die Bergwerkstätigkeit verhängt wird, laufen dann plötzlich einige Minenarbeiter zu den Rebellen über und man hat nichts erreicht.

JURY Sie haben gesagt, dass aufgrund dieses Gesetzes und des Monopolisierungsprozesses ca. 90 % der Schürfer ihre Arbeit oder die Möglichkeit, Geschäfte zu machen, verloren haben. Was machen diese Leute jetzt?

VOGEL O. K. Die Migrationsrate im Bergwerkssektor ist sehr hoch. Die Systeme zur Rückverfolgung existieren bisher nur für Zinn und Coltan. Viele haben sich dem Gold zugewandt. Gold ist immer noch ein sehr großes Problem. Es wird sicher das nächste große Ding in den politischen Debatten werden. Andere haben einfach andere Jobs angenommen. Ich habe viele Biographien von aktuellen und ehemaligen Bergarbeitern gesammelt, die fabelhafte und sehr unterschiedliche Lebensgeschichten haben. Die Leute im Kongo sind im Endeffekt sehr hart im Nehmen: Sie leben nicht gut unter diesen Bedingungen, aber sie kämpfen immer noch und versuchen, durchzukommen.

JURY Gestatten Sie eine letzte Frage: Sie haben eingangs die Meinung angedeutet, dass die Konflikte im Ostkongo nicht im Wesentlichen auf wirtschaftlichen Interessen basieren. Ist das nicht eine etwas ethnologische Lesart? Wenn man näher hinschaut, sieht man doch, dass die ethnischen Auseinandersetzungen generell einen ökonomischen Unterbau haben. Ich bin kein Marxist, aber ich denke, diese Analyse ist allgemeingültig, wenn man in der Geschichte zurückschaut.

VOGEL Ich habe gesagt, es gibt unterschiedliche Gründe. Ich meine, dass ethnische Konflikte instrumentalisiert werden, es sind nicht die Ethnien an sich. Ich bin einverstanden mit Ihnen: Die Minen haben zu diesem Krieg beigetragen, aber sie stehen nicht an erster Stelle. Sie haben zu diesem Krieg beigetragen, wie jede andere wirtschaftliche Ressource, die man vereinnahmen kann, um einen Krieg zu finanzieren. Das stimmt, aber sie waren nicht der Ursprung.

Judith Sargentini, Zeugin (Berlin), Mitglied des Europaparlaments
„UNSERE INDUSTRIE HAT ANGST, DASS NICHTS MEHR ZU UNS KOMMT, WENN WIR BEIM IMPORT ZU STRENG SIND."
Befragung Berlin, 27. Juni 2015

JURY Für die in Europa und vor allem in Deutschland angestrebte „Energiewende" braucht man eine große Menge an Konfliktmineralien. Wenn man aufhört, Kernenergie zu nutzen und beginnt, Solarenergie zu nutzen, dann braucht man Coltan und so weiter. Das ist der eine Aspekt. Ein anderer ist Biodiesel. Man braucht Monokulturplantagen, um Biodiesel zu produzieren und dafür braucht man Land, das holt man sich in Südamerika oder Zentralafrika. Wie wirkt sich diese Politik in der dritten Welt aus?

SARGENTINI Wissen Sie, das Argument, dass mehr Solaranlagen und mehr Windräder zu einer größeren Nachfrage nach Mineralstoffen aus der Demokratischen Republik Kongo führen, was soll das heißen? Wir brauchen ja immer irgendeine Ware aus irgendeinem schwierigen Land. Wenn Sie es mit der Kernenergie vergleichen, dann brauchen wir Uran, das aus schwierigen Ländern kommt, die Länder der ehemaligen Sowjetunion. Das ist auch kein konfliktfreies Gut. Die Kohle für die Elektrizitätswerke in den Niederlanden kommt aus Venezuela und Kolumbien, und da läuft auch einiges schief. Energie und Waren sind ein wirklich schwieriges Problem.

Aber es kann auch gut laufen. Die Europäische Union wurde auf der Europäischen Gemeinschaft für Kohle und Stahl aufgebaut, die nach dem Zweiten Weltkrieg gegründet wurde. Wir haben aus dem Ersten Weltkrieg gelernt: Du kannst nicht einfach die ganze Kohle aus Deutschland stehlen und nach Frankreich bringen, denn das führt zu Krieg. Nach dem Zweiten Weltkrieg wussten wir es besser und haben uns organisiert. Länder wie Norwegen zeigen uns, wie man mit Gas und Öl umgehen und die Mittel der zukünftigen Generationen sichern kann. Wir müssen den Entwicklungsländern erlauben, das auch so zu tun. Die Idee, dass wir einfach nur die Mineralien im Boden lassen müssen, weil das besser ist – daran glaube ich nicht. Ich möchte, dass die Mineralstoffe auf eine transparente Art und Weise an uns verkauft werden. Es soll sichergestellt sein, dass die Steuern im Finanzamt ankommen und dass Krankenhäuser, Schulen, Straßen gebaut werden, dass das Land aufgebaut wird. Sie dürfen das, das ist ihr Recht. Ob es Solarenergie oder Windkraft oder fossile Kraftstoffe sind – irgendwo kommen die Sachen her und da wo sie herkommen, könnte ein Konflikt herrschen. Das andere Problem: Biotreibstoffe. Ich stimme Ihnen zu, aber wir müssen unsere europäische Gesetzgebung ändern. Es gibt verschiedene Generationen von Biotreibstoffen. Biotreibstoffe, die angebaut werden auf Gebieten, wo auch Nahrung angebaut werden kann, das sollte es nicht geben dürfen. Wir sollten das Gesetz ändern, das besagt, dass ein bestimmter Prozentsatz an Biotreibstoffen in jedem Tank sein sollte. Das war nicht gut. Nahrungsmittel gehen vor – immer.

Wir können uns natürlich fragen: Ist ein Kartoffelfeld nicht besser als

Mineralien? Aber dazu sollten wir die Weltordnung ändern. Ich würde liebend gern die Weltordnung ändern. Denn wenn wir das nicht tun, dann machen unsere großen multinationalen Unternehmen in Südostasien einfach mit dem weiter, was sie heute im Kongo tun. Aber eine Änderung ist ein langer Prozess und auf dem Weg dorthin, könnten wir zumindest sicherstellen, dass wenn man sich schon die Mineralien aus dem Kongo holt, das dann wenigstens auf eine Weise passiert, die es den Leuten vor Ort ermöglicht, Gewinne zu erzielen. Ich habe jetzt keine Zeit für eine Weltrevolution. Ich will nur sicherstellen, dass die Menschen im Kongo nachhaltigen Rohstoffabbau betreiben können. Und auch, dass wir hier in Europa eine Nachfrage nach nachhaltig abgebauten Mineralien aus schwierigen Ländern aufbauen. Es ist so einfach, sie nicht mehr im Kongo abzubauen und von woanders zu holen, aber das hilft den Schürfern im Kongo überhaupt nicht. Was wir wollen, ist ein nachhaltiger Abbau und hier bei uns einen Markt, der das braucht.

JURY Ja, Sie sprachen Südostasien und China an. Ist nicht die eigentliche Motivation für diese Politik, dass Europa die Rohstoffe bekommt und nicht China?

SARGENTINI Nein, ich würde sagen, dass das für die Rohstoffinitiative gilt: Es soll zu uns kommen. Das ist vollkommen klar. Aber wenn es um die Gesetzgebung über den Import geht, ist das Gegenteil der Fall: Unsere Industrie hat Angst, dass nichts mehr zu uns kommt, wenn wir beim Import zu streng sind. Wenn sie die Gesetzgebung für die Einfuhr an den europäischen Grenzen und den USA ändern, dann muss das auch für all die Schmelzereien in Südostasien und die Unternehmen, die unsere technischen Konsumgüter herstellen, gelten. Diese Güter werden nämlich in China hergestellt. Aber China wird nicht zwei unterschiedliche Produktionsarten einführen: eine für den größten Verbrauchermarkt Europa und die USA und eine andere, die nicht sauber ist, für den Rest der Welt. Das hätte keinen Sinn. Wenn wir das also tun und die USA weitermachen und ihre Gesetzgebung verbessern und erweitern, dann können wir wirklich beeinflussen wie es in Südostasien weitergeht.

Frédéric Triest, Zeuge (Berlin), stellvertretender Exekutivsekretär des ERAC (Réseau Européen pour l'Afrique Centrale)
„DAS NEUE DER AKTUELLEN EU-POLITIK IST
IHRE OFFENSIVE SELBSTVERSTÄNDLICHKEIT."
Befragung Berlin, 27. Juni 2015

JURY Ich habe zuerst eine Frage zur "Rohstoffinitiative", dieser europäischen Strategie zur Rohstoffsicherung. Können Sie uns die wesentlichen Grundzüge dieser Strategie erklären, auf der europäischen Ebene?

TRIEST Ja, sicher. 2008 hat die europäische Kommission eine Politik angekündigt, die die Versorgung der EU durch eine gewisse Anzahl an Mineralien sicherstellen soll. Mineralien, die als kritisch eingestuft werden, kritisch für die europäische Wirtschaft. Aber was ist ein kritischer Mineralstoff? Das ist ein Mineralstoff, der für die europäische Industrie wesentlich ist, der im europäischen Industrieschema eine große Rolle spielt. Das sind Mineralien, die es nur in einigen Ländern gibt, von denen die EU also zu 100 % abhängig ist, was die Versorgung angeht. Im Übrigen sind das Mineralstoffe, die man nicht ersetzen kann. Es gibt keinen anderen Mineralstoff, mit dem man sie austauschen kann. Und sie werden auch nicht recycelt, es gibt also auch ein Recyclingproblem dieser Mineralstoffe.

Worum handelt es sich bei dieser Politik? Man muss als erstes den Verbrauch drosseln, versuchen, unseren Verbrauch von Mineralstoffen zu reduzieren. Das Zweite ist schon umstrittener, denn es zielt darauf ab, die Minenaktivität in Europa wieder anzukurbeln. Wir haben nämlich noch Rohstoffe in unseren Böden. Das ist an sich schon umstritten. Und man muss ebenfalls das Recycling erhöhen, um die Produktion zu erhöhen. Und der dritte Grundsatz ist der des Außenhandels. Das ist der problematischste. Es handelt sich im Wesentlichen darum, die Versorgung mit strategischen Mineralstoffen zu den geringsten Preisen zu sichern. Die EU ist sehr abhängig von diesen Mineralstoffen und sie ist der Konkurrenz Russlands und Chinas ausgesetzt. Die Preisschwankungen stellen einen großen Sorgenpunkt dar, da sie die Interessen der europäischen Industrie bedrohen.

JURY Das klingt ein bisschen nach dem klassischen Problem, dass unser Material irgendwo anders ist und wir nicht verstehen, warum das so ist und dann müssen wir überlegen, wie wir da herankommen, oder?

TRIEST Ja, das ist ein altes Problem. Ich meine, für die EU ist das ein altbekanntes Problem. Man könnte ja übrigens die Kolonialisierung der Welt durch den Westen mit der Suche nach Rohstoffen erklären. Das ist also nichts Neues. Das Neue der aktuellen EU-Politik ist ihre offensive Selbstverständlichkeit. Während des Kalten Krieges haben die Staaten aus strategischen Gründen Vorräte von wichtigen Mineralien angehäuft. Nach dem Fall der Berliner Mauer haben die USA, aber auch andere, gesagt: „So, jetzt sind wir alle auf der gleichen Seite, also freier Wettbewerb, und wir haben keine Probleme mehr, an die Rohstoffe zu kommen". Aber die aufstrebenden Schwellenländer haben die EU dazu gebracht, ihr Ziel zu bekräftigen, gegen die sogenannte Marktverzerrung zu kämpfen. Wenn die Erzeugerländer, wie z.B. die Demokratische Republik Kongo, ihre Ressourcen für ihre eigene Entwicklung schützen wollen, um sich selber zu industrialisieren, dann sagt die EU, dass sie alle legalen Mittel nutzen wird, um diese Länder davon abzubringen, um letztlich möglich zu machen, dass diese Mineralstoffe zum günstigsten Preis direkt auf den internationalen Markt fließen.

Dokument: Kommission der Europäischen Gemeinschaften
DIE ROHSTOFFINITIATIVE — SICHERUNG DER VERSORGUNG EUROPAS MIT DEN FÜR WACHSTUM UND BESCHÄFTIGUNG NOTWENDIGEN GÜTERN
Mitteilung der Kommission an das Europäische Parlament und den Rat, Brüssel 4.11.2008, Auszüge

„Moderne Gesellschaften können ohne sichere Rohstoffversorgung nicht dauerhaft funktionieren. Branchen wie die Bauindustrie, die chemische Industrie, die Automobilindustrie, die Luftfahrtindustrie und der Maschinen- und Anlagenbau sind auf ausreichende Versorgung mit mineralischen Rohstoffen zu akzeptablen Preisen angewiesen. Diese Branchen erzielen zusammen eine jährliche Wertschöpfung von 1 324 Mrd. Euro und beschäftigen ca. 30 Mio. Arbeitnehmer.

Während steigende Energiepreise und die große Abhängigkeit Europas von Energieimporten auf der politischen Tagesordnung ganz oben stehen, erhalten vergleichbare Probleme bei den nichtenergetischen Rohstoffen noch nicht die volle Aufmerksamkeit der Politik. Einerseits verfügt die EU selbst über zahlreiche Rohstoffvorkommen. Doch steht ihre Erschließung zunehmend in Konkurrenz mit anderen Landnutzungen und unterliegt Beschränkungen durch das Umweltrecht und die technischen Möglichkeiten. Andererseits ist die EU stark abhängig von Einfuhren strategisch wichtiger Rohstoffe, die zunehmend von Marktverwerfungen betroffen sind. Die Importabhängigkeit bei Hochtechnologiemetallen kann in Anbetracht ihrer wirtschaftlichen Bedeutung und der Versorgungsrisiken sogar als kritisch betrachtet werden. Es ist aber möglich, die Sicherheit der Rohstoffversorgung durch Steigerung der Ressourceneffizienz und durch Recycling von Altstoffen zu verbessern." (S.2)

„Die EU ist bei Hochtechnologiemetallen wie Kobalt, Platin, seltene Erden und Titan hochgradig importabhängig. Diese Metalle werden zwar oft nur in kleinen Mengen benötigt, sie sind aber aufgrund ihrer vielfältigen Anwendungsmöglichkeiten für die Herstellung technisch anspruchsvoller Produkte zunehmend wichtig. Ohne diese Metalle wird der EU die Umstellung auf nachhaltige Produktion und umweltfreundliche Produkte nicht gelingen. Sie sind unerlässlich für innovative Umwelttechnologien zur Steigerung der Energieeffizienz und zur Senkung der Treibhausgasemissionen. Wasserstoffbetriebene Autos brauchen Platinkatalysatoren, Elektrohybridfahrzeuge brauchen Lithiumbatterien, und rheniumhaltige Superlegierungen sind in modernen Flugtriebwerken unentbehrlich. Bei einigen dieser Materialien wie Platin und Indium ist die Versorgungssituation aus drei Hauptgründen kritisch. Erstens: Diese Materialien sind in Schlüsselbereichen der Industrie von großer Bedeutung. Zweitens: Die EU trägt ein hohes Versorgungsrisiko, u.a. weil ihre Importabhängigkeit hoch und die Zahl der Lieferländer klein ist. Drittens: Ersatzstoffe stehen derzeit nicht zur Verfügung." (S.3)

„Da die nichtenergetische mineralgewinnende Industrie sich nur dort ansiedeln kann, wo wirtschaftlich abbaubare Lagerstätten vorhanden sind, müssen Strategien entwickelt werden, die ihr den Zugang zu solchen Lagerstätten für die Zukunft sichern." (S.4)

„Schwellenländer verfolgen zunehmend Wirtschaftsstrategien, die auf den Schutz ihrer Rohstoffbasis gerichtet sind, um ihren eigenen nachgelagerten Industriezweigen Vorteile zu verschaffen. Erkennbar ist das an der Vielzahl staatlicher Maßnahmen, die den Wettbewerb im internationalen Rohstoffhandel verzerren. Das sind u. a. Exportabgaben und -quoten, Subventionen, Festsetzung von Preisen, Preisdifferenzierung und einschränkende Vorschriften für Investitionen. Mehr als 450 Exportbeschränkungen für mehr als 400 verschiedene Rohstoffe (z. B. Metalle, Holz, Chemikalien, Felle und Häute) wurden ermittelt (siehe Anhang 4, Tabelle 1). China, Russland, die Ukraine, Argentinien, Südafrika und Indien gehören zu den wichtigsten Ländern, in denen solche Maßnahmen getroffen wurden. Zugleich können Fertigprodukte, die in diesen Ländern unter Verwendung der von den Maßnahmen betroffenen Rohstoffe hergestellt werden, oft zu ermäßigten Zollsätzen oder zollfrei in die EU eingeführt werden, wodurch in der EU vielen Industriezweigen Wettbewerbsnachteile entstehen. Schwellenländer verfolgen gegenüber rohstoffreichen Ländern auch Strategien, mit denen sie offensichtlich darauf abzielen, privilegierten Zugang zu deren Rohstoffvorkommen zu erhalten. So haben China und Indien ihr wirtschaftliches Engagement in Afrika in den letzten Jahren erheblich verstärkt. Dabei beteiligt sich China an großen Infrastrukturprojekten und an der Exploration und Förderung von Rohstoffen in Ländern wie Sambia (Kupfer), der Demokratischen Republik Kongo (Kupfer, Kobalt), Südafrika (Eisenerz), Simbabwe (Platin) und Gabun, Äquatorialguinea und Kamerun (Holz). Die Versorgungssituation wird außerdem beeinflusst durch die zunehmende Konzentration der Erzeugung auf wenige Länder und durch die fortschreitende Konzentration und vertikale Integration der Unternehmen. Das kann den Zugang zu Rohstoffen erschweren. So teilen sich nur drei Unternehmen 75 % des weltweiten Seehandels mit Eisenerz. Solche Verhältnisse können den freien Wettbewerb gefährden und zu höheren Preisen für die nachgelagerten Industriezweige führen. Die Rohstoffverarbeiter begegnen dem durch Anlegen von Vorräten, durch langfristige Lieferverträge oder durch vertikale Integration mit Bergbauunternehmen. Über 50 % der bedeutenden Mineralienvorkommen liegen in Ländern mit einem Bruttonationaleinkommen von weniger als 10 USD pro Kopf und Tag. Das eröffnet rohstoffreichen Entwicklungsländern, insbesondere in Afrika, die Möglichkeit, ihr Nationaleinkommen erheblich zu steigern, denn viele von ihnen leiden immer noch unter Armut oder langsamem Wirtschaftswachstum. In einigen dieser Länder werden aber gewaltsame Konflikte ausgetragen, weil u. a. um die Herrschaft über die natürlichen Ressourcen gestritten wird und die staatliche Führung schwach ist, insbesondere zu schwach, um über die Verwendung der Erträge aus diesen Ressourcen zu bestimmen. Zudem haben diese Länder oft Schwierigkeiten in Verhandlungen mit ausländischen Bergbauunternehmen, weil sie den Wert ihrer Rohstoffvorkommen schlecht einschätzen können und es ihnen an administrativer Unterstützung fehlt. In einigen Fällen wird die Haltung der Unternehmen zum Umweltschutz und zu den Arbeitnehmerrechten kritisiert, in anderen wird Besorgnis geäußert über die Auswirkungen mancher Verträge zwischen Staat und Unternehmen auf die Staatsverschuldung." (S.5)

„Wegen seiner erheblichen Relevanz für die Sicherheit im Allgemeinen sollte das Ziel eines sicheren Zugangs zu nichtenergetischen Rohstoffen in der Europäischen Sicherheitsstrategie, die zurzeit vom Rat überarbeitet wird, angemessen berücksichtigt werden." (S.7)

Harald Welzer, Mitglied Jury (Berlin)

DIE STÄRKE DER HANDELSRECHTE UND DIE SCHWÄCHE DER MENSCHENRECHTE

Schlussstatement zur 2. Sitzung Berlin, 27. Juni 2015

Vielen Dank für diese etwas ambivalente Aufgabe, hier Schlussfolgerungen zu formulieren aus dem, was wir heute im Laufe des Tages gehört haben. Das kann nicht ganz zufriedenstellend ausfallen, aber ich versuche das mal zu sortieren und tatsächlich zu einer Art von schlussfolgernden Überlegungen zu kommen. In der heutigen Nachmittagsitzung wurde deutlich, dass es darauf ankommt, die unterschiedlichen Akteursgruppen zu identifizieren und auch auseinanderzuhalten, aber auch, wie komplex das Geflecht aus unterschiedlich interdependeten lokalen, nationalen, internationalen, juristischen wirtschaftlichen Akteuren ist.

Und im Rahmen eines solchen Tribunals ist es tatsächlich sehr schwierig, zu bestimmen, wer was getan hat und was man sanktionieren kann. Was ich aber besonders spannend fand war, dass ein zentraler Akteur bislang in dem Tribunal nur am Rande aufgetreten ist, nämlich derjenige, der hinterher den ganzen Kram kauft, um den sich alle anderen Akteure in irgendeiner Weise bemühen. Das heißt, was dort in den Minen gefördert wird, ist ja nicht etwas, was nur gefördert wird, um die Interessen multinationaler Unternehmen oder lokaler Minenunternehmen und Arbeiter zu befriedigen, sondern weil auch irgendjemand meint, das alles zu brauchen. Und an dieser Stelle taucht die Zivilgesellschaft - also auch die europäische Zivilgesellschaft - nochmal in ganz anderer Weise auf. Nämlich nicht nur als ein „positiver" Akteur, der versucht irgendwelche extremen Auswirkungen negativer Art zu mildern, sondern natürlich auch in Gestalt der Bürgerinnen und Bürger, der Konsumentinnen und Konsumenten. Und das ist eine interessante Frage, wie sich dann eigentlich so etwas wie die - und das sollten wir ja in dieser Sitzung bearbeiten - Verantwortlichkeit europäischer Institutionen und europäischer Nationen darstellt. Und eben in der Schlusssequenz kam ja diese Frage auch tatsächlich auf. Was bedeutet das denn eigentlich, dass man selbstverständlich für sich das Recht in Anspruch nimmt, oder es als selbstverständlich voraussetzt, dass all dieses Material, das dort irgendwo ist (aus der europäischen Perspektive geografisch unglückseligerweise an der falschen Stelle), unter schwierigeren oder leichteren, unter billigeren oder teureren Bedingungen überhaupt zu haben ist. Und dass wir im Grunde genommen einfach voraussetzen, dass die Frage, wem das alles zusteht und wer das alles kriegt, letztlich nur eine Frage von Marktregulierung oder auch härter gesagt, der Realisierungsmöglichkeit von Interessen ist.

Und das ist wohl der entscheidende Punkt. Weil wir ja häufig die Haltung haben, auch im Rahmen eines solchen Tribunals, als könnten wir zu den Dingen, die hier verhandelt werden, eine Zuschauerposition einnehmen. Aber ich glaube, es gibt diese Zuschauerposition nicht, es gibt nur unterschiedliche Staffelungen von Menschen, die davon profitieren. Und dann ab einem bestimmten Punkt unterschiedliche Staffelungen von Menschen, die darunter leiden, dass andere davon profitieren. Und daraus ergibt sich die Frage, um die sich das gesamte Tribunal dreht. Was ist die Möglichkeit der Rechtssetzung, und der Umsetzung des gesetzten Rechts, in diese merkwürdige Form von Staffelung einzugreifen? Und ich glaube, da fällt einstweilen die Bilanz noch etwas demoralisierend aus, weil – und das war ein Begriff, der heute eine Rolle gespielt hat – es sozusagen auch ein hohes Maß an Straflosigkeit in Bezug auf unter Menschenrechtsgesichtspunkten kriminelle Handlungsweisen gibt. Und hier kommt das letzte Problem ins Blickfeld, das aber vielleicht im Rahmen eines solchen Tribunals nicht wirklich auflösbar ist. Wenn wir auf der strukturellen Ebene durch Konfliktgesellschaften oder Post-Konfliktgesellschaften bestimmte Gelegenheitsstrukturen für internationale Unternehmen haben, Rohstoffe billig auszubeuten, wenn wir gleichzeitig auf der Ebene nationaler und internationaler Rohstoffstrategien die Notwendigkeit empfinden – und das auch für selbstverständlich halten – dass diese ausgebeutet werden, wo wäre jetzt im Grunde genommen der Akteur, den man dafür tatsächlich angreifen kann?

Denn in der Logik wie unser Typ der Gesellschaft sich entwickelt und weiter entwickeln soll, bleibt es ja überhaupt nicht aus, dass solche Gelegenheitsstrukturen immer ausgenutzt werden. Denn die Kernlogik unserer Form von Ökonomie ist Wachstum, und in dieser Logik liegt es zugrunde, dass jede Gelegenheit genutzt wird, die sich irgendwie bietet, um alles für weitere Wachstumspotenziale zu nutzen. Auch haben wir natürlich die entsprechenden Begrifflichkeiten dazu: Wachstumsökonomie, Wettbewerbsökonomie usw. Und hier sehen wir auch, warum wir wahnsinnig gut im Handelsrecht und wahnsinnig schlecht in der Elaborierung und Kodizifierung von Menschenrechtsregimen sind. Und übrigens könnte ich als Fußnote einfügen – da taucht das Problem aber genauso auf, wieso wir so gut sind

in internationalen Handelsabkommen, aber so unglaublich schlecht in ökologischen Abkommen, in Klimaabkommen und so weiter. Dass im Grunde genommen hier die Logiken, die systemischen Logiken eines bestimmten Typs von Ökonomie sich immer brechen an diesen ganzen Anforderungen, die im Grunde genommen dann fast systemfremd dazu kommen. Also Realisierungen von Menschenrechten, Realisierung von Umweltrecht und so weiter. Und ich glaube, das wird hier am Fall Kongo gewissermaßen exemplarisch deutlich, dass sich das nicht auflösen lässt. Die Problematik, die wir sozusagen in der Inkriminierung individueller Vergehen haben und die man natürlich auf alle Fälle verfolgen muss, ist aber eigentlich eine systemische, insofern als diese Formen von Vergehen geradezu auftreten müssen.
Das ist jetzt vielleicht eine etwas ratlose Schlussfolgerung und um die nicht ganz so ratlos zu lassen, würde ich auf etwas deuten wollen, von dem ja in der letzten Sitzung auch sehr viel die Rede war: Wertschöpfungsketten und dass man versucht, die Wertschöpfungskette transparent zu machen und an jeder Stelle gewissermaßen sauber zu halten. Ich glaube, wenn man das tun würde, dann würde ein Mobiltelefon, sagen wir mal, 2.000 Euro kosten, vielleicht auch 3.000. Wenn wir das Ganze generalisieren, dass das für jeden Laptop gilt, für jede Kamera, für alles das, was unsere Lebenswelt inzwischen ausmacht, dann hätte man doch erheblich gesteigerte Kosten, um sich das leisten zu können. Das würde im Umkehrschluss aber heißen, diejenigen, die die Materialien dafür fördern, die Unternehmen und die Rechtssysteme, die das zu regulieren versuchen, hätten doch plötzlich viel größere Möglichkeiten, das alles adäquat zu managen. Das heißt, wenn wir über diese ganzen Fragen ernsthaft sprechen wollen, dann sprechen wir über Verteilungsfragen. Und diese Verteilungsfrage wird viel zu wenig thematisiert. Lassen sie uns also über Verteilungsfragen sprechen. Aber ich glaube, wenn man beginnt darüber zu sprechen, stellt sich die Problematik etwas anders dar. Dann wird aus der ver-

meintlichen Zuschauerposition möglicherweise auch eine Position des Verlierens und Abgebens, und das ist natürlich politisch sehr brisant.

FALL III – DER FALL MUTARULE UND DIE HILFSORGANISATIONEN

DIE VERHEERUNGEN DER FRIEDENSSICHERUNG ODER DAS SCHEITERN DER INTERNATIONALEN GEMEINSCHAFT

Im Juni 2014, als die ersten Dreharbeiten für das „Kongo Tribunal" anfangen sollten, ereignete sich in Mutarule, einem Dorf in der Ruzizi-Ebene im Osten der Demokratischen Republik Kongo, ein Massaker mit 36 Toten. Es war das vierte in zwei Jahren. Es soll sich diesmal um einen Vergeltungsschlag für einen Viehraub gehandelt haben. Vier Tage nach dem Massaker kam der erste Konvoi mit UN-Truppen in Mutarule an und fand ein komplett verlassenes und gesäubertes Dorf vor. Jegliche Spuren des Massakers waren verschwunden. Die Einwohner waren vor der unsicheren Situation in die umliegenden Dörfer geflohen.

Erste Untersuchungen lassen darauf schließen, dass die kongolesische Armee den Befehl erhalten hatte, nicht auf die bewaffneten Männer zu schießen, als diese das Dorf angriffen. Und das, obwohl der ethnische Konflikt zwischen den Stämmen der Bafuliru, der Barundi und der Banyamulenge ausgiebig in den Berichten der UNO und der NGOs erörtert worden ist. Obwohl die lokale Verwaltung und die Vertreter der UNO-Mission (MONUSCO) mehrfach von den Dorfbewohnern und den traditionellen Instanzen vor einem möglicherweise bevorstehenden Angriff gewarnt wurden, hatten weder die kongolesische Armee noch die UNO-Truppen die Sicherheit in der Region gewährleistet.

Martin Kobler, der Leiter der MONUSCO, nahm den Fall von Mutarule als Beispiel, um die Passivität der UNO-Truppen in der Region anzuprangern und verlangte daraufhin beim Sicherheitsrat einen Wechsel des Mandats der MONUSCO.

Zeuge J, (Bukavu), Überlebender des Massakers von Mutarule
„WIR HABEN VERLANGT, DASS DIE REBELLEN ENTWAFFNET WERDEN UND DIE EINSATZFÜHRUNG AUSGETAUSCHT WIRD."
Befragung Uvira (Recherchedreh), 20. Mai 2015

JURY Können Sie uns erzählen, was am 6. Juni 2014 in Mutarule geschehen ist?

ZEUGE J Am 6. Juni 2014 hatte die Gemeinde der 8. CEPAC (Communauté des Eglises de Pentecôte en Afrique Centrale) eine Gebetswache im Dorf organisiert. Aber gegen 13 Uhr fand ein Schusswechsel zwischen den Mai-Mai-Rebellen und anderen Milizen auf der Hochebene statt. Gegen 16 Uhr sahen wir einen Militärjeep des 11. Regiments Soldaten auf der Höhe des Dorfes absetzen. Da fühlten wir uns in Sicherheit. Aber gegen 21.30 Uhr hörten wir ganz unerwartet im ganzen Dorf Schüsse. Die Kirche wurde angegriffen. Ich bin auch angeschossen worden. Ich wurde direkt ins Krankenhaus gebracht.

JURY Welche Rolle spielte die kongolesische Armee?

ZEUGE J Sie haben nicht die erwartete Rolle gespielt. Sie sind da, um die

Zivilbevölkerung zu schützen. Aber die Bevölkerung ist vor den Augen aller getötet worden, ohne dass die Leute reagiert oder eingegriffen haben. Man fragt sich, warum sie nichts getan haben.

JURY Sie sind ins Krankenhaus nach Sange gebracht worden. Was ist dort passiert?

ZEUGE J Ich bin zuerst zur MONUSCO gekommen und habe sie gebeten, einzugreifen. Ich habe ihnen gesagt, dass in Mutarule Leute getötet werden, aber sie haben nichts getan. Ich habe sie gebeten, mir Medikamente zu geben, damit ich meine Verletzung behandeln kann. Ich habe gewartet, aber es kam nichts. Ich habe also meine Freunde gebeten, mich ins Krankenhaus zu bringen.

JURY Wie lange haben Sie gewartet?

ZEUGE J Über 45 Minuten.

JURY Und letztendlich hat die MONUSCO Sie nicht aufgenommen?

ZEUGE J Sie hat mich nicht aufgenommen. Am nächsten Morgen wurde ich ins Dorfkrankenhaus gebracht.

JURY Wie schätzen Sie die Rolle der MONUSCO ein?

ZEUGE J Ich denke, die MONUSCO ist ihrem Mandat nicht nachgekommen und hat nicht das getan, was sie tun sollte.

JURY Wir haben erfahren, dass der Generalsekretär der UNO vor Kurzem nach Mutarule gekommen ist. Er hat sich an die Bevölkerung gewandt und Sie haben ihm einige Empfehlungen überbracht. Können Sie uns sagen, was das für Empfehlungen waren?

ZEUGE J Als er in Mutarule war, haben wir ihm einen Brief mit Empfehlungen übergeben. Wir haben von ihm verlangt, dass eine Sicherheitszone um Mutarule errichtet wird. Wir haben verlangt, dass die Rebellen entwaffnet werden und dass die Einsatzführung ausgetauscht wird, da sie an der Anleitung und der Planung des Massakers beteiligt war, um die Einwohner des Dorfes Mutarule-Katekama zu vernichten. Wir haben auch gefordert, dass die Streitkräfte der MONUSCO bei ihrer Aufgabe, die Zivilbevölkerung zu schützen, nicht von den Befehlen oder der Meinung der kongolesischen Armee abhängig ist. Und dass die Völkergemeinschaft sich einbringt, damit die mutmaßlichen Täter dieses Massakers bestraft werden und vor dem internationalen Gerichtshof für Verbrechen gegen die Menschlichkeit und Genozid belangt werden.

JURY Und denken Sie, dass Sie nach Mutarule zurückkehren können, wenn diese Empfehlungen umgesetzt werden?

ZEUGE J Ja. Wenn das, was wir verlangt haben, umgesetzt wird, sind wir bereit nach Mutarule zurückzukehren.

Christine Kapalata, Zeugin (Bukavu),
Büroleiterin der MONUSCO im Südkivu
„WIR HABEN DIE JUNGEN BAFULIRU, DIE JUNGEN BARUNDI UND DIE JUNGEN BANYAMULENGE EINGELADEN, UM IHNEN METHODEN UND FÄHIGKEITEN DER KONFLIKTBEWÄLTIGUNG BEIZUBRINGEN."
Befragung Bukavu (Rechercherereise), 9. Juni 2014

JURY Was ist während des Massakers in Mutarule geschehen?

KAPALATA Bevor ich auf Ihre Frage antworte, würde ich als Beauftragte für politische Angelegenheiten bei der MONUSCO gerne einige genauere Angaben machen: Der Ausdruck „Massaker" behagt mir nicht, selbst wenn eine gewisse Anzahl von Menschen getötet wurde. Wie Sie wissen, haben wir ein Büro in Uvira und die Kollegen dort haben uns Bericht erstattet. Sie haben uns mitgeteilt, dass 36 Personen getötet wurden und alles auf einen ethnischen Konflikt hinweisen würde, der allerdings über den rein ethnischen Aspekt hinausginge. Wenn Sie sich die beiden Seiten anschauen, die in den Konflikt verwickelt waren, dann haben Sie auf der einen Seite die Barundi, die die Banyamulenge unterstützen, und auf der anderen Seite die Bafuliru. Es handelt sich um zwei Stämme, zwei Volksgruppen, die in der Region schon immer in Konkurrenz zueinander standen. Diese Rivalitäten gründen darin, dass die Barundi sowie die Bafuliru die Vorherrschaft in der Region für sich beanspruchen. Die Bafuliru sehen sich als Einheimische - auf Französisch würde man „autochtones“ sagen - die in der Region geboren sind. Und da zur Zeit ein Barundi der Chef in der Region ist und dieser Volksstamm eine dominierende Rolle hat, sehen die Bafuliru die Barundi als Fremde, als Einwanderer an. Dieses Problem gibt es fast überall im Land, einschließlich in Mutarule. Für die, die sich als Einheimische ansehen, sind die Barundi Neuankömmlinge und haben deshalb kein Anrecht auf diese Stellung. Hinzu kommen noch die wirtschaftlichen Aspekte. In den Augen der Barundi und der Banyamulenge ist eine Kuh ein sehr wertvolles Gut. Es heißt sogar im Scherz: „Sie können ihm seine Frau wegnehmen, aber nicht seine Kuh“. Das ist eine Redensart, aber sie zeigt, wie wichtig den Leuten ihr Vieh ist.

Auslöser war, dass die Bafuliru den Barundi sieben Kühe gestohlen haben. Das wurde zu einem großen Problem. Die Barundi reagierten mit einem Angriff auf die Bafuliru. Sie warfen ihnen vor, das Vieh gestohlen zu haben. Und ab diesem Zeitpunkt verschlechterte sich die Situation. Um die Lage in Mutarule zu verstehen, müssen Sie wissen, dass das nicht das erste Mal ist, dass so etwas passiert, das ist nur ein weiterer Angriff.

Unter den letzten Vorfällen war z. B. ein Angriff am 15. August letzten Jahres, bei dem 8 Menschen getötet wurden, darunter auch Kinder. Es handelte sich wieder um ethnische Faktoren: eine Auseinandersetzung zwischen zwei Gruppen um die Führungsposition. Die Tatsache, dass diese Auseinandersetzungen sich wiederholen, zeigt unserer Meinung nach, dass unsere Regierung nicht wirklich daran interessiert ist, die Probleme zu lösen. Ich meine damit die Provinzregierung, aber auch die lokalen Autoritäten. Wenn ich von der Regierung spreche, meine ich vor allem die Regierungsstreitkräfte, aber auch die Polizei, also die Verwaltungsorgane, die dafür sorgen sollen, dass das Gesetz befolgt wird.

Laut dem Bericht unserer Kollegen hat die Auseinandersetzung um 14 Uhr begonnen, mitten am Tag. Wenn Patrouillen vor Ort gewesen wären, hätten wir etwas tun können. Das Gleiche gilt für die FARDC, wenn man sie zeitig unterrichtet hätte. Aber die Informationen kamen nicht an. Und wenn sie ankamen, wurde alles kleingeredet und abgelehnt. Die Situation war dadurch ernster als bei vorherigen Ereignissen, denn es wurden 36 Menschen getötet, darunter 8 Kinder. Die Regierung ist nun gezwungen solche Situationen stärker zu verfolgen als früher.

Sie werden mich natürlich jetzt fragen, was die MONUSCO tut. Wir haben unsere eigenen Informationskanäle und ich glaube nicht, dass das hier der richtige Ort ist, darüber zu sprechen, aber ich wollte Ihnen einige Hintergrundinformationen geben, damit Sie die Situation verstehen.

JURY Aber was können Sie tun, damit sich so etwas in der Zukunft nicht wiederholt? Was sind die politischen Möglichkeiten?

KAPALATA Sie haben Recht, es gibt bestimmt etwas, was man tun kann, damit das aufhört. Ich kann Ihnen versichern, dass seit wir hier sind, seit der Zeit, in der aus der MONUC die MONUSCO wurde, wir versucht haben, diese beiden Stämme zusammenzubringen. Unser Büro in Uvira kann Ihnen das ganz genau erklären. Noch vor einer Woche haben wir ein Seminar organisiert, einen Sensibilisierungs-Workshop für junge Leute. Wir haben die jungen Bafuliru, die jungen Barundi und die jungen Banyamulenge eingeladen, um ihnen Methoden und Fähigkeiten der Konfliktbewältigung beizubringen. Zwei Tage nach dem Workshop haben die Vorfälle stattgefunden ...

Amini Kabaaka Shemu, Zeuge (Bukavu), Jurastudent, Studentenführer und Vertreter der Gemeinschaft der Bafuliru
„ER WAR VOR ORT ALS MAN TÖTETE UND ALS DER BEFEHL KAM, NICHT EINZUGREIFEN."
Befragung Bukavu, 31. Mai 2015

JURY Bei den Untersuchungen vor Ort haben uns mehrere Zeugen bestätigt, dass die Angehörigen der Gemeinschaft sehr wütend waren, als die Vertreter der Provinzregierung eintrafen. Woher kam diese Wut Ihrer Meinung nach?
KABAAKA Es gibt viele Gründe für diese Wut. Erstens: Im April 2012 wurde ein Vertreter des Stammes der Barundi, seine Majestät Ndabagoye, Gott hab ihn selig, ermordet. Es hat keine Ermittlungen gegeben. Zweitens: Danach kamen das erste, zweite und dritte Massaker, ohne dass jemals Ermittlungen aufgenommen wurden, ohne dass jemals jemand verhaftet wurde. Deshalb war die Bevölkerung sehr wütend. Und die Regierung ist auch noch mit Särgen gekommen, um die Toten zu begraben. Wir haben diese Särge zurückgeschickt, weil ...

JURY Es gab doch Tote, was ist daran schlimm?
KABAAKA Weil das eine lukrative Tätigkeit wurde. Man wollte Geschäfte machen mit dem Verkauf von Särgen.
JURY Kann man Ihrer Meinung nach annehmen, dass die Regierung zur Aufrechterhaltung der Unsicherheit in der Gegend von Uvira beiträgt? Was sind die Gründe, die Sie dazu bringen, das zu behaupten?
KABAAKA Ich fasse es in einem Punkt zusammen: Es ist inakzeptabel, dass sogenannte Rebellen aus dem Gebiet heute festgenommen und morgen wieder freigelassen werden. Wer hat den Befehl gegeben, sie wieder freizulassen? Ein Offizier!
JURY Sie weisen die These zurück, dass dieses Massaker in Mutarule ein ethnischer Konflikt war. Für Sie war es keine Auseinandersetzung zwischen zwei Stämmen. Welche Verknüpfungen stellen Sie her zwischen den Vorfällen in Mutarule, diesen Massakern, und der allgemein instabilen Lage?
KABAAKA Sie haben von dem Viehdiebstahl gehört. Der Staat hat die Aufgabe, das Eigentum der Bevölkerung zu schützen. Wenn ein 60-jähriger Mann nur 10 Kühe besitzt und man stiehlt ihm diese 10 Kühe, worum geht es da? Was ist das für ein Konflikt?
JURY Handelt es sich bei Mutarule um einen Einzelfall, was die Ineffizienz der Staatsgewalt angeht?
KABAAKA Nein, das ist kein Einzelfall. Es gibt nicht nur den Fall von Mutarule. In Makobola wurde getötet, in Katogota hat man den Krokodilen im Fluss Ruzizi Menschenfleisch zu fressen gegeben. In Kassita, in Kabanga wurden Kinder verbrannt, die friedlich in ihren Häusern schliefen. Ganz zu schweigen von Beni.
JURY Sie haben uns auch anvertraut, dass diejenigen, die helfen wollten, daran gehindert wurden. Denken Sie also, dass man die Bevölkerung absichtlich ohne Führung lässt, um sie besser verwalten zu können?
KABAAKA: Während des Massakers hatte ich den Mut, einen Offizier der MONUSCO zu informieren. Er war in Sange, 9 km von Mutarule ent-

fernt, stationiert, ein pakistanischer Befehlshaber, dessen Namen ich hier nicht nenne. Ich habe ihn gefragt: „Wissen Sie, was in Mutarule passiert?" Er hat mir geantwortet: „Keine Sorge. Die FARDC hat uns gesagt, dass sie die Situation unter Kontrolle hat. Der Bevölkerung wird nichts passieren. Wir werden durch die FARDC informiert, die die Situation kontrolliert und wir können nur eingreifen, wenn sie uns dazu befugt." Ist das nun ein rein ethnischer Konflikt?

JURY Haben die Barundi nicht einfach versucht, den Mord ihres Mwami (König) zu rächen?

KABAAKA Ich glaube nicht, nein.

JURY Und wollten sich die Banyamulenge nicht für die wiederholten Razzien der Mai-Mai Bafuliru rächen?

KABAAKA Ich glaube nicht.

JURY Wem nützt dann Ihrer Meinung nach das Massaker in Mutarule?

KABAAKA Der kongolesischen Regierung.

JURY Um die Provinzregierung zu entlasten, könnte man anführen, dass die Särge, die zur Verfügung gestellt wurden, um die Toten würdig zu bestatten, ein Geschenk waren. Es wurde ein Mausoleum errichtet. Es wurden würdevolle Feierlichkeiten abgehalten, würdevoll insbesondere durch die Anwesenheit der Provinzbehörden bei der Beisetzung. Ein Untersuchungsausschuss wurde eingesetzt. Denken Sie, dass diese Bemühungen der Regierung nicht ausreichen?

KABAAKA Ihr Redebeitrag hätte mich zum Lachen gebracht, wenn das Ganze nicht so ernst wäre. Man hat etwas getan, um die Toten zu begraben. Aber man hat nichts für die Überlebenden getan. Ist es das, was Sie Würde nennen?

JURY Manchmal werden bestimmte Gründe für die Kämpfe oder die ethnischen Konflikte angegeben, um ein bestimmtes Verhalten der Personen zu rechtfertigen. Personen, die nicht das vom Staat bekommen haben, oder glauben, nicht das vom Staat zu bekommen, worauf sie ein Recht haben. Das gilt insbesondere für Gerechtigkeit, Sicherheit, oder besser: Hoffnung. Können Sie sich vorstellen, dass nach dem Viehdiebstahl, als die Leute beschlossen, die anderen zu töten, sie dies nur taten, weil sie nicht die geringste Hoffnung hatten, dass die Justiz sie wieder rehabilitiert, dass der Staat sie beschützt? Ist das nicht der wahre Grund für dieses Massaker: die Verzweiflung gegenüber einem Staat, der nichts bietet, der keinen Grund zur Hoffnung gibt?

KABAAKA Ich kann darauf nur sagen: Eine Gruppe, die man bestohlen hat, der man das Vieh gestohlen hat, ist mit Kalaschnikows aufgetaucht, um zu töten, um sich zu rächen. Gibt es in der Demokratischen Republik Kongo ein Gesetz, das der Bevölkerung erlaubt, Waffen zu tragen? Ich glaube, es gibt keinen solchen Artikel. Was gibt also dieser Gruppe das Recht, Waffen zu tragen?

JURY Hat sich die Regierung nach den Ereignissen in Mutarule darum gekümmert, das Gebiet zu durchkämmen, damit die Bevölkerung keine Waffen mehr besitzt?

KABAAKA Nein.

JURY Man kann also daraus schließen, dass die kongolesische Regierung nichts aus den Ereignissen gelernt hat?

KABAAKA Man hätte eingreifen können. Die Offiziere haben den Befehl gegeben, nicht einzugreifen, denn die anwesende FARDC hätte eingreifen können. Es gab einen, der sich getraut hat, zu schießen, aber auf den hat man geschossen. Wollen Sie seinen Namen wissen, Euer Ehren? Er wurde hier schon genannt: Mamadou Ndaladé. Es gibt bei der FARDC Mamadous, die nicht bereit sind zuzuschauen, wenn Leute abgeschlachtet werden. Sie können mich fragen, woher ich das weiß. Von dem Hauptmann, der anwesend war und der auch hier aussagen sollte. Aber die Regierung hat es ihm verboten. Der war vor Ort, als man tötete und als der Befehl kam, nicht einzugreifen.

JURY Wann sind die Regierungsvertreter Ihrer Ansicht nach in Mutarule eingetroffen?

KABAAKA Nach drei Tagen.

Jean-Julien Miruho, Zeuge (Bukavu), Innenminister der Provinz Südkivu
„WER WILL DIE REPUBLIK KONGO WEGEN UNTERLASSENER HILFELEISTUNG ANKLAGEN?"
Befragung Bukavu, 31. Mai 2015

JURY Herr Minister, das Gericht wäre daran interessiert die Situation zu kennen, die in Mutarule vorherrschte, als Sie dort ankamen. Wie war die Situation?

MIRUHO Als ich in Mutarule ankam ... Ich muss hier sofort klarstellen, dass ich nicht der einzige Politiker und Verantwortliche der Provinz war, der dort war. Im Gegenteil, der Vize-Gouverneur, der allerdings noch nicht im Amt war, da er noch auf die Verordnung seiner Amtseinführung wartete, war auch anwesend. Sie müssen sich vorstellen, dass dort viele Leichen auf der Straße lagen. Die Situation war geprägt von Trauer und großer Ergriffenheit, für uns sowie für die Bevölkerung, die wir vorfanden.

JURY Die Ermittlungen vor Ort und die Aussagen, die wir heute hier gehört haben, zeugen von einer großen Wut bei den Einwohnern von Mutarule. Wut Ihnen gegenüber und gegenüber der Provinzregierung. Was rechtfertigt Ihrer Meinung nach eine solche Haltung?

MIRUHO Das ist ganz einfach. Es gab wiederholt Tote. Die Bevölkerung lebt in großer Unsicherheit. Aufgrund der wiederholten Rebellenkriege gab es in der Gegend, wie soll ich sagen, eine starke Vermehrung der Kleinkaliberwaffen. Und diese Waffen sind bis heute da. Diese Waffen sind da und sie sind in den Händen der Kinder der Region.

JURY Gut, diese Situation hält seit mehreren Jahren an. Sie sagen selber, dass es wiederholt Tote gegeben hat. Das Gericht will wissen, welche Bemühungen Ihre Regierung unternommen hat, um den Konflikt und die Unsicherheit zu beenden.

MIRUHO Wir haben die Polizeikräfte verstärkt und wir haben die Präsenz der kongolesischen Armee verstärkt. Die Provinzregierung hat Begegnungen zwischen den Stämmen organisiert. Die Provinzregierung ist mit allen Stämmen in Kontakt getreten und hat an die örtlichen Anführer appelliert, anders zu handeln als wir es von ihnen kennen, aufzuhören, die Kinder in der Gegend zu instrumentalisieren.

JURY Es wurde uns durch Zeugenaussagen und auch durch die Ermittlungen vor Ort mitgeteilt, dass bei dem Angriff in Mutarule weder die Nationalpolizei noch die kongolesische Armee eingegriffen haben. Gibt es dafür Gründe, wissen Sie etwas darüber? Und wenn ja, was sind die Gründe, die ein solches Verhalten rechtfertigen?

MIRUHO Ich werde hier nicht erklären, warum sie nicht eingegriffen haben. Die Vorfälle fanden in der Nacht statt. Ich weiß nicht, ob die Polizei zu dem Zeitpunkt des Überfalls überhaupt eingreifen konnte. Was die Armee angeht, glauben wir verstanden zu haben, dass es einige Missstände gab, was die Unterweisungen angeht, die die Hierarchie den vor Ort anwesenden Soldaten gab.

JURY Sie haben gesagt, dass die Polizei nachts nicht eingreifen kann. Können Sie uns bestätigen, dass die Polizei nur tagsüber arbeitet?

MIRUHO Nein, wissen Sie, die vorherigen Zeugen haben Ihnen von Waffen erzählt, von starkem Beschuss. Die Polizei ist einquartiert und handelt nur in einem bestimmten Aktionsradius. Es ist Nacht, es ist dunkel. Die Polizei ist nicht für einen Krieg ausgebildet. Ich wüsste nicht, wie die Polizei, die nicht für den Krieg ausgebildet ist, um diese Uhrzeit, unter starkem Beschuss aufmarschieren könnte.
JURY Sie haben bestätigt, dass durch die vielen Kriege in unserem Land eine große Anzahl an Kleinkaliberwaffen unter die Leute gebracht wurden. Sie sind Innenminister. Können Sie uns sagen, was Sie im Rahmen Ihrer Funktion unternommen haben, um diese Waffen einzusammeln, die in dem Amtsbezirk, der Ihnen unterstellt ist, in Umlauf sind?
MIRUHO Wir tauschen uns mit den Verantwortlichen der Stämme aus. Wir haben die Anführer, die die Leute instrumentalisieren, die im Busch und in der Umgebung sind und die Waffen besitzen, gebeten, die Waffen abzugeben. Das tun wir. Wir haben Maßnahmen eingesetzt, die die Rebellengruppen, die nationalen sowie die ausländischen, vertreiben sollen. Und wir nehmen an, dass wir durch diese Maßnahmen die Waffen, die es in unserer Region gibt, reduzieren können.
JURY Ein Zeuge behauptet, dass Sie drei Tage nach den Ereignissen in Mutarule angekommen sind. Was rechtfertigt ein solch verspätetes Handeln?
MIRUHO Dieser Zeuge ist Student, das ist das Erste was ich Ihnen sagen muss. Und er ist nicht ehrlich. Die Ereignisse fanden in der Nacht vom 6. auf den 7. Juni statt. Am Morgen des 7., um 7.30 Uhr hatten wir die erste Sitzung mit dem engeren Ausschuss des Sicherheitsrates der Provinz. Die zweite Sitzung des Sicherheitsrates, erweitert um die Mitglieder der Provinzregierung, fand um 9.30 Uhr statt. Ich habe eine Delegation der Studenten empfangen und besagter Student war da, er war unter diesen Studenten. Erstens: Wenn man von der Regierung spricht, dann ist das nicht nur der Innenminister oder der Gouver-

neur. Die Regierung ist ein Ganzes. Wir haben eine Schutzeinheit dorthin entsandt. Wir haben Mitglieder des Sicherheitsrates dorthin entsandt. Und wir selber waren am nächsten Tag dort, denn wir mussten ja alles organisieren. Wir selbst sind am nächsten Tag in Mutarule angekommen, wo wir die Beisetzung der Opfer des Massakers organisiert haben. Ich weiß nicht, ob das drei Tage waren. Das waren nicht drei Tage.

JURY Was waren Ihre ersten Worte, Ihre ersten Handlungen, um die traumatisierte Bevölkerung zu beruhigen, als Sie in Mutarule ankamen?

MIRUHO Als ich in Mutarule ankam, war dort schon, wie ich eben sagte, der Vize-Gouverneur, der allerdings noch nicht im Amt war. Ich habe mich bei meiner Ankunft als Erstes innerlich gesammelt. Wir haben zuerst einmal versucht, uns mit der anwesenden Bevölkerung, die sehr aufgeregt war, auszutauschen. Das war allerdings recht schwierig zu dem Zeitpunkt. Ich glaube, dass ich sogar die Gelegenheit hatte, Herrn Milo Rau zu treffen und wir miteinander gesprochen haben. Der Gouverneur der Provinz ist in Uvira zu uns gestoßen. Wir haben Mutarule mit einer Delegation, den Studenten und den Führern der Zivilgesellschaft verlassen. Wir waren dort mit einigen Abgeordneten der Provinz und dem Präsidenten der Provinzversammlung, die ich vor Ort antraf. Das sage ich, damit Sie sehen, dass es nicht stimmt, dass die Autoritäten abwesend waren, dass die Autoritäten erst drei Tage später ankamen. Sie waren dort. Wir selbst sind dort hingefahren. Und weil man sich in dem Durcheinander in Mutarule nicht austauschen konnte, haben wir uns mit den Delegierten, den Repräsentanten der verschiedenen Stämme, den Oppositionsführern und den Behörden in Uvira getroffen.

JURY Eine eher allgemeine Frage: Welche Auswirkungen haben die Konflikte in den Nachbarländern auf die Sicherheitslage in der Gegend von Mutarule Ihrer Meinung nach?

MIRUHO Wissen Sie, was wir heute erleben, wurde 1994 ausgelöst. Aufgrund der Ereignisse in Ruanda sind die Ruander in Massen zu uns geflüchtet und seitdem haben sich die Probleme verschärft. Heute strömen die Menschen in Massen zu uns, wenn es an unseren Grenzen unruhig wird. Und sie bringen Massen von Problemen mit sich.

JURY Zieht die Regierung, der Sie angehören, die Entwicklung größerer Agrarprojekte in der Ruzizi-Ebene in Betracht? Werden diese Projekte zur Schlichtung der Konflikte zwischen den Gemeinschaften beitragen oder eher die Rivalitäten um den Grundbesitz anstacheln?

MIRUHO Ja, wir verhandeln mit der Weltbank über ein großes Entwicklungsprojekt, das fast ganz im Süden beginnt und sich über die ganze Ebene erstreckt bis hoch nach Nord-Katanga. Wir sind überzeugt davon, dass mit der Umsetzung aller Projekte, die innerhalb dieses Programms entstehen, die Probleme verringert, wenn nicht sogar komplett gelöst werden. Denn abgesehen von den Identitätskonflikten spielt der wirtschaftliche Faktor eine große Rolle bei dem, was wir heute in der Ruzizi-Ebene erleben.

JURY Denken Sie, dass die Handlungen der Regierung zum Schutz der Menschen und ihres Eigentums ausreichend sind und dass man Sie dazu beglückwünschen kann?

MIRUHO: Ich denke nicht, dass wir Glückwünsche erwarten dürfen, wenn wir lediglich unsere Aufgabe erfüllen. Wir tun einfach unsere Arbeit. Ob das ausreichend ist? Wir tun, was wir können.

JURY Und der Rest? Wer kann da was machen?

MIRUHO Die Zeit, ja. Sie können z. B. nicht heute von mir verlangen 1.000 km zu laufen. Selbst wenn ich anfange. Ich fange vielleicht mit einem Kilometer an, oder mit 100 Metern. Aber wenn ich beschlossen habe 1.000 km zu laufen, dann tue ich das auch.

JURY Und wenn man die Republik Kongo für unterlassene Hilfeleistung anklagen würde, hätte man da schlecht gehandelt?

MIRUHO Wer will die Republik Kongo wegen unterlassener Hilfeleistung anklagen? Wer? Wo ist der und was hat er getan, dass er herkommt und den kongolesischen Staat verklagen will?

JURY Was kann man machen, damit das kongolesische Volk so etwas nie wieder erleben muss?

MIRUHO Es gibt schon Möglichkeiten, aber die Leute sind nicht ehrlich.

JURY Nicht ehrlich?

MIRUHO Ja, ja. Die Zusagen, die wir heute machen, halten wir morgen nicht ein.

Luc Henkinbrandt, Zeuge (Bukavu),
Professor an der Katholischen Universität Bukavu
„DIE KONGOLESISCHE JUSTIZ HAT NICHT EIN EINZIGES VERBRECHEN GERICHTLICH VERFOLGT."
Befragung Bukavu, 31. Mai 2015

JURY Monsieur Henkinbrandt, nachdem wir der Anhörung von zwei Zeugen, einem anonymen Zeugen sowie dem Interview von Frau Kapalata gefolgt sind, würde das Gericht gerne Ihre Analyse der Ereignisse in Mutarule hören. Wir würden gerne wissen, wie Sie die Rolle der MONUSCO, der Armee und der Polizei einschätzen. Außerdem würden wir gerne wissen, wie Sie die Reaktion der MONUSCO nach den Ereignissen beurteilen. War sie ausreichend, waren die Maßnahmen ausreichend? Und schließlich ein Wort zu den Missständen, die in der MONUSCO herrschen.

HENKINBRANDT Danke. Mutarule ist der Beweis für die Unfähigkeit der MONUSCO, der Vereinten Nationen, aber auch der kongolesischen Armee, den Schutz der Zivilbevölkerung zu sichern. Der Schutz der Zivilbevölkerung ist die Hauptaufgabe des Mandats der MONUSCO hier im Kongo und wurde durch wiederholte Resolutionen des Sicherheitsrates in den letzten 5 Jahren bestätigt. Das wurde auch wiederholt bekräftigt durch ihren Leiter, Herrn Martin Kobler. Ich habe hier einen Artikel, in dem er schreibt: „Der Schutz der Zivilbevölkerung ist oberste Priorität aller Mitarbeiter der Vereinten Nationen." Mutarule ist weder der erste und noch der letzte Fall, der die Unfähigkeit, die Passivität oder sogar die Machtlosigkeit der Vereinten Nationen zeigt, wenn es darum geht, die Zivilbevölkerung zu schützen.

Es hat viele Fälle vor dem Massaker von Mutarule am 6. Juni 2014 gegeben und es wird weitere geben. Ich habe hier z. B. in dem Artikel eine Erklärung von Herrn Kobler – das ist ein Artikel, den er im September 2014, einige Zeit nach dem Massaker von Mutarule, verfasst hat. Er schreibt: „Ereignisse wie das Massaker von Mutarule sind erschütternde Ausnahmen, aber sicher nicht mehr die Regel." Ich frage Herrn Kobler: Was ist in den letzten Monaten in Beni geschehen? Das war zehn Mal schlimmer als Mutarule. Warum scheitert die MONUSCO daran, die Hauptaufgabe ihres Mandats umzusetzen? Ist es, weil sie keine Bemühungen aufbringt, die Zivilbevölkerung zu schützen? Nein, überhaupt nicht. Die MONUSCO, und vor ihr die MONUC, haben eine Reihe von Maßnahmen zum Schutz der Zivilbevölkerung getroffen. Einige dieser Maßnahmen wurden hier schon von Zeugen genannt. Es

gibt die Joint Protection Teams: Das sind gemeinsame Schutzteams, die auf dem Terrain sind. Es gibt die Community Alert Networks, die Warnnetzwerke der Gemeinschaften, denen man Telefone und andere Kommunikationsmittel gibt. Es gab so ein Telefon in Mutarule. Es gibt die Community Liaison Assistants, also Verbindungshelfer der Gemeinschaften. Das sind Kongolesen, die mit den Militäreinheiten der MONUSCO zusammenarbeiten. Sie dienen als Dolmetscher und sollen die Kommunikation mit der lokalen Bevölkerung erleichtern. Es gibt die operationellen Basen, die man zu bestimmten Zeitpunkten vor Ort stationiert. Und es gibt bis jetzt sogar Drohnen. Die Frage, die man sich stellen muss, ist: Funktioniert das alles?
Ich lese Ihnen den Abschluss des Berichtes über die nichtmilitärische Strategie zum Schutz der Zivilbevölkerung in der Demokratischen Republik Kongo vor: „So logisch und schlüssig diese Abschreckungsstrategie auch scheinen mag, es ist auffällig, dass fast keine Person, die für diese Studie befragt wurde, diese Strategie als wirksam ansah. Schlimmer noch: zahlreiche Gesprächspartner bezeichnen die Schutzmaßnahmen der MONUSCO als völligen Misserfolg. Mehrere berichteten von verschiedenen Fällen, bei denen bewaffnete Gruppen die Bevölkerung vor den Augen der Blauhelme angegriffen haben."

JURY Herr Zeuge, Sie sagten gerade, dass das Schutzsystem der MONUSCO nicht funktioniert. Ist das, Ihrer Meinung nach, aufgrund des Fehlens eines Nachrichtendienstes? Oder ist es das Fehlen von Empfindsamkeit? Oder eine gewisse Komplizenschaft mit den Akteuren vor Ort?

HENKINBRANDT Das Versagen der Strategie zum Schutz der Zivilbevölkerung hat sicher mehrere Gründe. Einer ist das blinde Vertrauen in die Stationierung der Basen im Gelände, obwohl die MONUSCO nicht über die nötigen Mittel verfügt. Die Menschen, die für diese Studie befragt wurden, sagen: „Man kann nicht hinter jeden Baum einen Blauhelm stellen." Es fehlen ausreichend logistische militärische

Mittel, um alle zu schützenden Zonen abzudecken. Wie Sie schon erwähnten, gibt es ein Problem des Verstehens, da die Informationen fehlen. Um Gewalt vorzubeugen, brauchen sie einen effizienten militärischen Nachrichtendienst. Das ist das, was der MONUSCO fehlt. Der Großteil der Truppen im Gelände spricht z. B. weder Französisch noch eine lokale Sprache. Deshalb stellt man ihnen die Verbindungshelfer der Gemeinschaften zur Seite. Die Blauhelme, die hier auf den Straßen fahren, die Pakistanis hier in Südkivu, die ihre Fenster öffnen und „Good morning" rufen, sollen nicht nur dazu dienen, den Kindern Englisch beizubringen - die Kinder können hier alle „Good morning" sagen - sondern sie sollen dazu dienen, tatsächlich Informationen zu sammeln, um Gewalttaten vorzubeugen. Das Entscheidungsverfahren ist auch sehr schwerfällig und langsam. Wenn man hört, dass es vielleicht ein Massaker geben wird, dann muss erst der Trupp den Zug benachrichtigen, dieser dann die Kompanie und die Kompanie dann das Hauptquartier, bevor sie eine Entscheidung treffen über die eventuelle Möglichkeit einzugreifen.

JURY Muss nicht auch noch das Herkunftsland der Soldaten um Befugnis gebeten werden? Und warum stellen die Vereinten Nationen im Kongo nur Soldaten auf, deren Sprache und Kultur sehr weit entfernt sind?

HENKINBRANDT Ja, es stellt sich die Frage, warum manche Länder dort mit Soldaten vertreten sind und andere nicht. Warum gibt es fast keine Soldaten aus den europäischen Armeen? Frankreich hat Truppen in Mali, die Deutschen haben keine einzige Truppe hier, die Briten auch nicht. Die Kontingente verfügen nicht über ausreichend spezialisierte Truppen, die einsatzfähig, gut ausgerüstet und in der Lage sind, diesen Krieg gegen die Rebellen zu führen - denn es ist ein Krieg.

JURY Was wurde aus dem „UN Mapping Report", ein Bericht der UNO über 600 Fälle von Massakern in diesem Land? Stimmt es, dass er in einer Schublade in New York gelandet ist?

HENKINBRANDT Der „UN Mapping Report" ist eine Kartografie der schlimmsten Verletzungen des humanitären Völkerrechts und der Menschenrechte, die während der zwei Kriege 1996 und 1998 in diesem Land begangen wurden. Ich habe ihn mitgebracht. Dieser Bericht zeigt eine gewisse Anzahl von Fällen wie den in Mutarule, oder schlimmer. Und auf dieser Karte des Südkivu und des Nordkivu, von Süden bis Norden listet der Bericht Dutzende, wenn nicht hunderte Massaker auf. Der Boden dieser Gegenden ist von Massengräbern übersät. Dieses Gericht sollte sich auch einmal mit dieser Vergangenheit beschäftigen. Das ist eine Anklageschrift. Ich fordere dieses Gericht auf, in 6 Monaten oder einem Jahr noch einmal zusammen zu kommen und eine zweite Sitzungsperiode abzuhalten, damit die Verbrechen, die damals begangen wurden, bestraft werden und damit die Worte „Wahrheit" und „Gerechtigkeit", die über diesem Gericht stehen, wahr werden.
JURY Stimmen Sie zu, dass die Ineffizienz der MONUC und der MONUSCO nicht nur mit unzureichenden logistischen Mitteln oder ihrer Strategie zusammenhängt? Sie haben erwähnt, dass die Soldaten unerfahren sind und sich nicht um Integration bemühen. Diese Truppen kommen häufig aus Asien, Uruguay, Pakistan usw., und selten aus westlichen Staaten. Geschieht das nicht mit Absicht, um gewisse Länder in eine missliche Lage zu bringen, wenn es zu einer Anklage kommen könnte? Denn was ist der „UN Mapping Report"? Die Vereinten Nationen lassen diese Verbrechen zu und kommen dann und dokumentieren alles mit dem Wissen, dass manche Länder geschützt werden, denn sie tauchen nicht in dem Bericht auf. Aber sind die Länder, die Soldaten entsandt haben, nicht einer zukünftigen Anklage ausgesetzt? Denn ich hoffe, dass die Kongolesen mithilfe eines Gerichtes – das werde ich hier verlangen – für den Kongo Gerechtigkeit erhalten. Möchten Sie darauf reagieren?
HENKINBRANDT Ja, ich hoffe, dass eines Tages Gerechtigkeit herrscht, und

dieses Tribunal kann dazu beitragen. Die Beteiligung der Truppen dieser verschiedenen Länder sollte das Gewissen der Regierenden der Länder aufrütteln. Es sollte auch die öffentliche Meinung der Länder wachrütteln, damit diese Länder hierherkommen und sich für die Verbesserung der Situation engagieren. Ich möchte Ihre Aufmerksamkeit auch noch auf einen anderen Punkt lenken. Jedes Mal, wenn die MONUSCO - oder vorher die MONUC - den Schutz der Zivilbevölkerung nicht garantieren konnte, hört man immer den gleichen Diskurs. Man hört, dass das Mandat der MONUSCO zum Schutze der Zivilbevölkerung dient, dass aber die oberste Verantwortung, diesen Schutz zu gewährleisten, bei der nationalen Regierung und ihrer Armee liegt. Ok, aber dann sollen die MONUSCO und die Vereinten Nationen die Bevölkerung nicht mehr mit falschen Versprechungen füttern und ihnen falsche Hoffnungen machen, dass sie die Menschen schützen, obwohl das nicht der Fall ist, wie man in Mutarule gesehen hat. Aber wenn es die oberste Verantwortung der Regierung und ihrer Sicherheitskräfte ist, den Schutz der Bürger zu garantieren, was tut die Völkergemeinschaft? Was tun die Vereinten Nationen? Was tut die MONUSCO tatsächlich, um dem Land bei dieser Aufgabe zu helfen? Was wurde seit 10 Jahren getan, um die kongolesische Armee zu reformieren, um aus ihr eine Armee zu machen, die die Mittel hat, die Rebellengruppen zu bekämpfen und aufzulösen? Hat man darauf geachtet, keine schädlichen Personen in der Armee zuzulassen? Nein.

Jedes Mal, wenn in den letzten 10 Jahren versucht wurde, eine Rebellengruppe anzugreifen, war die Armee in ihrem schwachen Zustand unfähig, diese Gruppe aufzulösen, sie zu vernichten, auszumerzen. Da die Gruppen sich nicht ergeben wollen und die Armee unfähig ist, sie zu vernichten, verhandeln sie. Sie verhandeln und sagen „Messieurs, legen Sie die Waffen nieder, dann können Sie zu uns in die Armee kommen, dann können Sie in die Polizei eintreten." Und sie dürfen tatsächlich eintreten. Das geht schon seit Jahren so. Das ist wie eine

Prämie für diese Kriegstreiber, eine Belohnung für die, die massakrieren, für die, die zu den Waffen greifen, um ihre sogenannten Interessen zu vertreten. Das muss aufhören. Jedes Mal, wenn eine Gruppe aufgibt und in die Armee eintritt – die Chefs werden Oberst oder General – dann entsteht natürlich sofort eine neue Rebellengruppe. Die sagen sich natürlich: Ich mache das auch so, dann kriege ich wenigstens einen Job, dann kriege ich einen Platz in der Armee oder bei der Polizei."

JURY Es ist schon mehrfach vorgekommen, dass die Bevölkerung der Provinz Nordkivu Steine auf die Konvois oder Patrouillen der MONUSCO geworfen hat. Was sagen Sie dazu?

HENKINBRANDT Ja, sicher, das kommt vor. Ich war selber 10 Jahre bei der MONUSCO und vorher in der MONUC und so etwas ist häufig vorgekommen. Das kommt vor allem vor, wenn die Hoffnung der Bevölkerung – man hat ihnen ja Hoffnung auf Schutz gemacht – von den Vereinten Nationen enttäuscht wird. Wenn diese große Erwartung enttäuscht wird, kommt es dazu, dass Steine geworfen werden.

JURY Was können Sie der kongolesischen Regierung als Rat geben, angesichts der Untätigkeit oder der Tätigkeit der MONUSCO?

HENKINBRANDT Ich denke, das lässt sich von dem ableiten, was ich vorhin gesagt habe. Man muss über das Mandat der MONUSCO nachdenken. Es hilft nichts, die Illusion aufrechtzuerhalten, man hätte die Mittel, die Zivilbevölkerung zu beschützen. Man muss die Mittel anders verwenden. Man muss sie so verteilen, dass das Land durch seine staatliche Gewalt, seine Sicherheitskräfte, seine Armee, seine Polizei und den Nachrichtendienst, selber in der Lage ist, wirksam gegen die Rebellengruppen vorzugehen. Wissen Sie, dass die MONUSCO jedes Jahr über eine Milliarde Dollar kostet? Wenn Sie nur die Hälfte davon anders verwenden, sie in solide Programme zur Reformierung der Sicherheitskräfte fließen lassen, dann herrscht hier in 2 bis 3 Jahren vielleicht endlich Frieden und die Rebellengruppen sind verschwunden.

JURY Was liegt, Ihrer Meinung nach, in der Verantwortung der kongolesischen Regierung?

HENKINBRANDT Für mich liegt die Verantwortung der kongolesischen Regierung bei zwei Punkten. Erstens, dass sie sich selber nicht genügend darum bemüht hat, ihre Sicherheitskräfte zu reformieren. Gibt es den Willen vonseiten der Politik, die kongolesische Armee zu reformieren? Zweitens denke ich, dass die kongolesische Regierung ihre Strategie der systematischen Eingliederung der Rebellengruppen in ihre eigene Armee überdenken muss. Und man muss dagegen vorgehen, dass die Verbrechen, von denen ich vorhin sprach und die in dem „Mapping Report“ aufgelistet sind, ungestraft bleiben. Es gibt eine Wahrheits- und Versöhnungskommission, die in ihrer dreijährigen Existenz nicht ein einziges Opfer oder einen einzigen Zeugen angehört hat. Die kongolesische Justiz hat nicht ein einziges Verbrechen gerichtlich verfolgt, das während der zwei Kriege begangen wurde und im Mapping Report aufgelistet ist. Die kongolesische Regierung hat viel zu tun, um die Wahrheit und die Gerechtigkeit wiederherzustellen.

JURY Denken Sie, dass es diesen politischen Willen, die Armee zu reformieren, gibt?

HENKINBRANDT Dieser politische Wille kann durch Druck entstehen.

Claudio Gramizzi, Zeuge (Berlin), Waffenforscher und Mitverfasser eines UNO-Berichts über den Kongo-Konflikt
„DER AFRIKANISCHE KONTINENT WURDE SEIT JAHRZEHNTEN MIT WAFFEN ÜBERSCHWEMMT."
Befragung Berlin, 28. Juni 2015

JURY Sie waren für eine UNO-Mission im Ostkongo. Können Sie uns über die Ziele dieser Mission aufklären?

GRAMIZZI Das Ziel dieser Mission war es, über die Ausführung der Sanktionen und insbesondere über das Waffenembargo, das vom Sicherheitsrat über den Ostkongo verhängt wurde, zu wachen. Dazu müssen Sie wissen, dass der Osten des Kongos nicht komplett von dem Embargo betroffen ist. Das Verbot der Waffenlieferungen gilt nur für nicht-staatliche Gruppen, also Rebellengruppen.

JURY Können Sie etwas über die starke Zunahme der Waffen sagen, insbesondere im Osten der Republik Kongo, mit einem Fokus auf die Beschaffung der Waffen und den Gruppen, die davon profitieren?

GRAMIZZI Sicher. Als einleitende Bemerkung möchte ich Ihnen zuerst sagen, dass es sehr schwer ist, das zu quantifizieren und Ihnen Zahlen zu liefern. Ich habe eine wissenschaftliche Ausbildung und bin daher vorsichtig, etwas zu beziffern, was man nur ganz grob schätzen kann. Was sicher ist, es gibt im Ostkongo eine, ich würde sagen, Sättigung des Gebiets von Kleinwaffen und Kleinkaliberwaffen, also vor allem Handfeuerwaffen. Davon sind im Ostkongo Unmengen in Umlauf. Das sind Waffen, die nicht nur unbedingt von Rebellengruppen oder Sicherheitskräften, seien es staatliche oder die der UNO, benutzt werden, sondern auch von der Zivilbevölkerung. Diese sieht nämlich aufgrund der Unsicherheit einen Anlass, sich ebenfalls Waffen zu beschaffen, um sich selber zu schützen und zu verteidigen. Ein großer Teil dieser Waffen stammt aus den Vorräten der Republik Kongo selbst. Anders gesagt: Das sind Waffen, die der Staat für seine eigenen Sicherheits- und Verteidigungskräfte gekauft hat und die auf die eine oder andere Art in den sogenannten illegalen Raum gelangt sind. Ob das vorsätzlich geschah, ob es böse Absicht war oder ob es das Ergebnis von unzureichenden Lagerbedingungen ist? Ich glaube, dass es in Wirklichkeit die Verbindung dieser drei Phänomene ist.

JURY Glauben Sie, dass die Nachbarländer in diesen Beschaffungskreislauf involviert sind? Gibt es ausländische Beteiligte an diesem Kreislauf?

GRAMIZZI Auf jeden Fall. Ich denke, dass der verbleibende Teil hauptsächlich aus den direkten Nachbarländern kommt. Sie müssen wissen, dass die Grenzen nur sehr schwer zu kontrollieren und sehr durchlässig sind. Der afrikanische Kontinent wurde seit Jahrzehnten mit Waffen überschwemmt. Das erklärt auch, warum es in den letzten Jahren viel mehr Munitionseinfuhr und -lieferungen gab als Waffeneinfuhr. Eine Waffe wie zum Beispiel die Kalashnikov, braucht nur wenig Pflege, wenig Wartung und kann jahrzehntelang funktionieren. Unter den Waffen, die wir 2009 und 2010 in Verstecken im Kongo gefunden haben, war zum Beispiel eine Uzi, eine israelische Maschinenpistole aus belgischer Produktion. Die stammte aus dem Jahr 1962 und hatte also der ersten kongolesischen Befreiungsarmee gehört. Das sind Waffen, die sehr lange im Umlauf und die sehr lange funktionsfähig bleiben.

JURY Ich würde gerne wissen, was auf europäischer Ebene unternommen wurde. Sie haben gerade Belgien als Land genannt, das Waffen herstellt, Waffen, die man in der Demokratischen Republik Kongo wiedergefunden hat. Was wurde unternommen auf der Ebene der Staaten, die Handfeuerwaffen herstellen, um zu verhindern, dass diese Waffen in Länder, in denen Konflikte herrschen, exportiert werden?

GRAMIZZI Man muss wissen, dass der größte Teil der Waffen, die bei bewaffneten Konflikten in Afrika zum Einsatz kommen, mit Munition des Warschauer Kalibers funktionieren. Das sind Waffen, die während des Kalten Krieges eher auf sozialistischer Seite, also von den Alliierten der ehemaligen Sowjetunion, hergestellt und benutzt wurden. Was tut die Europäische Union? Ich denke, die EU arbeitet hauptsächlich auf zwei Ebenen. Die erste Ebene ist eine interne Ebene. In den 90er-Jahren hat die EU den sogenannten Verhaltenskodex der EU für Waffenausfuhren verabschiedet. Das war eine politische Entscheidung, die sich zu einer gesetzlichen Pflicht für die Mitgliedsstaaten entwickelt hat. Sie dürfen Waffen nur noch ausführen, wenn eine gewisse Anzahl an Kriterien respektiert werden. Unter diesen Kriterien befindet sich insbesondere das Risiko der Veruntreuung dieser Waffen nach ihrer Lieferung, das Risiko, dass mit diesen Waffen Verbrechen gegen die Menschlichkeit begangen werden oder dass das Völkerrecht gebrochen wird. Und außerdem wird die Fähigkeit der Importländer geprüft, die Sicherheit dieser Waffen zu gewährleisten.

Die zweite Ebene, auf der die EU arbeitet, ist die institutionelle Ebene und die technische Unterstützung bei den Lagerbedingungen der Waffen. Diese Lagerbedingungen sollen im Verhältnis zu der gängigen und vorherigen Praxis verbessert werden. Obwohl es sehr viele Regeln und Handbücher gibt, die erklären, wie eine Armee ihre Waffen verwalten sollte, werden in den meisten Fällen in Afrika und mit großer

Sicherheit auch im Osten der Republik Kongo die Waffen in Hütten ohne verschließbare Türen oder Fenster gelagert. Dadurch ist es sehr einfach, diese Waffen aus dem offiziellen und vom Staat kontrollierten Kreislauf herauszuholen.

JURY Ich würde gerne nochmals auf die Herkunft dieser Waffen zurückkommen. Sie sagen, dass es Maßnahmen auf der Ebene der EU gibt. Man weiß ja, dass es Waffenringe gibt, dass es z. B. in Großbritannien bekannte Unternehmen gibt, sogenannte Sicherheitsfirmen, die ganz normal Steuern zahlen, die Waffen exportieren. Wenn also wirklich Maßnahmen auf EU-Ebene existieren, wie erklären Sie dann diesen Missstand?

GRAMIZZI Was ich versucht habe, Ihnen zu erklären, betrifft die europäische Herstellung. Es stimmt, dass seit mindestens zwei Jahrzehnten der Waffenhandel stark zergliedert wurde. In den 60er-Jahren z. B. wurde der Waffentransfer von staatlicher Seite kontrolliert, vom Anfang der Lieferkette bis zum Ende. Heute gibt es sehr viele Waffengeschäfte, die von Privatfirmen getätigt werden. Wie Sie schon sagten, gibt es eine ganze Reihe Zwischenhändler, Lieferanten, eine ganze Reihe von Personen oder Privatunternehmen, die ihre Dienste anbieten und diese Lieferungen erleichtern. Es ist ganz klar, dass die rechtlichen Regelungen böswillige Personen nicht daran hindern, ein Mittel zu finden sie zu umgehen. Die Vermittlung auf europäischer Ebene ist ebenfalls rechtlich reglementiert. Was nicht verhindern kann, dass diese Gesetze manchmal umgangen werden, auf eine einfache oder direkte Art und Weise.

JURY Wenn ich richtig verstanden habe, ist es auch ein Problem in der weltweiten Verbreitung der Handfeuerwaffen, dass man sie, wenn sie einmal in Umlauf sind, nur schwer kontrollieren kann. Es gibt Abkommen zwischen den Ländern, wie z. B. mit Deutschland, das ja eines der größten Herstellerländer von Feuerwaffen ist, es gibt Abkommen mit der Türkei, über die die Waffen ausgeführt werden, es gibt unterschiedliche Personen, die versuchen zu verfolgen, von wo die Waffen kommen, wenn wir sie in Konflikten wie im Kongo oder wie kürzlich in Guerrero in Mexiko wiederfinden. Aber all das scheint nicht viel zu nützen. Was würden Sie der Zivilgesellschaft, insbesondere hier in Deutschland, für Empfehlungen geben, auf welche Art man protestieren und sinnvolle Vorschläge machen kann, um die Waffenindustrie hier in Deutschland zu kontrollieren?

GRAMIZZI Zuallererst denke ich, dass jegliche Initiative, die in den letzten Jahrzehnten, sagen wir in den letzten 20 Jahren ergriffen wurde, begrüßt werden sollte. Auch wenn viele von ihnen scheinbar keine großen Ergebnisse erzielt haben. Ich denke, auf lange Sicht ist es wichtig, endlich allgemeine Standards zu etablieren. Das berücksichtigt die Einführung des Vertrags über Waffenhandel vor ein paar Jahren. Der war sehr wichtig. Er verbietet zwar nicht den Handel, aber er etabliert sehr einfache allgemeine Standards. Einer der Gründe, warum die restriktive Waffenhandelspolitik der EU keine Auswirkungen vor Ort hat, sind die anderen Hersteller wie zum Beispiel China. Oder die Ukraine und Weißrussland, die noch über große Lager an Waffen aus dem Kalten Krieg verfügen und diese Waffen liefern können.

Die Tatsache, dass Hersteller und Exporteure anfangen, gemeinsame Regeln zu entwickeln und die gleichen Aspekte bedenken, ist wirklich ein Schritt in die richtige Richtung. Obwohl es natürlich sehr langwierig sein wird, vor allem natürlich, wie Sie schon richtig sagten, wenn die Waffen einmal in Umlauf sind und es sehr schwierig ist, sie wieder zurückzubringen.

In Bezug darauf, was die Zivilgesellschaft in Deutschland tun kann, oder könnte, kann ich Ihnen aus eigener Erfahrung sagen, dass eins der wichtigsten Dinge das Dokumentieren ist. Dann können Sie eine Diskussion mit der Regierung beginnen, die auf Beweise gestützt ist. Und sobald Sie es geschafft haben, diese auf konkrete Beispiele gestützte Diskussion zu führen, ist es einfacher, sie zu einer Veränderung

zu bringen. Ich gebe Ihnen ein kurzes Beispiel: Vor ein paar Jahren arbeitete ich im Süden von Kurdufan. Das ist ein südlicher Bundesstaat der Republik Sudan, in dem Bürgerkrieg herrscht. Wir konnten erreichen, dass wir Zugang zu den Lagern bekommen, ohne von den Rebellen kontrolliert zu werden. Unter den Fahrzeugen, die die Rebellen von der Sudanesischen Armee erbeutet hatten, haben wir etliche deutsche Lastwagen identifiziert. Das waren Jeeps und 5-Tonner. Wir haben also die Fahrgestellnummern aufgeschrieben und die Existenz dieser Lastwagen in einer Konfliktzone und in einem Land, das unter einem Embargo steht, dokumentiert. Das verstößt ganz klar gegen die Gesetze. Und als wir nach Europa zurückkamen, haben wir den deutschen Behörden die Dokumente übergeben. Sie haben uns bestätigt, dass die Lastwagen im Rahmen eines Verkaufsprogramms der deutschen Bundeswehr von einer Privatfirma gekauft, nach Sudan verladen, der Armee übergeben und dann von Rebellen erbeutet wurden.
Da wir es geschafft haben, diese Beweise zu liefern, hat Deutschland vor ein paar Wochen beschlossen - wenn ich richtig informiert bin - sein Verfahren zu ändern, um solchen Ereignissen vorzubeugen. Wenn nun eine holländische Privatfirma der Bundeswehr Lastwagen abkauft, dann werden dieser Firma nun etliche Verpflichtungen auferlegt, die bis dahin nicht obligatorisch und rechtsverbindlich waren. Ich würde also sagen, dass der wirksamste Weg der auf Beweise und Tatsachen gestützte Dialog ist. Das ist ja im Wesentlichen das Ziel unserer Arbeit: Beweise zu liefern und zu dokumentieren. Jeder kann das tun.

JURY Ich habe den Eindruck, dass die Unternehmen, die Waffen herstellen, der gleichen Marktlogik folgen wie jedes andere Unternehmen. Wenn ich nun der Geschäftsführer eines solchen Unternehmens wäre, dann hätte ich doch großes Interesse an Marktanalysen, denn ich muss ja wissen, welche Waffe für welchen Konflikt gebraucht wird. Wissen Sie, ob das der Fall ist, ob diese Firmen so arbeiten? Wenn Sie

z. B. diese Massakerstrukturen haben: kleine Konflikte mit niedriger Intensität, mit einem gewissen Typus von Kämpfern und Soldaten, die eine bestimmte Art von Waffen brauchen. Analysieren europäische oder deutsche Unternehmen die Art von Waffen, die für solche Konflikte gebraucht werden? Und stellen sie Waffen her, die extra für solche Konflikte entworfen werden?

GRAMIZZI Es gibt sicher viel Geld, das in die Forschung und Entwicklung der Waffenindustrie fließt. Es gibt Gewehre, die mit sechs oder sieben unterschiedlichen Besonderheiten hergestellt werden: Eins ist besser in staubigem Gelände, ein anderes ist einer anderen Situation angepasst. Tatsache ist – und das ist traurig genug – Waffen sind auch nur Waren und Güter und Waffenhandel ist auch nur Handel. Und deshalb gibt es genau die gleichen Wechselwirkungen von Angebot und Nachfrage, Preise, Marktchancen etc. Wenn wir über Afrika sprechen und wenn wir über die Demokratische Republik Kongo im Besonderen sprechen, ist dieser Aspekt meiner Meinung nach weniger relevant. Der Markt dort ist ja schon gesättigt. Und ein Grund, warum es in diesen Gebieten so wenig in Europa hergestellte Waffen gibt, ist der Unterschied zwischen der Norm der Nato-Patronen und der Norm der Warschauer-Pakt-Patronen. Im Ostkongo werden die Warschauer-Pakt-Patronen verwendet, denn sie benutzen AK-47 Gewehre. Das hat die Europäer vom Markt vertrieben. Keiner ist daran interessiert, westeuropäische Waffen zu kaufen, da man ja die gelagerte und verfügbare Munition hat, die für ein anderes Waffensystem gefertigt wurde.

JURY Das deutsche Unternehmen Heckler & Koch ist einer der führenden Hersteller von Kleinwaffen in der Welt. Hat man im Osten des Kongos Waffen dieser Firma gefunden?

GRAMIZZI Soweit ich weiß, hat man dort keine gefunden. Es gibt sie allerdings in anderen Ländern der Region, in denen auch bewaffnete Konflikte herrschen, wie z. B. im Südsudan, in der Zentralafrikanischen

Republik, im Tschad oder dem Sudan. Wenn man von Waffen deutscher Herstellung spricht, die im Kongo in Umlauf sind, dann sind das hauptsächlich Waffen, die aus der DDR und nicht aus der BRD stammen. Das ist wieder die Frage der Kompatibilität der Patronen, denn diese Waffen sind die deutsche Variante der russischen Kalashnikov. Waffen von Heckler & Koch, die in der Region in Umlauf sind, kommen - ich beziehe mich da auf unsere eigene Datenbank und unsere eigenen Stichproben - zum größten Teil aus anderer Herstellung und nicht aus Deutschland. Für die Waffenhersteller war es üblich, vor allem während der Zeit des Kalten Krieges, sogenannte Herstellungslizenzen ans Ausland zu vergeben. Die Modelle, also z. B. das Sturmgewehr G3 von Heckler & Koch, wurden unter Genehmigung des Unternehmens in Portugal, England, im Iran und einer Reihe anderer Länder hergestellt. Es gab große Lieferungen dieses Modells durch eine britische Firma, die die kenianische Armee belieferte, aus Portugal, die als ersten Absatzmarkt Libyen hatte und die iranische Produktion, die sehr wahrscheinlich über den Sudan lieferte.

Linda Polman, Zeugin (Berlin), freischaffende Journalistin
„SOBALD DIE INTERNATIONALE HILFE AUFTAUCHT,
WERDEN DIE LOKALEN GRUPPEN VON DER BÜHNE GEFEGT."
Befragung Berlin, 28. Juni 2015

JURY Sie haben ein Werk über die humanitären Katastrophen im Flüchtlingslager in Goma in den 90er-Jahren geschrieben. In diesem Werk schreiben Sie, dass humanitäre Hilfe sehr komplex organisiert ist. Sie haben eine Reihe von Problemen herausgearbeitet. Das Gericht würde gerne wissen, was in Goma vorgefallen ist. Können Sie uns darüber aufklären? Kann das, was Sie in Ihrem Werk aufgedeckt haben, als Präzedenzfall angesehen werden? Kann es als Beispiel dienen bei Einsätzen an anderen Orten?

POLMAN Das, was in Goma passiert ist, war totale Panik. Die Welt war überwältigt von dem, was sie im Fernsehen sah. Zwei Millionen Menschen, die ihr Land verlassen. Eine Millionen Binnenflüchtlinge in Ruanda. All diese Bilder und Gerüchte über den Genozid, der in Ruanda stattfindet. Da gab es also diese große Panik. Und in dieser großen

Panik flohen innerhalb weniger Tage 800.000 Menschen von Ruanda nach Goma, in ein sehr kleines Gebiet von Goma. Die Leute drängten sich um den Flughafen von Goma herum. Und das alles vor den Fernsehkameras der Welt. Das hatte auch zur Folge, dass innerhalb weniger Wochen über 250 Hilfsorganisationen dorthin kamen, dazu acht UN-Organisationen und acht Militärkontingente aus anderen Ländern. Auf diesem sehr kleinen Gebiet gab es einen sehr großen Zulauf an Hilfe. Und es floss auch sehr viel Geld, es gab keinen Grund, nicht nach Goma zu gehen. Die Hilfsorganisationen sagten in diesen Tagen, dass eine Organisation, die nicht nach Goma geht, Geld aus ihrem eigenen Geldbeutel stiehlt, denn alles Geld floss nach Goma. Deshalb war es für die Hilfsorganisationen sehr wichtig, anwesend zu sein.

Es gab also diesen riesigen Zulauf von Organisationen und Geld, aber es gab keine Führung, niemand hatte die Verantwortung für die internationalen Hilfeleistungen dort. Das hat es den ruandischen Hutu-Milizen und der Armee der Hutu – die waren ja nach dem Genozid an den Tutsi von der Tutsi-Rebellenarmee aus Ruanda vertrieben worden und daher im Lager präsent – ermöglicht, ihre eigenen Interessen zu verfolgen. Es war sehr leicht für sie, die Hilfsorganisationen auszunutzen, weil die ja nicht organisiert waren. Sie koordinierten sich nicht untereinander, niemand wusste, was die andere Organisation tat. So war es sehr leicht für die Hutu-Milizen, alle zu ihrem Vorteil auszunutzen. Sie machten Geschäfte mit der einen Organisation und die anderen mussten dem dann folgen.

Ein anderes großes Problem in Goma war, dass es nicht genug Fachkenntnisse gab. Es war so einfach, dahin zu kommen und es gab so viel Geld, dass einfach zu viele Organisationen dort waren, die keine Kenntnisse hatten: nicht von Afrika, nicht von Hutu und Tutsi, nicht von Hilfe im Allgemeinen. Es gab einen großen Mangel an Führung und Fachwissen.

JURY Vielen Dank. Das ist die Situation 1994. 1996 fängt der Krieg im

Kongo an. Die NGOs sind seitdem vor Ort, aber es hat sich wenig geändert. Was ist Ihr Eindruck von der Rolle der Hilfsorganisationen heute?

POLMAN Nach Goma waren die Hilfsorganisationen und auch die Spender, die diese Organisationen finanziert haben, so erschrocken von ihrem eigenen Mangel an Koordination und Fachkenntnissen, dass sie sich selbst und der Weltgemeinschaft schworen, einen Verhaltenskodex und Normen einzuführen, die die Qualität ihrer Arbeit und der Koordination verbessern sollten. Wir wohnten also der Geburt eines - wie sie selber sagten - sehr wichtigen Verhaltenskodex bei, der allerdings nie wirklich angewandt wurde, weil er nicht verbindlich ist. Man unterschreibt ihn freiwillig und wenn man sich nicht daran hält, dann kommt keiner und bestraft die Organisation. Bei der nächsten Katastrophe kann man trotzdem von Spendengeldern finanziert werden. Es wäre sehr wichtig gewesen, verbindliche Normen zu entwickeln, aber das hat nie stattgefunden. 1994 waren wir beeindruckt von den 250 Organisationen in Goma. Jetzt stellen Sie sich vor, dass 2010 nach dem Erdbeben in Haiti über 10.000 Hilfsorganisationen kamen! Trotz des Mangels an Qualität, trotz des Mangels an Koordination und trotz der Tatsache, dass sie ihrem eigenen Verhaltenskodex nicht folgt, explodiert die Hilfsindustrie. Es gibt immer mehr Spendengelder für die Organisationen, es gibt jeden Tag neue Organisationen, aber es gibt immer noch keinen Verhaltenskodex.

JURY Das klingt alles sehr deprimierend, was Sie über die Rolle der NGOs berichten. Was mich wundert, ist, dass das Bild der unterschiedlichsten NGOs in der Öffentlichkeit immer noch sehr gut ist. Wie kann man das verstehen? Ich meine, es gibt Bücher wie Ihres und es gibt all diese negativen Auswirkungen. Aber es gibt auch immer noch sehr viel junge Menschen, die sich den NGOs anschließen wollen, da sie denken, dass sie da nützlich sein können. Wie erklärt sich, dass wir auf der einen Seite all diese negativen Effekte haben und auf der anderen Seite immer noch dieses positive Bild?

POLMAN Ich denke, dass die Medien da eine große Rolle spielen. Es gibt nicht genügend Journalisten, die auf die Hilfsindustrie spezialisiert sind. Es gibt nicht genug Medien, die die Hilfe als Industrie ansehen. Sie haben alle dieses Bild von Mutter Theresa im Kopf. Ich würde sagen, dass die Hilfsindustrie ein als Mutter Theresa verkleidetes Business ist. Es gibt also einen Mangel an Kenntnissen in den Medien und unter den Journalisten. Und wir dürfen nicht vergessen, dass Hilfsorganisationen nicht nur vorgeben, das Leben der Armen und Unterdrückten dieser Welt zu verbessern, sie machen auch unser eigenes Leben leichter.

Anderen Leuten zu helfen ist ein wichtiger Teil unserer Kultur und unserer Religion: Sie wissen, dass Sie den Armen helfen müssen. Und die Hilfsorganisationen sagen uns: „Schau, gib uns 10 Euro und wir machen das dann für dich. Du gibst uns 10 Euro und dann kannst du deine Hände in Unschuld waschen. Du hast der Welt geholfen." Sie geben uns die Möglichkeit, unsere Hände und unser Gewissen reinzuwaschen. Und so ist es also auch für uns gut, dass die Hilfsorganisationen da sind.

Ein Wort noch zu den jungen, engagierten Menschen. Ich kenne auch viele von ihnen, die z.B. nach Afrika gehen und voll von Idealen sind. Sie fangen an für eine NGO zu arbeiten - die sie übrigens dafür bezahlen müssen, um bei ihr zu arbeiten. Ich habe mit vielen von ihnen gesprochen, die zurückgekommen sind und eine Menge an Illusionen verloren haben, die realisiert haben, was sie da letzten Endes eigentlich getan haben. Ich meine, sie sind klug, sie wissen, dass sie Teil einer Industrie geworden sind und diese Industrie hat ihr eigenes Programm und ihre eigenen Interessen. Einige von ihnen sind sehr zynisch zurückgekommen.

JURY Was Sie gerade beschrieben haben, impliziert ja, dass die Hilfsindustrie ein spezifisch westlicher Typ der Industrie ist, die zur Globalisierung neigt und ihre Strategien überall auf der Welt verbreiten will?

POLMAN Es beginnt jetzt eine sehr interessante Zeit. Im Westen sinkt die Bereitwilligkeit, viel Geld zu spenden. Dagegen wird in Ländern aus dem mittleren Osten, wie z.B. Kuwait und Saudi-Arabien oder auch in der Türkei, mehr und mehr Geld für Hilfe gespendet. Die westlichen Länder sind immer noch dominierend in der Hilfsindustrie: die USA und die EU-Staaten. Aber die Türkei, Kuwait und Saudi-Arabien gewinnen an Gewicht. Wir werden also sehen, ob das die Intentionen und Orientierung der Hilfe ändern wird.

JURY Haben Sie eine Art Konzept einer guten NGO? Eine, die nicht schon Teil eines solchen neuen Industriekomplexes ist? Deren Ziel es ist, wirklich hilfreich zu sein?

POLMAN Die Tatsache, dass eine Hilfsorganisation bereit ist, mehr als 6 Monate in einem Land zu bleiben, ist bereits ein großer Schritt. So etwa Hilfsorganisationen wie „Médecins Sans Frontières" („Ärzte ohne Grenzen"), die sich bei ihrer Arbeit auf ein einziges Problem konzentrieren: Sie gehen irgendwohin, um kranke Menschen zu heilen. Das ist eine mehr oder weniger leichte Aufgabe. Sie sind nicht damit beschäftigt, diesen Ländern Frieden oder Demokratie zu bringen oder das Land wieder aufzubauen. So können sie effizient und gezielt arbeiten. Im Allgemeinen würde ich sagen, dass eine gute Hilfsorganisation eine ist, die sich bewusst ist, dass Hilfe besser sein kann als es momentan der Fall ist und die versucht, es besser zu machen.

JURY Sie haben vorhin über den Verhaltenskodex gesprochen, der nur Theorie geblieben ist. Gibt es eine Art Institution, die potentiell die Verantwortung tragen könnte, um diesen Kodex durchzusetzen? Und wenn sie nicht existiert, müssen wir dann eine neue Hilfsorganisation dafür ins Leben rufen?

POLMAN Und dann noch eine und noch eine? Wir haben aus diesem Grund ja die Vereinten Nationen ins Leben gerufen. Sie sind dazu da, alle Völker der Erde zu schützen, die nicht für sich selber sprechen können. Es gibt die Vereinten Nationen, warum nutzen wir sie dann nicht? Aber das ist eine sehr politisierte Organisation. Die Vereinten Nationen sind nicht stärker oder mächtiger als die Mitgliedsstaaten es ihr erlauben. Ich würde lieber an die Hilfsorganisationen selber appellieren: Wenn sie einen Verhaltenskodex aufstellen, dann versichern sie sich, dass sie und ihre Mitorganisationen sich an diesen Kodex halten. Und ein anderer sehr wichtiger Akteur ist der Spender: Die Regierungen, die spenden – z. B. die niederländische Regierung, die amerikanische Regierung, die von Großbritannien, die deutsche Regierung – sie sollten nur die Organisationen unterstützen und finanzieren, die ihren Verhaltenskodex unterschreiben und die nach jeder Katastrophe bereit sind, sich von einer unabhängigen Organisation, z. B. einem unabhängigen Wirtschaftsprüfer, prüfen und bewerten zu lassen.

JURY Ich bin ebenfalls sehr kritisch was Hilfe angeht, aber ich denke nicht, dass jede Hilfe schlecht ist. Ich denke, dass Basis- und Zivilgesellschaftsgruppen und lokale Organisationen der beste Weg sind. Das haben wir z.B. bei der Ebola-Epidemie in Liberia gesehen. Milliarden Dollar sind geflossen, aber erst als die lokalen Gemeinschaften selbst anfingen zu handeln, gab es weniger Ebola-Fälle. Es war also nicht die internationale Hilfe, also das Geld, die das Blatt gewendet hat.

POLMAN Meine Erfahrung ist folgende: Sobald die internationale Hilfe auftaucht, sobald die gigantischen Hilfsorganisationen ankommen – und wir sprechen hier von einer Industrie, die Milliarden von Dollar schwer ist –, werden die lokalen Gruppen von der Bühne gefegt; sie verschwinden einfach. Und sie verschwinden aus den Augen der internationalen Medien. Wir Journalisten neigen dazu, uns auf unsere eigenen Organisationen zu konzentrieren, unsere eigenen Projekte, unser eigenes Geld. Es ist sehr, sehr schwer für eine lokale Organisation, sichtbar zu sein, bemerkt zu werden und ihre Stellung zu behaupten, wenn diese internationalen Organisationen einfach alles wegfegen. Aber das Bewusstsein für die Bedeutung der lokalen Gruppen wird größer. Aber führt dieses Bewusstsein schon zu etwas? Ich bin mir nicht sicher.

JURY Sie kritisieren häufig den Lebensstil der Expatriats (Expats), die in diesen Ländern leben und arbeiten. Haben Sie eine Art annehmbaren Lebensstandard, den Sie vorschlagen können? Sollen sie in einer Hütte leben?

POLMAN Im Kongo liegt der offizielle Mindestlohn bei 3 US-Dollar pro Tag, das offizielle Mindestjahreseinkommen liegt bei 400 Dollars. Expats können 400 Dollar in zwei Nächten im Hotel ausgeben. Ich meine, das kann man nicht akzeptieren, das ist pervers. Was akzeptabel ist? Etwas, was für die Einwohner akzeptabel ist. Die Sache ist, wenn Einheimische sehen, wie die Expats den Lohn, den sie an einem Tag verdienen, in einer örtlichen Kneipe in zehn Minuten vertrinken, glauben sie nicht mehr an die Hilfe. Dann sind sie nicht mehr bereit zu kooperieren. Sie nehmen die Expats nicht mehr ernst. Das ist auch sehr zerstörend für die Hilfe. Aber es geht nicht nur darum, dass man mit Geld um sich wirft und Party macht. Was ich am anstößigsten finde, und das habe ich in allen Katastrophengebieten gesehen, sind Expats, die Frauen missbrauchen. Ich habe Expats getroffen, die zwischen 9 und 17 Uhr z. B. Kindersoldaten helfen und abends sah ich sie in der Bar an der Ecke mit einer Kinderprostituierten auf dem Schoß. Und die Einwohner wissen das und werden total zynisch, so wie ich auch total zynisch werde dadurch. Sie sollten also, wenn sie als Gast in die Länder kommen, in denen sie helfen wollen, auch einen Verhaltenskodex haben.

JURY Bezüglich Ihrer letzten Bemerkung: Das ist ja nicht nur eine Frage des Verhaltenskodexes, sondern es geht um strafrechtliche Verantwortung. Wenn ein deutscher oder holländischer Bürger im Kongo oder in Liberia oder irgendeinem anderen Land mit einem Kind gesehen wird, dann kann man diese Person in unseren Ländern dafür strafrechtlich belangen. Wissen Sie, ob es in den Niederlanden oder in

Deutschland Fälle gibt, die verfolgt werden?

POLMAN Nein, ich kenne keine. Ich weiß von einigen Fällen von Kinderprostitution in Thailand, in denen Touristen verklagt wurden, aber ich habe das noch nie bei einem Expat, der für eine Hilfsorganisation arbeitet, gesehen. Ich weiß z. B. von dem Fall eines Mannes, der in der Europäischen Kommission einen hohen Posten hatte. Sie haben ihn einfach aus diesem Posten rausgenommen und versetzt.

JURY Neigen Ihrer Meinung nach NGOs dazu, den Staat zu ersetzen? Was ist die Beziehung zwischen Staat und NGOs? Nehmen sie die Rolle des Staates ein?

POLMAN Es gibt das sogenannte Phänomen der NGO-Republik. D. h. es gibt NGOs, die eigene kleine Republiken innerhalb der Staaten bilden. Sie unterstehen nicht den örtlichen Behörden, sie arbeiten nicht mit den lokalen Gruppen zusammen. Laut ihres Verhaltenskodex sollten sie das eigentlich tun. Aber in den meisten Gebieten in denen sie arbeiten, hängt die Regierung von dem Geld aus dem Ausland ab und sie kann ja nicht die Hand beißen, die sie füttert. Die lokalen Regierungen sind mehr oder weniger gefangen genommen von diesen internationalen Hilfsorganisationen, die die Befehle erteilen, Prioritäten setzen, die Programme schreiben, wie welches Land aufgebaut werden und welche Hilfsprojekte es geben soll. Die lokalen Behörden haben nur sehr wenig zu sagen, und das scheint umso schlimmer zu sein, je schwächer der Staat ist. Das ist wirklich schade, denn es gibt so viele Einheimische mit großartigen Fähigkeiten und Kenntnissen über ihr eigenes Land, die auf ihre Chance warten, eine Rolle in der Zukunft ihres Landes zu spielen. Aber sie passen nicht in das internationale Hilfsprogramm, also werden sie außen vor gelassen. Und das wird immer schlimmer. Das liegt an unserer Besessenheit, was Korruption angeht, wissen Sie. Eines der Dinge, die wir nicht gerne sehen, ist, wenn unsere Spenden von den jeweiligen Regierungen gestohlen werden. Das ist z. B. in Nepal geschehen. Dort hieß es immer: „Halten Sie das Geld von der nepalesischen Regierung fern, sonst stiehlt sie es!“ Nach dem Erdbeben in Haiti hat die haitianische Regierung weniger als 1 Prozent des gesamten Geldes bekommen, das dorthin geflossen ist. Wie kann sich die Regierung jemals selbst wieder aufbauen, wenn sie kein Geld bekommt? Das ist ein großes Problem: Die Milliarden der internationalen Hilfe liegen auf Bankkonten von internationalen Organisationen und nicht auf den Bankkonten der lokalen Regierungen oder der örtlichen Organisationen. Es gibt also definitiv NGO-Republiken, die entscheiden, wie die Zukunft aussieht und was das Ziel der Hilfe ist.

Saran Kaba Jones, Mitglied Jury (Berlin)

DIE VERANTWORTUNG DER NGOS UND DER VEREINTEN NATIONEN

Schlussrede zur 3. Sitzung Berlin, 28. Juni 2015

Herr Präsident, liebe Geschworene, meine Damen und Herren,

während dieser letzten Sitzung unseres Tribunals habe ich mir genau angeschaut, welche Verantwortung die internationalen NGOs, also Nichtregierungsorganisationen, und die Vereinten Nationen in der jetzigen Kongo-Krise tragen. Für meine Stellungnahme ist es wichtig, einen Unterschied zwischen den lokalen und den internationalen NGOs zu machen. Also auf der einen Seite Gruppen, die sich auf die Gemeinschaften gründen, Organisationen der lokalen Zivilgesellschaft, Basisorganisationen etc. Auf der anderen Seite die viel größeren, weithin bekannten und in hohem Maße geförderten Pendants, die internationalen NGOs.

In vielen Konfliktgebieten in Afrika gibt es die Tendenz zu einem Boom der internationalen NGOs, angeführt von den Vereinten Nationen. Und wie wir heute gehört haben, war die Krise im Kongo da keine Ausnahme und hat zu einer explosionsartigen Vermehrung der internationalen NGOs im Osten des Landes geführt.

Ich kenne die genaue Anzahl der internationalen NGOs nicht, die im Ostkongo arbeiten. Was ich aber sagen kann, ist, dass es ein Problem der Verantwortlichkeit gibt. Die lokalen und nationalen Regierungen und Behörden sind nicht mehr den Bürgern und ihren Grundrechten zugewandt, sondern der wohlmeinenden, aber sehr ineffizienten internationalen Gemeinschaft. Einer internationalen Gemeinschaft, die innerhalb eines überholten Hilfesystems operiert, welches Abhängigkeit hervorbringt, lokale Kompetenzen und Systeme untergräbt und Nachhaltigkeit missachtet.

Laut Blair Glencorse, einem Experten für Verantwortlichkeit, muss die Völkergemeinschaft aus dem dauerhaften Kreislauf von Ineffizienz ausbrechen und es gibt drei Dinge, die beachtet werden müssen:

1. Verantwortlichkeit und Transparenz müssen im Mittelpunkt aller Tätigkeiten sein.
2. Mehr Ehrlichkeit, Kreativität und Innovation sind erforderlich.
3. Der Schwerpunkt muss auf die Nachhaltigkeit verlagert werden.

Das Hilfesystem ist zu einem Konkurrenzkampf um die Spenderverträge zwischen den internationalen NGOs verkommen. Das führt dazu, dass Entwicklungshilfe angebotsgesteuert ist und sich allgemein auf kurze Finanzierungszyklen stützt. Das hat zur Folge, dass es häufig schnell gehen muss, um kurzfristig Ergebnisse vorzeigen zu können. Die Zusammenarbeit zwischen den Organisationen ist selten und die Mitarbeiterfluktuation ist sehr hoch.

Kurz gesagt, bei der Reaktion auf aktuelle und zukünftige Konflikte und Krisen, die ohne Zweifel noch überall in der Welt entstehen werden, ist es unsere Verantwortung als Weltgemeinschaft, von den vorherigen Einsätzen zu lernen und unsere Methoden anzupassen, um Koordination, Mobilisierung und Wirkungen zu verbessern, um langfristig bessere Ergebnisse zu erhalten.

Krisen und Konflikte sind dynamische Verhältnisse, die sich ständig verändern. Es ist nie leicht, nie schwarz oder weiß und nie ein einfaches Unterfangen. Und leider sind die Einsätze nie gefeit vor Problemen der Machtunterschiede und finanziellen und politischen Motivationen.

Es gibt viele Beispiele von Krisen, die ausbrechen (oder wieder ausbrechen), auf die die Völkergemeinschaft mit uneinheitlichen Antworten reagiert, wobei die Skala von Gleichgültigkeit bis Ablehnung reicht, gefolgt von einer schnellen, emotionalen Antwort nahe der Hysterie und dann die Mobilisierung von Unmengen an Hilfsmitteln. Und wenn die Krise oder der Konflikt nicht mehr „sexy" oder „in Mode" ist, kehrt die Welt zum Ausgangspunkt zurück.

Das kann man wohl kaum als ein effizientes Vorgehen bezeichnen, ganz zu schweigen von Nachhaltigkeit. Wenn wir Krisen und Konflikte besser regeln wollen, müssen wir zuerst die lokale Antwort organisieren. Und um die lokale Antwort zu organisieren, müssen wir zuerst die lokalen Gruppen und Gemeinschaften auf eine sinnvolle und gerechte Weise engagieren. Wir können ungemein von den lokalen Gemeinschaften und den Zivilgesellschafts- und Basisgruppen profitieren. Sie haben große Kompetenzen darin, in komplizierten Umgebungen zu arbeiten, können schnell Situationen einschätzen und auf sie antworten, zeitnah Informationen in Umlauf bringen und die Bereitstellung kritischer Dienste gewährleisten. Aufgrund ihrer Nähe zu den Problemen und der Umgebung, in der die Probleme auftreten, haben diese lokalen Gruppen und Gemeinschaften ein Grundwissen, das eine entscheidende Rolle in der Beurteilung des Problems spielen kann und es erlaubt, seine Auswirkungen sehr genau zu planen und die effizientesten Lösungen vorzuschlagen. Engagement ist der Pfad zum Empowerment. Und wenn lokale Gemeinschaften und Gruppen bestärkt werden und selbst Kontrolle über eine Situation haben, kann man bedeutende Veränderungen sehen.

Die Bedeutung von Empowerment und das Unterstützen von lokalen Gemeinschaften und Gruppen darf nicht abgeschwächt werden. Das Unterstützen der Arbeit und die Stärkung der Fähigkeiten der lokalen Gemeinschaften und Gruppen kann nicht nur bei vorliegenden Konflikten oder Krisen hilfreich sein, sondern auch die Widerstandsfähigkeit bei zukünftigen humanitären Notfällen stärken. Das Entsenden von internationalen Teams kann hilfreich sein, aber es reicht nicht. Es ist wichtig, von der Kultur der Gönnerschaft zu einer Kultur der Partnerschaft zu wechseln.

Um zu verstehen, wie wichtig dieser Faktor ist, schauen wir uns ein anderes Beispiel an: das katastrophale Erdbeben in Haiti 2010 mit einer Stärke von 7.0. Eine Welle von Nothilfe mit internationalen Spenden in der Höhe von 5,2 Milliarden US-Dollar schwemmte in das Land. Versorgung wurde mobilisiert, Ärzte und Krankenpfleger wurden mit Fallschirmen abgesetzt, um lebensrettende medizinische Maßnahmen zu ergreifen und die Verletzten zu versorgen.

UN-Soldaten wurden zur Koordination entsandt und es wurden Milliarden versprochen, um das Land wieder aufzubauen. Was im Tumult dieser unglaublichen, gut gemeinten Hilfe vergessen wurde, war danach zu fragen, ob die Haitianer die Fähigkeit haben, ihr Land selber wieder aufzubauen oder nicht. Ein großer Fehler! Die Bilanz, die der Autor Jonathan Kratz zieht, ist schrecklich: „Haiti geht es nicht besser. Es hat das Erdbebenjahr mit drei neuen Krisen beendet: Fast eine Millionen Menschen sind noch obdachlos, politischer Aufruhr entstand durch die Frustration über den stockenden Wiederaufbau und es wütete die schlimmste Choleraepidemie in der neueren Geschichte, wahrscheinlich von den UN-Soldaten selber verursacht, die nach Haiti entsandt wurden, um die Leute zu schützen."

Daher ist es wichtig, dass die Regierungen, die finanziellen Unterstützer und die Völkergemeinschaft die lokalen Gemeinschaften und Gruppen anerkennen und finanzieren, was langfristige Gesundheit und Stärke der afrikanischen Gemeinschaften bedeutet. Denn wie wir bei „FACE Africa" zu sagen pflegen: „Wir sind eine afrikanische Organisation, die mit afrikanischen Gemeinschaften arbeitet, um afrikanische Probleme zu lösen. Wir waren hier, wir sind jetzt hier und wir werden noch hier sein, wenn alle anderen - einschließlich der Vereinten Nationen - wieder weg sind."

Prince Kihangi, Mitglied Jury (Bukavu)
DAS RECHT DER STÄRKEREN UND DAS RECHT DER SCHWÄCHEREN
Schlussrede Bukavu, 31. Mai 2015

Herr Präsident, Mitglieder der Jury, verehrte Abgeordnete und Gäste,

unser Land, die Demokratische Republik Kongo, ist reich. Man hat in diesem Zusammenhang von einem „geologischen Skandal" gesprochen. Dieser ist allgemein bekannt und es existiert sogar ein Lied darüber, aber die Lust es zu singen vergeht einem. Die Menschen sterben an Hunger und Malaria, aber in ihren Gräbern liegen sie auf mineralischen Bodenschätzen. Die Bevölkerung hat von diesen Reichtümern nie etwas gehabt, nie haben sie etwas zur Entwicklung im Land und Verbesserung der Lebensbedingungen der Kongolesen beigetragen. Stattdessen sorgen sie für Konflikte und halten die bestehenden in Gang oder verschlimmern sie noch. Es existieren zahlreiche Berichte, die eine Verbindung zwischen den Konflikten, die in der Region wüten, und der Ausbeutung der Bodenschätze aufzeigen.

Sie werden als Instrument genutzt, um Unsicherheit zu säen und zu töten. In den Minengebieten werden Frauen vergewaltigt und die Kinder sind schlimmsten Formen der Arbeit ausgesetzt. Diese Kinder gehen nicht zur Schule und haben folglich keinerlei Aussicht auf eine andere Zukunft - und doch sprechen wir davon, dass sie die Zukunft des Landes sind. Aber welche Zukunft sollten diese Kinder haben? Und wenn sie keine Zukunft haben, wie sollte dann das Land eine haben? Im Minensektor werden die Rechte der Kongolesen nicht respektiert. Sie werden mit Füßen getreten zugunsten der multinationalen Konzerne, die ganz offensichtlich keinerlei Interesse an der Verbesserung der Lebensbedingungen im Kongo haben.

Und darüber hinaus vergisst man, dass die Bodenschätze endlich sind und nicht nachwachsen. Was also wird passieren, wenn sie erschöpft sind und in der Zwischenzeit nichts in das Land investiert wurde? Die großen Unternehmen werden in ihre jeweiligen Heimatländer zurückkehren und werden uns mit unserem Boden zurücklassen, unter dem nichts mehr liegt, das zu fördern sich lohnt.

Artikel 69 des Bergbaurechts sieht vor, dass, wer beim Ministerium eine Genehmigung für eine Mine einholen will, eine Kopie der Ergebnisse der Anhörung der Gemeinden, die von dem Projekt betroffen sind, vorzulegen hat. In der Praxis wird diese Vorgabe, die örtliche Bevölkerung einzubeziehen, ignoriert und den großen Firmen werden Genehmigungen erteilt, ohne dass die Bedürfnisse der Bevölkerung respektiert werden und ohne zu beachten, wie sich die Ausbeutung der Bodenschätze auf deren Leben auswirkt.

Unsere Regierung, die Armee und die Polizei werden dabei häufig gegen die eigenen Bürger eingesetzt. Das ist wahrlich bedauerlich. Es wird Zeit, dass die Republik ihre Verantwortung ernst nimmt und die multinationalen Konzerne dazu zwingt, die Bevölkerung und ihre Rechte zu respektieren.

Wenn allerdings die Regierung die Bevölkerung nicht respektiert, warum sollten es die Konzerne tun? Es ist die Regierung, die die Rechte der Bevölkerung geltend machen und sie zunächst einmal selbst einhalten muss. Infolgedessen werden uns auch die Konzerne ernst nehmen. Aber wenn schon der Staat seine eigenen Gesetze missachtet, wie sollte man erwarten, dass sich die Konzerne an sie halten? Die Bodenschätze des Kongo gehören der Bevölkerung, die alles Recht hat, von ihnen Gebrauch zu machen. Nicht aus Mitleid und nicht als Gefälligkeit soll uns der Staat etwas davon abgeben, sondern weil es unser natürliches Recht ist. Wir erbetteln uns also nicht vom Staat die Möglichkeit an den Bodenschätzen beteiligt zu werden. Diese Ressourcen werden uns helfen, das Land zu stabilisieren und den Frieden zu konsolidieren. Wie viele junge Menschen finden sich in den bewaffneten Gruppen wieder, einfach nur, weil sie keine Arbeit haben? Doch gerade in der Einbeziehung dieser jungen Leute liegt eine große Chance, wenn erst der Zustand erreicht ist, dass die Reichtümer des Landes wirklich den Kongolesen gehören.

Die Regierung muss sich ihrer Pflichten bewusst werden. Und so möchte ich, Herr Präsident, meine Mitbürger abschließend daran erinnern, dass wir selbst die Lösung für unsere Probleme herbeiführen müssen. Das Handeln der internationalen Gemeinschaft ist von bestimmten Interessen geleitet. Sie wird uns nicht den Frieden bringen, weil wir ihr schöne Augen machen. Die internationale Gemeinschaft steht hinter den starken und mächtigen Staaten und sie will die schwachen Staaten in ihrer Schwäche halten. Erwarten wir nicht, dass sie uns stark macht. Wenn man schwach ist, wird man in dieser Schwäche gelassen.

Seien wir also solidarisch und einig, verbinden wir unsere Anstrengungen und übernehmen wir Verantwortung. Wir müssen wissen, was wir selbst wollen und nicht was die Anderen von uns wollen. Wenn wir die Idee von Groß-Kivu in uns tragen und sie in die Tat umsetzen, dann denke ich, dass sie eine Möglichkeit für eine Entwicklung schaffen wird, die auf den ganzen Osten oder sogar die gesamte Republik ausgeweitet werden könnte. Wenn wir die Republik im Herzen tragen, dann, denke ich, tragen wir auch die Bevölkerung im Herzen und dann hätten wir uns auch um die Nation verdient gemacht.

Vielen Dank für Ihre Aufmerksamkeit.

Marcellin Cishambo, Gouverneur der Provinz Südkivu
ÜBER DIE SCHWIERIGKEITEN, DIE ARMEE ZU REFORMIEREN
Schlussrede Bukavu, 31. Mai 2015

Herr Präsident, liebe Teilnehmer,

vor vierzig Jahren hat man mir in dieser Schule beigebracht, dass es von Vorteil sein kann, nicht auf dem Laufenden zu sein. Der Vorteil liegt darin, dass es einem möglich ist zu träumen, und oft sind es diese Träume, aus denen die Taten emporsteigen, die die Welt verändern. Begnügen Sie sich also damit, nicht auf dem Laufenden zu sein. So glaubt man etwa, ich hätte Angst vor dem Tod und Angst vor dem Fliegen. Ich habe keine Angst vor dem Tod und wenn Sie, verehrte Mitglieder der Jury, dasselbe Abenteuer wie ich in einem Flugzeug erlebt hätten, würden auch Sie anders über den Tod nachdenken. Ich habe keine Angst - wenn ich sie hätte, wäre ich an dem Tag aus Südkivu verschwunden, an dem die Lage ernst wurde. Und ich bin mir noch nicht einmal sicher, ob alle hier während des Krieges auf der richtigen Seite standen.

Wir hatten Krieg. Und er hätte auch in Südkivu beginnen können. Ich war in der Lage, dies zu verhindern. Wenn man von der Rolle der Armee spricht, dann muss man berücksichtigen: Eine Armee ist ein fragiles Ganzes.

Als Oberst Byamungu in Uvira zu hetzen begann, habe ich mir angesehen, welche Leute ich zur Verfügung habe und habe mit dem Kommandanten der Region die Option gewählt, Oberst Makanika, der mit bürgerlichem Namen Rukundo heißt, zu schicken, damit er Oberst Byamungu aufhält. Da wir keine Todesstrafe haben, habe ich ihn mit Hilfe der MONUSCO-Truppen festnehmen lassen - und er denkt noch heute im Gefängnis von Ndolo über seine Taten nach.

Ich war autorisiert, eine Rekrutierung vorzunehmen. Ein Rekrutierungsteam der Armee kam nach Südkivu, in das Gebiet von Uvira. Ich war autorisiert, 600 Rekruten einzustellen und hatte große Mühe, 200 zusammenzubringen. Und dann will man mir etwas von der Einbeziehung der Bevölkerung erzählen. Wenn man 15 oder gar 25 Jahre eine normale Militärlaufbahn verfolgt, wen findet man dann an der Spitze der Armee? Diejenigen, die Verantwortung im Kriegsgeschehen übernommen haben. Ich bitte Sie alle, das zu bedenken. Ich weiß, dass es sehr schwer ist, eine Armee zu reformieren. So hat Südafrika die Reform der Armee, die begonnen wurde, nachdem Mandela aus dem Gefängnis kam, noch immer nicht abgeschlossen. Bei der Polizei ebenso: Soll ich etwa das alte koloniale System wiederbeleben und die traditionellen Oberhäupter einbestellen, damit sie mir Männer von ihrem Stamm zur Verfügung stellen? Wenn ich dann noch da bin, dann möchte ich in 30 Jahren einem Oberst die Frage stellen, welcher Armee er angehöre und nicht welchem Stamm. Ich kann diese Stammesrolle nicht spielen, nachdem ich 23 Jahre in einem weißen Land gelebt habe und dort nicht als Schwarzer wahrgenommen wurde. Für mich ist diese Stammeskultur ein Ausdruck des Ethnizismus, den ich bekämpfen will und von dem ich wünschte, alle würden gegen ihn vorgehen.

In dem Moment, in dem ich mir als Verantwortlicher bewusst werde, dass der Ethnizismus zu Problemen führen wird, muss ich ihn bekämpfen. Ich musste mitten im Krieg einen Polizeikapitän verhaften lassen, der offen gesagt hat: „Sagen Sie den Leuten, dass sie zurück in ihre Heimat gehen sollen." Wenn Sie ein gutes Gedächtnis haben, dann zählen Sie mir die Namen derer auf, die im Krieg gegen die M23 an der Front gefallen sind. Meine Aufgabe als Gouverneur ist es, darüber Listen zu führen, und Sie werden es selbst wissen, wenn sie ein Mitglied ihrer Familie zu betrauern hatten, einen Bruder, der an der Front in Nordkivu starb. Das wollte ich betonen, denn ich kenne die Gefahren des Ethnizismus. Der Ethnizismus, dieses Trojanische Pferd, muss aufhören. (...)

Ich war ein glücklicher Mensch, aber eines Tages hatte ich die dumme Idee, mehr wissen zu wollen und was ich herausfand, hat mir Angst gemacht – aber diese Angst habe ich vertrieben. Wenn ich Angst hätte, wäre es ein Leichtes für mich gewesen, einen gepanzerten Wagen der MONUSCO-Truppen zu nehmen und Bukavu zu verlassen, als es in Sake und nicht weit von Minova brenzlig wurde. Denn ich wusste, dass die ruandischen Spezialkräfte den See ganz einfach überqueren und direkt vor der Residenz des Gouverneurs landen konnten. Wir haben es nicht gemacht und seither ist der Tod für uns etwas Alltägliches.

Eine zweite Anmerkung möchte ich machen: Sie betrifft die Straßen. Man hat behauptet, dass wir uns nur um die Straßen in den Städten kümmern und nicht um die in den Dörfern. Ich kümmere mich aber darum, wir kümmern uns darum. Und wie? Ich habe mir vorhin erlaubt, die Straße nach Uvira anzusehen, weil ich sehen wollte, ob die Chinesen anständig arbeiten. Und ich konnte mich davon überzeugen, dass sie gute Arbeit leisten. Sie haben mich gefragt, ob sie nachts arbeiten können, um den Verkehr nicht zu beeinträchtigen. Diese Straße wird aus der Stadt hinausführen zum zweiten Hafen der Demokratischen Republik Kongo, dem Hafen Kalundu im neuen Uvira.

Sie sehen also, dass die Behauptung, nach der ich mich nicht um die Straßen außerhalb der Städte kümmere, auch nur der Tatsache geschuldet ist, dass man nicht auf dem Laufenden ist. Wenn man auf dem Laufenden wäre und die Pläne kennen würde, könnten wir uns verständigen und könnten so der ausländischen Einflussnahme auf die Verwaltung unseres Landes entgegentreten.

Ein Botschafter hat mich hier besucht. Er ist 2.000 Kilometer angereist und hat mich gefragt: „Wie werden sie aus diesem Kriegszustand herauskommen?" Ich habe ihm geantwortet: „Bringen Sie Tansania in den Krieg gegen die M23 und wir werden ihn beenden." Wir haben von Tansania Truppen erhalten, die von derselben Militärakademie kamen, die auch Präsident Museveni und Präsident Kagame besucht haben. Was passieren musste, ist passiert, dank der von den Belgiern ausgebildeten Kinder des Kongo, der Kommandos, die die Belgier ausgebildet hatten. Auch das muss man wissen.

Und ich bin im Übrigen froh, dass hier im Saal mehrheitlich Vertreter der Opposition sind: Wie ich bereits sagte, in einer Diktatur hätte man nicht erlaubt, dass die Opposition im gleichen Saal sitzt, wie ich. Und wenn sie dies kann, dann aus dem Grund, dass wir in die gleiche Richtung blicken. Das ist das Wichtigste. Wir sind hier und wir verschwinden wieder und es kann sein, dass mich eine Schlange beißt, denn ich bin gerne im Wald. Und dennoch bin ich beruhigt und darum beruhigen auch Sie sich, denn der Tod ist überall. Es würde mich allerdings beruhigen, zu wissen, dass ich mein Land den Händen fähiger Führer hinterlassen könnte. Das Problem im Kongo ist nicht der Staat, es sind die Menschen. Die moralische Krise ist allgegenwärtig.

Selbst bei den Geistlichen - und das sage ich als Katholik: Meine Kirche ist nicht sauberer als die anderen. (...)

Es ist nicht nur die Aufgabe der Führer, etwas zu unternehmen, sondern die aller Kongolesen, denn sonst kann es passieren, dass man sich unverhofft in der Situation wiederfindet, sehr komplexe Angelegenheiten regeln zu müssen, die man zuvor nicht verfolgt hat.

Mir bleiben, glaube ich, noch zwei Minuten meiner Redezeit. Ich habe gehört, dass man sagt, die Provinzverwaltung unternehme nichts. Das ist immer das Beste. Dabei haben wir eine kleine Kommission, die Nationale Kommission zur Kontrolle leichter Waffen (CN-CALP). Sie arbeitet und hat einen Plan entwickelt - aber wie bereits unsere Eltern sagten: „Wer kein Radio haben will, weiß auch nicht, was gespielt wird."

Es handelt sich um einen Plan für die Ruzizi-Ebene, der vorsieht, eine Finanzierung für die Abgabe von Waffen zu finden, die entlang der Grenze zu Burundi in Umlauf sind. Solche Dinge gibt es. Diejenigen, die auf dem Laufenden sein wollen, denen empfehle ich, dem Provinzkommissar oder dem regionalen Polizeichef einen Besuch abzustatten. Sie werden Ihnen sagen, wo wir stehen und sie empfangen auch die Vertreter der Opposition, die eines Tages selbst regieren wollen und daher vielleicht gut daran täten, jetzt schon in Erfahrung zu bringen, welche Probleme morgen oder übermorgen auf sie zukommen könnten. Die Phase, in die wir eintreten, könnte eine sein, in der wir weiterhin aufeinander angewiesen sind.

Ich danke Ihnen, Herr Präsident.

Colette Braeckman, Mitglied Jury (Bukavu / Berlin)

DIE LETZTE GRENZE DER GLOBALISIERUNG?

Schlussrede Bukavu, 31. Mai 2015

Als Journalistin möchte ich Ihnen zu Ende unserer Arbeit eine gute und eine schlechte Nachricht überbringen. Die schlechte ist, dass Sie den unzähligen Berichten, Statistiken und internationalen Publikationen zur Lage im Kongo zufolge gar nicht hier sein dürften. In Anbetracht all der Gewalt, der Kriege, Aggressionen und Plünderungen, die dieses Land erleiden musste, hätte seine Bevölkerung im Grunde ein ähnliches Schicksal ereilen müssen wie dasjenige der Ureinwohner Nordamerikas oder Ozeaniens, die zum Opfer der Eroberungen des Westens und des Goldrauschs wurden, dazu verurteilt, in Reservate gepfercht zu werden und von unbekannten Krankheiten geplagt langsam zu verschwinden. Denn der Kongo ist vor sechs Jahrhunderten in die Globalisierung eingetreten und hat einen hohen Preis bezahlt: Der Sklavenhandel, der die menschlichen Ressourcen an sich gerissen hat, die Ausbeutung durch den Kolonialismus, die, je nach den aktuellen Bedürfnissen des Okzidents, Elfenbein oder Goldvorräte angezapft hat, Kupfer für unsere Gewehre, Uran für unsere Atombomben. Und noch heute, da die Welt Coltan braucht, Niob und andere seltene Metalle, hat der Kongo zu Diensten zu stehen. Diese Beutezüge und ungleichen Austauschbeziehungen waren begleitet von kolonialer oder diktatorischer Unterdrückung, von Invasionen, von Aggressionskriegen, von Versuchen, das Gebiet zu spalten. Wer hätte es vor 15 Jahren für möglich gehalten, dass dieses zerteilte, zerstückelte und besetzte Territorium, das man bequemerweise – aber zu Unrecht – das ‚Herz der Finsternis' genannt hat, jemals wieder geeint sein würde?

Das bringt mich zur guten Nachricht. Entgegen all der Unheilsprophezeiungen, die auf das Verschwinden des Kongo gewettet haben – wenn nicht gar auf die Auslöschung der Kongolesen durch Krieg, Armut oder neue Krankheiten und beispiellose Formen der Gewalt, wie systematische sexuelle Gewalt –, entgegen all dieser Prophezeiungen ist die gute Nachricht, dass die Kongolesen immer noch da sind. Sie sind da, zahlreicher und besser organisiert als zuvor. Sie haben sich gegen den Versuch der Auslöschung Ihrer Bevölkerung gewehrt, gegen den Zerfall Ihres Landes. Sie haben sich geweigert, den Platz in ihrem an Rohstoffen so reichen und daher gierig beäugten Land anderen zu überlassen. Die Aussagen vor diesem Tribunal legen Zeugnis ab vom Ausmaß der Gefahren und der Gewalt, aber sie illustrieren auch das Organisationsvermögen der lokalen Gemeinden, ihren Willen, die Widerstandskraft der Opfer ... Und dabei denke ich insbesondere an die Frauen, die Opfer sexueller Gewalt wurden und die dennoch den Mut gefunden haben, ihr Leben neu aufzubauen.

Diesen Widerstand der Kongolesen hat es immer gegeben und er musste immer wieder teuer bezahlt werden: Einst wurden die indigenen Anführer, die ihre Gemeinden verteidigt haben, von den Belgiern beseitigt zugunsten derer, die man ‚Medaillenträger' genannt hat und anderer Kollaborateure. Einen Propheten wie Simon Kimbangu hat man länger eingesperrt als Mandela; Patrice Lumumba wurde Opfer eines Attentats; Pierre Mulele verraten und ermordet. Und hier, an diesem Ort, haben Sie nicht vergessen, die Ermordung von Monseigneur

Munzihirwa und Monseigneur Kataliko zu erwähnen, die den Mut hatten, die ausländischen Aggressionen und ihre Unterstützer anzuprangern. Sie wissen, warum Laurent-Désiré Kabila ermordet wurde. Weil er sich geweigert hatte, den Befehlen jener zu gehorchen, die ihn eingesetzt hatten. Von einer ‚Fehlbesetzung' hat man damals gesprochen in Bezug auf diesen Mann, der wollte, dass die Kongolesen sich ihrer eigenen Stärke bewusst werden und selbst von ihren Ressourcen profitieren. Und sie alle wissen, wie Colonel Mamadou Ndala in Nordkivu getötet wurde.

Alle, die sich in diesem Land gegen die herrschende Ordnung stellen wollten, die die Rechte der Bevölkerung verteidigt haben, sind bedroht oder ausgeschaltet worden. Wenn also die Kongolesen immer noch da sind, wenn die Kämpfe zur Verteidigung der Rechte der Bevölkerung weitergehen, dann ist dies ein Zeichen dafür, dass entgegen all der Reden vom ‚Kongo-Pessimismus' Fortschritte gemacht wurden - Fortschritte, die möglich waren, weil die Kongolesen einige Kniffe gelernt, sich Verbündete gesucht und diejenigen überrascht haben, die schon geglaubt hatten, sie hätten sie endgültig bezwungen.

Der Gouverneur hat von diesem ultraliberalen Bergbaurecht gesprochen, das von der Weltbank in englischer Sprache verfasst worden ist und das die ausländischen Investoren begünstigt. Es wurde in jener Zeit der ‚Eins plus vier'-Regelung eingeführt, in der der Kongo keine legitime Führung hatte. Einige Jahre später aber wurden im Geheimen und zur großen Überraschung der ausländischen Botschaften die Verträge mit China geschlossen, die es erlaubten, neue Infrastrukturen zu errichten und dem Kongo einen neuen Verhandlungsspielraum mit anderen Partnern eröffnete. Und nochmals einige Jahre darauf wurden mit Hilfe der befreundeten afrikanischen Staaten die M23-Rebellen geschlagen aus dem Land verjagt und so die expansionistischen Ambitionen des Nachbarn Ruanda unterbunden.

Die Kongolesen waren also immer schon in der Lage, sich zu organisieren und Widerstand zu leisten, sei es durch Stärke, durch List, oder durch den Appell an ihre Verbündeten. Dieses Tribunal hat gezeigt, dass dieser Widerstand noch in vollem Gange ist, an der Basis, in lokalen Gemeinschaften, in unzähligen Organisationen. Ein Faktor des Widerstands der Kongolesen, den man selten anführt, der aber nicht zu vernachlässigen ist, ist ihr Patriotismus: Sie haben diesen riesigen nationalen Raum, der von einigen als zu groß bezeichnet wurde, mit Leben gefüllt, mit einer Identität versehen, weil sie gemeinsame Ziele haben und dieselben Institutionen achten. Ohne dieses Nationalgefühl, das die Partikularinteressen und die hier so oft angesprochene Solidarität innerhalb der einzelnen Gemeinden transzendiert, wären Nord- und Südkivu heute kein Teil des Kongo mehr und die ‚Balkanisierung' wäre erfolgt.

Wenn allerdings die gute Nachricht zunächst lautet, dass die kongolesische Bevölkerung noch existiert, so sind die Gefahren keineswegs gebannt – ganz im Gegenteil. Die Jahrzehnte der Unterdrückung und Diktatur, der Missachtung jeglicher Werte haben Spuren hinterlassen: Die ‚Medaillenträger' und ‚Kollaborateure' sind immer noch da und sie stehen bereit, sich für mehr oder weniger Geld und Würden zu verkaufen. Im allgemeinen Chaos denkt jeder zuerst an sich und seine Interessen und nicht an seine Verantwortung. Es ist einfach, die Schuld bei der internationalen Gemeinschaft zu suchen, bei der allgemeinen Ordnung der Welt, beim Kapitalismus, bei feindseligen Nachbarn, bei den multinationalen Konzernen, ohne sich zu fragen, ob es tatsächlich diese externen Einflüsse sind, die einen daran hindern, Straßen zu unterhalten oder einen dazu bringen, Wälder abzuholzen und diejenigen zu erpressen, die schwächer sind, als man selbst.

Die Gefahr geht manchmal vom Egoismus jedes Einzelnen aus, oder auch vom Zusammenhalt innerhalb einer Gemeinde, der es nicht zulässt, die Interessen der Allgemeinheit ins Auge zu fassen. Sie geht aus vom mangelnden Vertrauen der Kongolesen in ihre eigenen Fähigkeiten zur Organisation, zum Ausgleich der Interessen, zur Verhandlung. Seit langer Zeit wurde das Wissen der Bauern gering geschätzt und die traditionellen Mechanismen der Interessensaushandlung von den ‚Friedensbringern' ignoriert. Die Lebenskräfte der Bevölkerung wurden unterschätzt. Aber die Intensität unserer Arbeit und die Beachtung, die sie gefunden hat, zeigen, dass dieses Potential existiert. Wenn die Kongolesen den neuen Gefahren, die heraufziehen, begegnen wollen, müssen sie also dringend ihre eigenen Stärken und Kräfte mobilisieren: Sie müssen ihre Führung aus den eigenen Reihen wählen und dürfen sich nicht spalten oder korrumpieren lassen.

Die zukünftigen Gefahren sind vielleicht noch ernster als die vergangenen: Das globalisierte Kapital erdrückt selbst europäische Staaten wie etwa Griechenland, wo sich die Regierung trotz demokratischer Wahl dem äußeren Druck beugen muss. Die Beispiele von Bisie und Luhwindja haben gezeigt, wie die Bevölkerung ihrer Rechte beraubt wird, unter dem Deckmantel einer Legalität, die von außen kommt und im Gegensatz steht zur Legitimität. Auch neue Kriege kündigen sich bereits an: Der Kongo ist nicht sicher vor den Islamisten, wie die Situation in Beni zeigt.

All das bringt mich zu einem etwas getrübten Schluss: Ja, die gute Nachricht ist, dass die Kongolesen standgehalten haben, dass sie da sind, zahlreich und besser organisiert als noch gestern, dass Initiativen wie dieses Tribunal oder auch der Appell von Doktor Mukwege die Gleichgültigkeit auf der internationalen Bühne durchbrochen haben. Aber die Frage bleibt, wie lange dies vorhält. Wie lange werden die Kongolesen durchhalten können? Werden die Bodenschätze dem Land helfen oder es noch tiefer ins Unglück treiben? Ist der Kongo mit seinen Reichtümern nicht vielleicht die letzte Hürde im Rennen um die Globalisierung? Wenn in 30 Jahren die Bergbaukonzessionen auslaufen und die Vorkommen erschöpft sind, wo werden Sie dann stehen?

DAS URTEIL DER JURY VON BUKAVU

Nach einem Jahr der Recherche und drei Anhörungstagen antwortet die Jury des „Kongo Tribunals" folgendermaßen auf die zentralen Fragen, die vom Chefermittler in der Eröffnungssitzung am 29. Mai 2015 gestellt wurden:

1. Sind die ethnischen Konflikte und die Angriffe diverser Gruppen im Osten in einem solchen Maß außer Kontrolle geraten, dass die kongolesische Regierung und die Armee, die sich gerade von 20 Jahren des Konflikts erholen, beim Versuch, die Ordnung wiederherzustellen, scheitern müssen?

NEIN. Wir kommen mehrheitlich zu dem Schluss, dass die ethnischen Konflikte unter Kontrolle gebracht werden können – vorausgesetzt, der politische Wille besteht.

2. Sind die Regierung des Kongo und die Armee Akteure bei den Angriffen auf die lokale Bevölkerung und erhalten so bewusst das Chaos und die Unsicherheit in der Region aufrecht – sei es durch Passivität oder durch direkte Kollaboration mit den bewaffneten Gruppen?

JA. Wir kommen mehrheitlich zu dem Schluss, dass manche Teile der Armee und politisch Verantwortliche der DR Kongo als Akteure an den systematischen Angriffen auf die lokale Bevölkerung beteiligt sind – allerdings sind sie sicher nicht die einzigen. Die Regierung der DR Kongo trägt durch ihre Untätigkeit oder Passivität einen Teil der Verantwortung für das Chaos und die Unsicherheit.

3. Tragen die internationale Gemeinschaft und die MONUSCO-Truppen, die im Osten des Kongo stationiert sind, zur politischen Stabi-

lisierung und zur Sicherheit in der Region bei, indem sie die noch schwache Regierung und Armee dabei unterstützen, sich zu konsolidieren?

JA. Wir kommen mehrheitlich zu dem Schluss, dass die internationale Gemeinschaft durch die MONUSCO-Mission zur Sicherheit und Stabilität in der Region beiträgt - allerdings nicht maßgeblich. Wäre der politische Wille vorhanden, könnte sicherlich mehr, bessere und schnellere Hilfe geleistet werden. Zu oft macht sie sich schuldig, indem sie der bedrohten Bevölkerung nicht zur Hilfe kommt.

4. Machen sich die internationale Gemeinschaft und die MONUSCO-Truppen der Komplizenschaft schuldig, indem sie mit einer Regierung und einer Armee kollaborieren und diese militärisch und logistisch stärken, die nicht zum Wohl der kongolesischen Bevölkerung arbeiten und deren Menschenrechte nicht achten?

NEIN. Wir kommen mehrheitlich zu dem Schluss, dass sich die internationale Gemeinschaft nicht der direkten Komplizenschaft schuldig macht. Im Namen der internationalen Gemeinschaft beschränkt sich die MONUSCO-Mission darauf, das Mandat zu erfüllen, das ihr der Sicherheitsrat erteilt hat. Diese Stützung der Regierung stellt keine Komplizenschaft dar. Wir wollen jedoch unterstreichen, dass die Art und Weise, wie das Mandat umgesetzt wird, starke Vorbehalte erregt.

5. Schafft der industrielle Erzbergbau eine Basis für den Frieden und die Demokratie in der Region, indem er die Entstehung einer adäquaten Infrastruktur und die Schaffung von Arbeitsplätzen begünstigt und sich positiv auf benachbarte Felder der lokalen Ökonomie auswirkt?

DAS KONGO TRIBUNAL
THE CONGO TRIBUNAL

NEIN. Wir kommen mehrheitlich zu dem Schluss, dass zu diesem Zeitpunkt kein einziges industrielles Bergbauprojekt mit Investitionen in eine adäquate Infrastruktur, mit der Schaffung von Arbeitsplätzen oder der Stärkung der Gemeinden vor Ort einherging. Wenn die Bergbaukonzerne dies täten, könnten sie zur Befriedung und Demokratisierung der Region beitragen. Wir fügen hinzu, dass die Frage des artisanalen Kleinbergbaus gelöst werden muss, damit es zu einer friedlichen Koexistenz zwischen den kleinen Bergarbeitern und den Minengesellschaften kommen kann.

6. Haben die multinationalen Konzerne, die in der Region Erzbergbau im industriellen Maßstab betreiben, die politische Instabilität während der 20 Jahre des Krieges ausgenutzt, um sich zu günstigen Bedingungen Konzessionen zu verschaffen und die Bodenschätze im Osten des Kongo in Beschlag zu nehmen? Sind sie in diesem Fall der Ausplünderung der kongolesischen Bevölkerung schuldig?

JA. Wir kommen mehrheitlich zu dem Schluss, dass sie die politische Instabilität und die Schwäche der kongolesischen Institutionen ausgenutzt haben, um Konzessionen zu erhalten, deren Bedingungen für die Bevölkerung des Kongo von Nachteil sind. Sie haben so zur Ausplünderung der Bodenschätze der DR Kongo beigetragen.

Die Jury des „Kongo Tribunals", Bukavu, 1. Juni 2015.

MITGLIEDER DER JURY IN BUKAVU:
Colette Braeckman (Belgien)
Venantie Bisimwa Nabintu (Demokratische Republik Kongo)
Prince Kihangi (Demokratische Republik Kongo)
Gilbert Kalinda (Demokratische Republik Kongo)
Séverin Mugangu (Demokratische Republik Kongo)

Marc-Antoine Vumilia, Mitglied Jury (Berlin)

WIE EIN SPITZER STEIN IM STIEFEL DER JÄGER

Schlussrede Berlin, 28 Juni 2015

Herr Präsident des „Kongo Tribunals“,

abschließende Folgerungen zu ziehen, hat etwas Anmaßendes, Endgültiges und ist daher für mich immer eine etwas peinliche intellektuelle Aufgabe. Ganz zu schweigen von der Befürchtung, wichtige Dinge zu übergehen, denn häufig stellt sich das, was zunächst als kleines Detail erscheint, später als Kern der Sache heraus. Daher ziehe ich es an dieser Stelle vor, lediglich Eindrücke festzuhalten, die Spuren im Gedächtnis hinterlassen haben. Ich ziehe es vor, Wünsche zu formulieren, weiter zu träumen.

Hier wurde von den Konflikten um die Minen von Twangiza gesprochen, es war die Rede von Bisie, von Mutarule, von den multinationalen Konzernen und ihrer Taktik, den schwachen Staaten Knebelverträge aufzudrücken, von der Lethargie der UNO und der korrupten kongolesischen Elite. All dies ließe sich vielleicht mit einem Gleichnis veranschaulichen. Stellen Sie sich vor, mitten in der Nacht bricht ein Feuer in Ihrem Haus aus. Sie sind wie betäubt vom Lärm des Feuermelders und stellen fest, dass Ihr Feuerlöscher nicht funktioniert. Die Feuerwehr befindet sich im Streik und selbst wenn nicht: Sie wäre ohnehin nicht innerhalb der nächsten zwei Stunden hier. In dem Moment kommt auch schon Ihr Nachbar, der Sie nie auch nur gegrüßt hat, der aber der einzige im Viertel ist, der einen funktionierenden Feuerlöscher besitzt. Er schlägt Ihnen vor, Ihnen all Ihre Möbel abzukaufen, all Ihren Besitz. Sie verstehen ihn schlecht wegen des Lärms und Sie sehen kaum etwas, weil es finster ist und Sie haben keine Zeit sich zu fragen, ob nicht vielleicht er der Brandstifter ist, denn Sie wissen, dass in wenigen Minuten alles in Rauch aufgehen wird. Sie denken mehr an Ihr bloßes Leben als an irgendetwas anderes. Also unterzeichnen Sie das Dokument, das Ihr Nachbar Ihnen hinhält. Er löscht das Feuer – aber nichts in Ihrem Haus gehört mehr Ihnen. Das scheint mir in etwa die Situation zu sein, in der sich der kongolesische Staat und die Menschen im Osten des Kongo häufig befinden; seit der Herrschaft von Mobutu bis zur heutigen Zeit.

Bei all dem scheint wenig Platz zu sein für die Träume, die ich eingangs erwähnt habe. Und dennoch gibt es sie. Sie finden sich überall in den Aussagen vor diesem Tribunal. In den Aussagen der Opfer ebenso wie in denen der europäischen oder afrikanischen Frauen und Männer, die nach Lösungen für die Lage im Osten des Kongo suchen. Es ist der Traum von Würde und Menschenrechten. Ich habe ihn wahrgenommen in den Anstrengungen der Experten und Wissenschaftler, die zu diesem Tribunal erschienen sind, in der Würde der Opfer, in den lokalen und europäischen Akteuren aus Politik und Zivilgesellschaft, die darum kämpfen, die Situation zu verstehen, sie verständlich zu machen und sie zu verändern. Ich habe sie gespürt in der konzentrierten Präsenz des Berliner Publikums, dessen Offenheit mich immer noch berührt, im Kampfgeist und der Unnachgiebigkeit Milo Raus und seines gesamten Teams.

Ich wünsche mir, dass dieses Tribunal, das den Sprachlosen eine Stimme gegeben hat, wirkt wie ein spitzer Stein in den Stiefeln der ahnungslosen Rohstoffjäger und der Kriegsherren. Seine Stimme zu erheben, bedeutet Macht zu erlangen. Die Macht, zu leben und seine eigenen Ziele zu verfolgen.

Harald Welzer, Mitglied Jury (Berlin)
GEGEN DIE SYSTEMATISCHE VERANTWORTUNGSLOSIGKEIT
Schlussrede Berlin, 28. Juni 2015

Vielen Dank für die Gelegenheit, hier ein abschließendes Statement zu geben, für etwas, wofür es wahrscheinlich kein abschließendes Statement gibt. Aber ich möchte gerne darüber sprechen, was ich in den letzten zwei Tagen gelernt habe: Über die strukturellen Zusammenhänge, die die Verbrechen möglich machten, über die wir hier verhandelt haben.

Die Situation, mit der man eigentlich an diesem Beispiel Kongo konfrontiert ist, der Krieg, der dort jahrzehntelang währt und nicht aufhören will, ist etwas, das zurückgeht auf eine strukturelle Machtungleichheit – um es einmal soziologisch abstrakt zu formulieren. Aber der Hintergrund für solche Konflikte besteht schlicht und ergreifend darin, dass es gesellschaftliche, politische und militärische Akteure gibt, die mehr Macht haben als andere Akteure auf dem Spielfeld. Und auf dem Spielfeld sind eben diejenigen, die relativ wenig Macht haben, oder gar keine, diejenigen, die dort vor Ort leben, die dort arbeiten müssen, die vertrieben werden, die getötet werden, während andere Akteure, die dafür sorgen, dass genau diese Dinge passieren, von der Position einer strukturellen Machtüberlegenheit agieren. Das ist ein sehr zentraler Sachverhalt, der es erstmal gar nicht mehr so einsichtig macht, die Wurzel des Übels bei denjenigen zu sehen, die dann tatsächlich aktiv jemanden umbringen. Auch wenn das natürlich immer verfolgt werden muss.

Aber die Rahmenbedingungen für diese Mord- und Zerstörungshandlungen sind natürlich etwas weiter zu fassen. Es gibt einen interessanten Aspekt in dieser strukturellen Machtungleichheit: nämlich eine Situation von vollständiger Verantwortungsdiffusion. Wir haben in den letzten zwei Tagen über sehr viele verschiedene Handlungsträger gesprochen: Da gibt es die internationale und die nationale Politik, da gibt es NGOs, Milizen, Warlords und Unternehmen - Akteure die alle gemeinsam eine Situation herstellen, bei der es immer hier die großen Profiteure und da die vielen Opfer gibt. Aber das juristisch, sozial oder politisch Spektakuläre daran ist ja, dass man das im Grunde genommen als einen Verschiebebahnhof von Verantwortlichkeiten beschreiben kann, weil jeder Manager sagen würde, wir haben ja nur im Rahmen der bestehenden rechtlichen Situation gehandelt. Internationale Institutionen würden sagen, wir versuchen Regulierungen zu machen, aber es ist nicht unsere Schuld, wenn das vor Ort nicht richtig funktioniert. NGOs sagen, wir versuchen im Rahmen unserer Möglichkeiten und Interessen das Möglichste zu tun, aber es gelingt halt nicht immer. Und diese Verantwortungsdiffusion ist kein moralischer Sachverhalt, sondern ein systemischer. Weil unsere modernen Gesellschaften so gebaut sind, dass Verantwortung diffundiert; weil diese Gesellschaften, wieder soziologisch gesagt, funktional differenziert sind und niemand in die Lage kommt, Verantwortung tatsächlich übernehmen zu müssen, es sei denn, er macht irgendetwas, wo er mit der Pistole oder der Machete in der Hand erwischt wird und keine rechtliche Grundlage dafür hatte. Alles andere liegt im Bereich der Verantwortungsdiffusion und auf das können sich alle zurückziehen.

Das finde ich ziemlich deprimierend, weil das für mich der zentrale Befund der Verhandlungen ist, dass man eigentlich gar nicht so richtig weiß, an welcher Stelle man denn jetzt wirksam werden soll. Wer ist denn jetzt eigentlich schuld an dem Ganzen? Und wenn man sich diese Figuration anschaut, die ganzen unterschiedlichen Akteure, die dort zugange sind, die hier anwesend sind in diesem Saal, die auf indirekte Weise auch von den Verhältnissen profitieren, stellt man sich auch die Frage, was eigentlich der Mechanismus dafür ist, dass diese Verantwortungsdiffusion immer in eine Richtung tendiert, nämlich in die Richtung der Ungerechtigkeit und nicht in die Richtung der Gerechtigkeit? Oder in die Richtung der Herstellung egalitärer Verhältnisse und von Menschenrechten? Warum eigentlich so dominant in die eine Richtung und so schwach immer in die andere Richtung? Womit ich allerdings nicht kleinreden möchte, dass in den vergangenen Jahrzehnten natürlich auch eine ganze Reihe von Fortschritten erzielt worden sind. Generell ist es aber so, dass alle vermittelnden Faktoren zwischen den unterschiedlichen Akteursgruppen eigentlich von einer einzigen Variablen abhängig sind, und diese Variable heißt: Ökonomie.

Und wenn wir hier darüber reden, dass dort unter verbrecherischen Bedingungen Coltan abgebaut wird und Menschen getötet und entrechtet werden, dann geht das Ganze schlicht und ergreifend auf die Utopie moderner Gesellschaften zurück, dass eine Welt dann gut ist, wenn sie 7,5 Milliarden Einwohner hat und mindestens 7,5 Milliarden Handys verkauft worden sind. Die Utopie 2.0 ist 14 Milliarden Handys und 15 Milliarden Laptops. Das heißt, die Verantwortungsdiffusion, die sich über die einzelnen Akteure verteilt, ist dadurch getrieben, dass wir glauben und verantworten wollen, dass eine Ökonomie dann gut ist, wenn sie mehr produziert. Und in dieser Logik liegt, dass von jedem einzelnen jede Gelegenheit ausgenutzt werden muss, diesen Plan zu erfüllen. Insofern waren diese Sitzungen hier sehr lehrreich, denn es gibt keine Differenz strikter Art zwischen Tätern und Zuschauern und mittelbar Beteiligten. Wenn es eine Differenz gibt, dann liegt die genau an der Stelle, wo jemand zu den Opfern oder nicht zu den Opfern zählt. Auf der Seite der Nicht-Opfer gibt es ein Kontinuum von Teilhaberschaft und Verantwortlichkeit. Das Desiderat, das man daraus ableiten kann, sind rechtliche Institute, die bereits die Bedingungen für das Entstehen und das Ausführen von solchem Unrecht sanktionierbar machen. Das wäre der juristische Part der ganzen Angelegenheit. Der nichtjuristische, der gesellschaftliche Part ist der schlichte Umstand, dass man sich darüber Rechenschaft ablegen muss, dass man Verantwortung nicht delegieren kann. Wir waren hier nicht dafür da, die Verantwortung an das Unternehmen X oder die NGO Y oder die Regierung Z zu delegieren, sondern was ein solches Tribunal als Institution nahelegt, ist, dass man Verantwortung nicht delegieren kann. Das wirft eine politische Frage auf, die sich reflexiv auf einen selbst als Mitglied einer spezifischen Form von Gesellschaft zurückwendet.

Vielen Dank.

Jean-Louis Gilissen, Gerichtspräsident (Bukavu / Berlin)
UNSERE KINDER WERDEN UNS RICHTEN
Schlussrede Berlin, 28. Juni 2015

Ich wurde gebeten, zu berichten, wie es sich anfühlt, in der Rolle des Präsidenten dieses Tribunals zu sein. Ich denke, wir konnten mit unserer Arbeit zahlreiche und wertvolle Informationen zusammentragen, die viele Lehren enthalten und es uns erlaubt haben, in erster Linie die Komplexität der Situation zu verstehen. Vielleicht sollte ich besser sagen: die Komplexität der verschiedenen Situationen, die wir hier gemeinsam versucht haben zu entdecken und zu analysieren. Wir haben versucht, die schwierigen Verhältnisse hinter diesen Situationen zu verstehen, die Handlungen verschiedenster Akteure, die unterschiedlichen, teilweise widersprüchlichen Hintergründe, die verschiedensten einzelnen Einflüsse, die sich dennoch gegenseitig beeinflussen oder sogar bedingen können.

Wichtig dabei ist, zu erkennen, wie empfindlich das Gleichgewicht der fragilen Mechanik ist, die für eine funktionierende Ökonomie, Politik, Gesellschaft, Kultur und allgemein für das menschliche Zusammenleben nötig ist. Schwierig, komplex und empfindlich: Drei gute Gründe, nichts zu tun. Drei gute Gründe, passiv zu beobachten als Konsumenten, die den Blick von den Problemen abwenden.

Ich möchte gerne auf eine der Geschichten zurückkommen, die wir in Bukavu gehört haben und von der ich denke, dass wir ihr vielleicht noch nicht das richtige Maß an Aufmerksamkeit gewidmet haben. Es handelt sich um eine sehr einfache Geschichte einer einfachen Frau. Sie lebt auf dem Grund ihrer Vorfahren, wo auch ihr Mann begraben ist, sie ist Witwe. Einige ihrer Kinder sind ebenfalls dort begraben, Kinder, die sie hatte oder gehabt haben könnte, Totgeborene und früh gestorbene Kinder. Sie lebt auf diesem Land und hat dort einige Gebäude. Keine besonderen Gebäude, meine Damen und Herren, sondern lediglich einige Gebäude, in denen sie eine Kuh und ein paar Hühner hält, um als alleinstehende Frau ohne Unterstützung in der Lage zu sein, ihre sieben Kinder zu ernähren. Das ist nicht das finsterste Elend. Sie verhungert nicht. Aber ich denke, dass keiner in diesem Saal mit ihr tauschen wollte. Das ist die Geschichte von tausenden Männern und Frauen im Kongo. Es ist eine Geschichte, die schlecht endet. Aber nicht für alle Beteiligten, denn in diesem Boden, auf dem diese Frau schlecht, aber in Würde gelebt hat, ist ein unermesslicher Schatz verborgen. Ein Schatz von solchen Ausmaßen, dass niemand hier im Saal in der Lage ist, ihn vorzustellen, und den einige Wenige ausbeuten. Das ist eine schreckliche Geschichte, eine Tragödie. Und es geht um vier oder jedenfalls drei Generationen, die deswegen geopfert wurden.

Meine Damen und Herren in der Jury und im Publikum, für wen halten wir uns? Ist dies akzeptabel? Werden wir nichts dagegen unternehmen? Werden wir es tolerieren, dass der Blick erneut von den Problemen abgewendet wird? Der kongolesische Staat und seine Gerichte beschäftigen sich überhaupt nicht mit diesen Verbrechen, ebenso wenig wie die internationale Gemeinschaft und die internationalen Strafgerichte. Sie erklären, sie seien nicht zuständig. Sie haben es ja hier vor Kurzem gehört, wie ein Minister sagt: „Aber wer wird die Verurteilung des kongolesischen Staates fordern?".

Meine Damen und Herren, die Realität ist, dass es keinen spezifischen juristischen Tatbestand gibt, mit dem es möglich wäre, die Situation zu erfassen, die wir erörtert haben. Und dennoch ist es eine einfache, eine simple juristische Überlegung, die uns erlaubt, zu sagen, dass hier eine besondere Situation vorliegt: Verlust des Besitzes, Elend und extremes Leid.

Eine solche materielle Situation entsteht aus einem Prozess, aus einem Plan und Programm in großem Maßstab. Sie ist gewollt und organisiert herbeigeführt, mit dem einzigen Ziel, Profit zu schaffen. Wie sie sehen, haben wir es hier mit einem ökonomischen Projekt zu tun. Nicht, dass es verboten wäre, viel Geld zu machen – aber hier geschieht es auf eine Art und Weise, die alle Züge eines Massenverbrechens trägt. Ein Massenverbrechen ist nicht, wie man meist annimmt, ein Verbrechen, dass viele Opfer hervorbringt. Es ist vielmehr ein Verbrechen, das große Mittel benötigt, eine Masse an Menschen, die es begehen.

In allen Ländern wären die Bestandteile, die ich genannt habe, genug, um von einem Verbrechen zu reden: eine materielle Situation, die zu Verlust, Elend und Leid führt und die bewusst und geplant herbeigeführt wird mit dem Ziel, Profit zu machen. Was uns hier besonders interessiert, ist der internationale Charakter dieser speziellen Situation. Wenn Ähnliches in Frankreich von französischen Firmen begangen würde, oder in Deutschland von deutschen, käme es selbstverständlich zu Prozessen und Verurteilungen. Die Tatsache der Straflosigkeit, die hier von allen betont wurde, ist es, die den spezifischen internationalen Aspekt ausmacht.

Aber nichts ist unbesiegbar. Der Kongo ist ein Staat, der Teil des Internationalen Strafgerichtshofs ist. Alle unsere Staaten und letztlich alle, die sich hier im Saal befinden, sind Teil des Strafgerichtshofs. Auf Basis der Elemente, die ich aufgeführt habe, könnte ein internationales Wirtschaftsverbrechen dort rechtlich geahndet werden. Glauben Sie nicht, dass dies eine leere Phantasie, ein Hirngespinst sei! Alles, was es dazu braucht, ist politischer Wille. Die Zuständigkeit könnte beim Internationalen Strafgerichtshof liegen, bei gemischten Kammern, von denen hier die Rede war. Ich bin kein junger Mann mehr, auch wenn ich es mir nicht gerne eingestehe, aber ich kann Ihnen versichern, dass damals, 1998 in Rom, keiner von uns gedacht hätte, dass wir in der Konferenz der Abgesandten innerhalb von drei Wochen einen Internationalen Strafgerichtshof institutionalisieren. Keiner hätte sich das auch nur träumen lassen. Wenn es jemand ausgesprochen hätte, wir hätten ihn ausgelacht und er hätte verlegen gegrinst. Und doch ist es geschehen! Weil in diesem Moment alles zusammenkam: politischer Wille und zivilgesellschaftlicher Druck.

Gemeinsam, meine Damen und Herren, haben wir es damals geschafft. Gemeinsam können wir es auch erneut schaffen: für den Kongo und andere Staaten. Dieses Tribunal hier ist nur ein Theater-Tribunal, wir sind natürlich kein Tribunal wie andere und das gestehen wir offen: Wir sind nicht von einem Staat eingesetzt oder von einer Gemeinschaft von Staaten, nicht von der internationalen Gemeinschaft und natürlich verurteilen wir niemanden - und das ist auch gar nicht das Ziel.

Das Ziel ist, zu helfen. Wir hoffen, dass wir bilden und aufklären können. Eines Tages, meine Damen und Herren, werden wir alle, Sie und ich, nicht mehr am Leben sein. Und über uns wird gerichtet werden. Vielleicht von einem Gott mit einem langen Bart, der auf einer Wolke thront, aber darum geht es mir nicht. Die Geschichte wird über uns richten - und zwar nicht die Geschichte im Sinne von Hegels Weltgeist, sondern ganz konkret: unsere Kinder und Enkelkinder. Es ist Zeit zu handeln, denn das Urteil der Geschichte über uns droht streng auszufallen.

Vielen Dank für Ihre Aufmerksamkeit.

DAS URTEIL DER JURY VON BERLIN

A. VORBEMERKUNG DER JURY:

In der Demokratischen Republik Kongo wurden in den letzten beiden Jahrzehnten zahlreiche Menschheitsverbrechen verübt – ohne bisher ansatzweise von Gerichten aufgearbeitet zu werden. Diese Straflosigkeit ist inakzeptabel! Um sie wirksam zu bekämpfen, müssen die kongolesische Regierung und die internationale Gemeinschaft die dafür benötigten Ressourcen bereitstellen. Die kongolesische Zivilgesellschaft sowie die lokalen Menschenrechtsorganisationen und die Überlebenden von Gewalt müssen gestärkt werden.

Dabei ist der Aufarbeitung der Verbrechen durch nationale und – zu schaffende – gemischt national-internationale Tribunale eine Priorität zu geben. Wir rufen deshalb die kongolesische Regierung und die internationale Gemeinschaft dazu auf, alles Erdenkliche zu tun, dass diese gemischten Kammern (Chambres Mixtes) Wirklichkeit werden. Als ultima ratio sollte jedoch auch der Internationale Strafgerichtshof in Den Haag eine wichtige Rolle spielen, allerdings darf er in der Auswahl der vor ihm verhandelten Verbrechen nicht mehr so selektiv sein wie in der Vergangenheit. Nicht nur Gewaltverbrechen, sondern auch Wirtschaftsverbrechen müssen untersucht und strafrechtlich verfolgt werden.

B. BESCHLÜSSE DER JURY:

Kommen wir nun zu den einzelnen Untersuchungsfeldern der Berliner Hearings:

1) Die Verantwortlichkeit der internationalen Firmen und der Weltbank
2) Die Verantwortlichkeit der EU und ihrer Mitgliedstaaten
3) Die Verantwortlichkeit der Vereinten Nationen und der großen NGOs

1) Die Frage nach der Verantwortlichkeit der internationalen Firmen ist aus juristischer Perspektive schwierig zu beantworten. Denn viele ihrer Aktivitäten mögen gemäß dem kongolesischen Minenrecht legal sein, allerdings ist die Rechtmäßigkeit dessen Zustandekommens ebenso zu untersuchen wie seine Vereinbarkeit mit internationalem Recht und der kongolesischen Verfassung. Wir fordern deshalb, dass die Aktivitäten internationaler Firmen nach internationalem Recht beurteilt werden und gemäß der kongolesischen Verfassung. Zugleich stellen wir fest, dass es aktuell keine Institutionen gibt, bei der die Betroffenen Klage erheben und ihre Rechte durchsetzen könnten. Sie müssen also geschaffen werden.

Was einen entscheidenden Beitrag der internationalen Firmen zur wirtschaftlichen Entwicklung und Befriedung der Demokratischen Republik Kongo angeht, so können wir diesen nicht ausmachen. Vielmehr ist es so, dass die Schwäche und Korruption der kongolesischen Zentralregierung in Kinshasa, wie in anderen Staaten mit vergleichbaren Konfliktsituationen, Möglichkeiten geschaffen hat und schafft, Verträge und Abkommen zum Nachteil der jeweiligen Bevölkerung auszuhandeln. Wie die Expertenbefragungen in Berlin gezeigt haben, profitieren die internationalen Unternehmen - zum Beispiel die kanadische Firma Banro - von dieser Situation.

Zudem gibt es Gründe anzunehmen, dass die Weltbank und andere Institutionen, trotz ihrer guten Informationen über die Zustände in der Demokratischen Republik Kongo - bedingt durch drei Jahrzehnte Diktatur, zwei Kriege und den völligen Zusammenbruch der staatlichen Institutionen -, die Verabschiedung dieser Verträge und eines Minengesetzes unterstützt haben, das für die kongolesische Bevölkerung schädlich war. Wir fordern, dass die spezielle Rolle der Weltbank und anderer Institutionen in diesem Zusammenhang juristisch und politisch untersucht werden.

2) Was die Verantwortlichkeit der EU und ihrer Mitgliedstaaten angeht, die wir in den Berliner Hearings am Einfluss europäischer und nordamerikanischer Handelsregulierungen untersucht haben, die die Demokratische Republik Kongo betreffen, so haben wir im Lauf der Expertenbefragungen und der Einspielung der in Bukavu gemachten Zeugenaussagen festgestellt, dass beispielsweise Sektion 1501 des Dodd-Frank Acts unerwünschte Effekte im Wirtschaftsleben des Ostkongos zeitigte.

Einige der Jurymitglieder stellen zudem fest, dass Regulierungsmaßnahmen wie der Dodd-Frank Act nur der Imagepflege der Elektronikindustrie dienen und auf die kongolesische Bevölkerung selbst negative Auswirkungen haben.

Grundsätzlich sind sich aber alle Jurymitglieder darin einig, dass es eine Regulierung des Mineralienabbaus und -handels geben muss. Doch wir verlangen, dass jede Regulierung, sei sie nordamerikanischer oder europäischer Provenienz, die Prioritäten und Interessen der kongolesischen Bevölkerung und speziell der artisanalen Minenarbeiter und Kooperativen integrieren muss.

Zudem fordern wir, dass diese Regulierungen, wenn sie dann zur Zufriedenheit aller Beteiligten ausgearbeitet wurden, bindend sein müssen und ihre Befolgung institutionell überwacht werden.

3) Was die Rolle der UNO und der NGOs bei den Menschenrechtsverbrechen im Ostkongo angeht, so stellen wir fest, dass die dort stationierte Mission der Vereinten Nationen sehr wohl imstande wäre, die Zivilbevölkerung zu schützen – so wie auch in anderen vergleichbaren Konfliktzonen. Aber trotz all ihrer Möglichkeiten, ihrer Humanressourcen, ihrer waffentechnischen, organisatorischen und budgettechnischen Kapazitäten, hat diese Mission die Bevölkerung nicht umfassend vor Angriffen geschützt und wurde so ihrem Auftrag nicht gerecht.

Derartige Fälle von Inaktivität der UN-Truppen - Unterlassungen ebenso wie die direkte Verwicklung in Verbrechen - müssen untersucht werden. Die Immunität der UNO darf angesichts der Schwere der Verbrechen kein rechtliches Hindernis darstellen und muss aufgehoben werden.

Was die Nachhaltigkeit und die Wirksamkeit des Einsatzes der internationalen humanitären Organisationen (NGOs) im Ostkongo angeht, so stimmten alle von uns befragten Experten in ihrer Einschätzung überein, dass diese in ihrer aktuellen Praxis nicht zum Schutz und zur nachhaltigen Befriedung der Region beitragen. Alle Experten stimmten darin überein, dass es für mehr Effizienz in der Arbeit der internationalen NGOs einer Langzeitplanung und der Kooperation mit lokalen Nichtregierungsorganisationen bedarf. Darüber hinaus fordern wir die Installierung eines bindenden Codes von Verhaltensregeln für NGOs, deren Einhaltung über die Finanzierung derselben zwingend entscheidet und von allen Geldgebern beachtet werden muss. Solange all dies, wie aktuell im Ostkongo, nicht der Fall ist, tragen die Aktivitäten der internationalen humanitären Organisationen nicht zur Beendigung oder Lösung, sondern zur Fortschreibung der Probleme bei.

C. SCHLUSSBEMERKUNG DER JURY:

Wir wiederholen: Die juristische Verfolgung von Menschenrechtsverletzungen ist absolut notwendig; der gegenwärtige Zustand der Straflosigkeit solcher Verbrechen in der Demokratischen Republik Kongo ist daher unerträglich und inakzeptabel. Der Kreis der Akteursgruppen, die solche Verbrechen zu verantworten haben, geht aber weit über die Direkttäter vor Ort hinaus und umfasst neben den multinationalen Minenunternehmen, korrupten Regierungsmitgliedern, Händlern von Konfliktmaterialien, der Armee, den bewaffneten Gruppen etc. auch diejenigen, die es ihrerseits für ein Menschenrecht halten, Endprodukte, unabhängig von den Bedingungen ihrer Herstellung, so billig wie nur irgend möglich bekommen zu können. Würden etwa für Smartphones, die ohne Ausgangsstoffe wie jene aus den kongolesischen Minen nicht funktionieren, echte Preise gezahlt, die sowohl die sozialen als auch die ökologischen Kosten des Produkts enthalten, wäre schon Wesentliches gegen das derzeitige Kontinuum von Ausbeutung und Verbrechen getan.

So verkündet in Anwesenheit des Präsidenten des Tribunals, Jean-Louis Gilissen, in der Bundeszentrale für politische Bildung in Berlin, Deutschland, am 29. Juni 2015.

MITGLIEDER DER JURY IN BERLIN:
Colette Braeckman (Belgien)
Saran Kaba Jones (Liberia)
Wolfgang Kaleck (Deutschland)
Saskia Sassen (USA)
Marc-Antoine Vumilia (Demokratische Republik Kongo)
Harald Welzer (Deutschland)

Wolfgang Kaleck, Mitglied Jury (Berlin)
MENSCHHEITSVERBRECHEN IN DER DEMOKRATISCHEN REPUBLIK KONGO *– PERSPEKTIVEN EINER JURISTISCHEN AUFARBEITUNG*

Die Kriege im Kongo der letzten beiden Dekaden waren verheerend und brutal, mindestens fünf Millionen Menschen starben, es gibt fast zehn Millionen interne Vertriebene, Hunderttausende wurden vergewaltigt. Mehrere staatliche Armeen (Kongo, Ruanda, Uganda) sowie dutzende bewaffnete Gruppen sind in die bewaffneten Konflikte involviert, immer wieder werden Massaker an der Zivilbevölkerung verübt. Auch lokale wirtschaftliche Akteure und transnationale Konzerne mischen mit: Trotz oder gerade wegen der Massengewalt und der weitestgehenden Abwesenheit funktionierender staatlicher Strukturen schaffen sie die zentralen Rohstoffe des IT-Zeitalters tonnenweise außer Landes. Am vorläufigen Ende dieser Periode stehen eine weitgehende Straflosigkeit der verübten Verbrechen und ein Mangel an Aufarbeitung.

Leider sind selbst in der heutigen Ära internationaler Gerichtshöfe und Menschenrechtskonventionen weder systematische sexualisierte Gewalt noch die Beteiligung staatlicher und nichtstaatlicher bewaffneter Akteure an massenhafter Gewalt oder Unternehmensbeteiligung an schwersten Menschenrechtsverletzungen etwas Außergewöhnliches. Im kolumbianischen Bürgerkrieg wurde 2014 alle anderthalb Tage eine Frau vergewaltigt, in Peru ist der Bergbaukonzern Glencore/XStrata unter Verdacht, seit Jahren das Trinkwasser in der Region Tintaya Antapaccay durch einen Tagebau zu vergiften, und während der Bürgerkrieges in Sri Lanka 2009 folterte und ermordete der Staat über 40.000 Menschen, um nur ein paar Beispiele zu nennen.

Ein Blick auf jene anderen Kontexte von Massengewalt zeigt aber auch, dass eine Aufarbeitung, auch in künstlerischer Form, dazu beitragen kann, den Kreislauf der Gewalt zu durchbrechen, das Leid, das den Opfern angetan wurde, anzuerkennen und die bestehenden Verantwortlichkeiten aufzuklären. Mit seinem Motto „Wahrheit und Gerechtigkeit" kann das „Kongo Tribunal" Anknüpfungspunkt für zivilgesellschaftliche Kämpfe um Gerechtigkeit und juristische Aufarbeitung sein. Schon jetzt gibt es Ansätze dazu, diese sollen nachfolgend in den Blick genommen werden.

DER INTERNATIONALE STRAFGERICHTSHOF

Der 2002 errichtete Internationale Strafgerichtshof (IStGH) in Den Haag ist für die Verfolgung schwerster Verbrechen zuständig, wenn die betroffenen Staaten nicht in der Lage oder willens sind, selbst zu ermitteln. Damit scheint er wie gemacht, um die Straflosigkeit in der Demokratischen Republik Kongo zu bekämpfen. Die Regierung unter Joseph Kabila trat bereits 2002 dem IStGH bei, am 23. Juni 2004 wurde das erste formelle Ermittlungsverfahren des Gerichtshofs auf Bitte der kongolesischen Regierung eingeleitet. Diese Untersuchung behandelt Kriegsverbrechen und Verbrechen gegen die Menschlichkeit, die im Krieg in der ostkongolesischen Region Ituri verübt worden sind. Bisher sind eine Reihe weiterer Verfahren eingeleitet und durchgeführt worden.

Diese Verfahren haben sicher nicht die Falschen getroffen, die Verurteilten wurden völlig zu Recht für ihre Verantwortlichkeit an schwersten Verbrechen zur Rechenschaft gezogen. Ein Anfang für die juristische Aufarbeitung schwerster Menschheitsverbrechen auf internationaler Ebene ist mithin gemacht.

Mängel der bisherigen Ermittlungsstrategie zeigen sich allerdings, wenn man betrachtet, wer bisher nicht auf der Den Haager Anklagebank sitzt: Obwohl in den kongolesischen Kriegen beinahe alle beteiligten Kräfte in schwerste Verbrechen verwickelt sind, sind bisher keinerlei Angehörige des kongolesischen Militärs oder der ugandischen und ruandischen Streitkräfte, die wiederholt im Ostkongo operiert und dortige Milizen unterstützt haben, angeklagt worden. Es entsteht der Eindruck, dass der Gerichtshof die Verantwortlichen auf Regierungsseite mit Samthandschuhen anfasst, um nicht deren Unterstützung für die eigene Arbeit zu gefährden. Auch die Verwicklung von Wirtschaftsakteuren in die untersuchte Massengewalt ist bisher nicht Gegenstand der Ermittlungen geworden.

Zudem ist auch die Auswahl der Anklagepunkte in einzelnen Fällen unglücklich gewesen. Die Anklage konzentrierte sich teilweise auf vergleichsweise leichte Verbrechen, während schwere Vergehen ausgespart wurden.

Als zunehmend problematisch erweist sich auch, dass die Verfahren in Den Haag weitab von den Betroffenen stattfinden. Damit haben diese keinen wirklichen Zugang zu den Gerichten, sodass das Ziel, das erlittene Unrecht anzuerkennen und Gerechtigkeit zu üben, kaum erreicht werden kann.

Insgesamt hat der IStGH in Hinblick auf die Demokratische Republik Kongo sein Potential bisher nicht ausgeschöpft: Aufgrund der unzureichenden und selektiven Ermittlungen und eines fehlenden Konzeptes, aus dem ersichtlich würde, wann und auf welcher Grundlage die Entscheidung für weitere Anklagen getroffen werden soll, sind die kongolesische Zivilgesellschaft, lokale Gemeinschaften und ausländische Beobachter/innen zunehmend der Ansicht, dass es dem Gerichtshof an Unparteilichkeit mangelt. Um dieser Wahrnehmung entgegenzuwirken und einen sinnvollen Beitrag zur Aufarbeitung leisten zu können, bedürfte es neben einer ausgewogeneren Ermittlungsstrategie vor allem eines Dialoges mit den betroffenen Gemeinschaften.

DIE VERANTWORTLICHKEIT TRANSNATIONALER UNTERNEHMEN

Die Verwicklung von Unternehmen in schwerste Menschenrechtsverletzungen ist keineswegs ein Phänomen, das nur im Kongo auftritt, wenn es auch dort aufgrund der großen Rohstoffvorkommen und der langen Geschichte bewaffneter Konflikte besonders drastische Ausmaße annimmt. Unternehmen verletzen häufig die Gesundheit von Menschen und ihre natürlichen Lebensgrundlagen, etwa beim Rohstoffabbau. Sie beteiligen sich wissentlich oder unwissentlich an staatlicher und paramilitärischer Repression gegen Gewerkschafter und soziale Bewegungen und zeichnen damit (mit-)verantwortlich für die Verletzung grundlegender Menschenrechte wie des Rechts auf Leben und körperliche Unversehrtheit. Die wirtschaftlichen und sozialen Menschenrechte wie das Recht auf Nahrung, Wasser und angemessenes Wohnen werden ebenfalls von transnationalen Unternehmen häufig verletzt.

Die Industrie in der EU und der Schweiz profitiert von der Ausbeutung kongolesischer Mineralien. Die dort reichlich vorkommenden sogenannten 3TG (Zinn, Tantal, Wolfram, Gold) sind zentraler Bestandteil der Produktion von Informationstechnologien. Gleichzeitig geht ein Drittel aller weltweiten Menschenrechtsverletzungen durch Unternehmen auf den extraktiven Sektor zurück. Wie in den Bukavu-Anhörungen des „Kongo Tribunals“ zu hören war, ist der Ostkongo hier keine Ausnahme. Ethisch scheint die Verantwortung von schweizerischen und EU-Unternehmen, ihrer Sitzstaaten und des hiesigen Konsummodells für die im Zuge des Mineralienabbaus begangenen Menschenrechtsverletzungen klar. Um diesen Verantwortlichkeiten gerecht zu werden, ist bei der rechtlichen Betrachtung wichtig, zwischen den Verantwortlichkeiten des Gaststaates, des Unternehmens selbst und des Sitzstaates zu unterscheiden. Ein den globalisierten Wirtschaftsbeziehungen angemessenes Recht müsste an allen diesen

Ebenen ansetzen. Doch wer ist in der Lage, derartige Regeln durchzusetzen?

In den Industriestaaten des westlichen Europas waren es vor allem die Arbeiterbewegungen, ihnen folgend soziale Bewegungen wie die Atomkraftgegner und Umweltschützer, die in politischen Auseinandersetzungen innerhalb des nationalstaatlichen Rahmens Arbeits- und Umweltstandards erkämpften. Doch heute lässt sich beobachten, dass sich das globale Wirtschaften immer mehr aus den Bindungen an nationales Recht löst. Im globalen Süden sah es ohnehin immer anders aus: Während des Kolonialismus wurden Millionen von Menschen umgebracht und deren Länder ausgeraubt, die Deformierungen der Gesellschaften und Wirtschaftseinheiten dauern bis heute an – auch weil lokale Eliten oft vor allem zum eigenen Vorteil agieren. Eine wirksame rechtliche Einhegung von Wirtschaftsinteressen fand dort kaum statt. Dennoch gibt es auch heute und in der Demokratischen Republik Kongo lokal wie global geführte Kämpfe gegen Menschenrechtsverletzungen durch Unternehmen.

Seit den Nürnberger Prozessen ist der Diskurs um die (menschen-)rechtliche Verantwortung von Unternehmen eng verknüpft mit der Geschichte des Völkerstrafrechts und es ist anerkannt, dass jedenfalls Völkermord, Verbrechen gegen die Menschlichkeit und bestimmte Kriegsverbrechen nach Völkerrecht strafbar sind. Da in den seltensten Fällen eine Strafbarkeit von Unternehmen als juristischen Personen verankert ist, richten sich Strafverfahren gegen Einzelpersonen aus den verantwortlichen Unternehmen. Manager und Angestellte von Unternehmen können grundsätzlich wegen der Beteiligung an Völkerstraftaten vor dem IStGH oder nationalen Gerichten von Staaten, die derartige Verbrechen in ihre Rechtsordnung aufgenommen haben, verfolgt werden. In der Geburtsstunde des Völkerstrafrechts, den Nürnberger Hauptkriegsverbrecherprozessen und den Nachfolgeverfahren, wurden nicht nur die Verbrechen staatlicher und militärischer Verantwortlicher abgeurteilt. Vielmehr stellten die Ankläger von Nürnberg auch die Eigentümer und Unternehmer der großen Wirtschaftskonzerne vor Gericht. Dieser Teil der Rechtsgeschichte ist etwas in Vergessenheit geraten. Weder die UN-Tribunale für Jugoslawien und Ruanda noch der IStGH haben bisher Verfahren gegen wirtschaftliche Akteure geführt - obwohl sich alle Kommentatoren einig sind, dass dies möglich wäre. Denn viele der Konflikte, die derzeit Gegenstand von Ermittlungen in Den Haag sind, haben wirtschaftliche Ursachen - die Auseinandersetzungen um die Rohstoffe im Ostkongo sind hier sicher ein Paradebeispiel.

Wenn die Ausbeutung von Arbeitskräften in kongolesischen Minen sklavenähnliche Zustände annimmt, wäre es möglich, die Manager der beteiligten Wirtschaftsunternehmen wegen Kriegsverbrechen im Rahmen des bewaffneten Konfliktes zu verfolgen. Plünderung ist nicht nur ein plakativer politischer Begriff, sondern ein Rechtsbruch nach der kongolesischen Verfassung und ein Kriegsverbrechen, für das der IStGH zuständig ist. Die illegale Ausbeutung von Minen im Konfliktgebiet oder der Raub von Mineralien, erfüllen diesen Tatbestand. Wenn diese Mineralien an ein internationales Unternehmen verkauft werden, könnten sich die Unternehmensverantwortlichen, etwa in der Schweiz, der Beihilfe an diesem Kriegsverbrechen schuldig machen.

So hat die schweizerische Nichtregierungsorganisation TRIAL in einer Strafanzeige von 2013 gegen das Unternehmen Argor-Heraeus mit Sitz im Tessin argumentiert, weil dieses nachweislich fast 3 Tonnen Gold, das von der Miliz FNI (Front des Nationalistes et Intégrationnistes) im Ostkongo erbeutet worden war, angekauft hatte. Weiterhin können sich die Verantwortlichen der Plünderung schuldig machen, wenn das Unternehmen selber in einem solchen Kontext illegal Rohstoffe fördert. Auch die Lieferung von Waffen und technischem Zubehör an bewaffnete Gruppen oder schlicht deren Finan-

LE TRIBUNAL SUR
LE CONGO
THE CONGO
EXPERT

zierung bei entsprechendem Vorsatz der beteiligten Unternehmer und ihrer führenden Angestellten könnten eine Beihilfe zu Kriegsverbrechen oder Verbrechen gegen die Menschlichkeit bedeuten. Es bestehen also rechtliche Ansatzpunkte, um die Verantwortlichen in den Unternehmenszentralen im globalen Norden für Verbrechen zur Verantwortung zu ziehen, die im Ostkongo beim Rohstoffabbau begangen werden. Dennoch ist bisher niemand wegen derartiger Taten angeklagt worden. Ernsthafte Ermittlungen wurden bisher weder im Kongo noch vor Gerichten der Staaten geführt, in denen die Unternehmen ihre Hauptsitze haben.

Nichtsdestotrotz hat in den letzten zwei Dekaden eine bemerkenswerte Entwicklung stattgefunden: die Betroffenen von Menschenrechtsverletzungen nutzen immer wieder nationale zivil- oder strafrechtliche Verfahren, um gegen die an Völkerstraftaten beteiligten Unternehmen und ihre Manager vorzugehen. Vor internationalen Instanzen ist oft schwer durchsetzbar, was die Menschenrechte versprechen, nämlich die Anerkennung von Unrecht und das Wiederherstellen von Würde. Genau dies fordern die Betroffenen, ihre Anwälte und Organisationen zunehmend vor nationalen Gerichten ein. Ein Beispiel betrifft die Beteiligung des österreichischen Holzunternehmens Danzer an Verbrechen in der kongolesischen Provinz Equateur. Im Mai 2011 fielen Sicherheitskräfte über das Dorf Bongulu her. Sie vergewaltigten Frauen, verprügelten viele Dorfbewohner und nahmen mehr als zwanzig Personen willkürlich fest. Dabei nutzten sie Fahrzeuge eines Tochterunternehmens der in der Nähe tätigen Danzer Group. Zudem bezahlte der örtliche Manager die Soldaten und Polizisten. Nach einer Strafanzeige gegen einen leitenden Mitarbeiter der Danzer Group bei der Staatsanwaltschaft Tübingen hat diese die Ermittlungen Anfang 2015 eingestellt und dabei maßgebliche Beweismittel unbeachtet gelassen. Der Fall Danzer illustriert, dass eine nationale Strafverfolgung der Beteiligung transnationaler Unternehmen an schweren Menschenrechtsverletzungen in der Demokratischen Republik Kongo schon heute grundsätzlich möglich ist, allerdings noch ein weiter Weg zu Wahrheit und Gerechtigkeit für die Betroffenen zurückzulegen ist.

DER MÜHSAME WEG DER AUFARBEITUNG

Angesichts der skizzierten Schwierigkeiten, Wirtschaftsakteure für von ihnen verantwortete Menschenrechtsverletzungen in Anspruch zu nehmen, die in anderen Kontexten bestehen, wurde auf UN-Ebene die Regulierung der menschenrechtlichen Pflichten von Unternehmen diskutiert. Die 2011 einstimmig vom UN-Menschenrechtsrat angenommenen Leitprinzipien für Wirtschaft und Menschenrechte sind zwar nicht rechtsverbindlich, stellen aber einen Konsens der UN-Mitgliedsstaaten dar.

Die Leitprinzipien basieren auf einer Trias von staatlichen Schutz- und unternehmerischen Achtenspflichten sowie der Pflicht, wirksame Beschwerdemöglichkeiten bereitzustellen: Staaten sollen ihrer Schutzpflicht, Menschenrechtsverletzungen durch Unternehmen via Regulierung und Kontrolle zu verhindern, nachkommen. Unternehmen sind verpflichtet, Menschenrechte in ihrer Geschäftstätigkeit zu achten, indem sie entsprechende Sorgfaltspflichten einhalten. Betroffene von Verletzungen dieser Pflichten sollen wirksamen Rechtsschutz genießen. Bei einer konsequenten Umsetzung wäre dies ein großer Schritt hin zu einem effektiven Schutz von Menschenrechten gegen Verletzungen durch Unternehmen.

Derzeit stellen sich die europäischen Regierungen jedoch auf den Standpunkt, dass sie die UN-Leitprinzipien bereits jetzt umsetzen und keine substantiellen Rechtsreformen, sondern nur kleinere Nachbesserungen vonnöten sind. In Deutschland ist der politische Wille kaum zu erkennen, menschenrechtswidriges Handeln deutscher Wirtschaftsakteure im Ausland effektiv zu sanktionieren.

Dabei zeigt sich im Zuge der Konkretisierung unternehmerischer Sorgfaltspflichten, dass vor allem die Wahrnehmung so genannter extraterritorialer Staatenpflichten entscheidend wäre: Es muss Betroffenen ermöglicht werden, im Sitzstaat transnational operierender Unternehmen juristisch auch gegen von diesen im Ausland verantwortete Menschenrechtsverletzungen vorzugehen. Unternehmen müssen gezwungen werden, tatsächlich Verantwortung zu übernehmen, wenn sie infolge mangelnder Kontrollen Menschenrechtsverletzungen durch ihre Tochter- oder Zulieferfirmen nicht verhindert und somit keine angemessene Sorgfalt haben walten lassen.

Daneben sollte sich der IStGH den Verbrechen von Angehörigen der kongolesischen Regierung und Armee sowie von transnationalen Wirtschaftsakteuren zuwenden. Der kongolesische Aufarbeitungsprozess wird letztlich entscheidend für einen Übergang zu einer friedlicheren Gesellschaft sein. Keines dieser Ziele wird ohne einen harten Kampf einer engagierten Zivilgesellschaft aus dem Kongo und der ganzen Welt zu erreichen sein. Auch ohne dass rechtlich bindende Urteile ergangen wären, kann die Erfahrung des „Kongo Tribunals“ mit seinem Versprechen von Wahrheit, Gerechtigkeit und Gleichheit vor dem Gericht ein Schritt auf diesem Weg sein.

Andreas Tobler,
Journalist und Tribunalberichterstatter (Bukavu/Berlin)

MEHR ALS NUR EIN THEATERGERICHT

In den vergangenen Monaten bin ich in Gedanken wiederholt in den alten Theatersaal des Collège Alfajiri von Bukavu zurückgekehrt, wo wir unter den beiden hochgehängten Begriffen „Vérité et justice" die Verhandlungen von Milo Raus „Tribunal sur le Congo" verfolgten. Und wo ich mich gelegentlich im Wachtraum eines Fitzcarraldo wähnte, der uns über die tausend Hügel von Ruanda gelockt hatte, um in einem Theatersaal aus der Kolonialzeit ein Tribunal zu veranstalten, in dem der englische „Guardian" das „vielleicht ambitionierteste Polittheater" aller Zeiten vermutete.

Die Ambitionen von Milo Raus „Kongo Tribunal" waren tatsächlich alles andere als gering: Sein erklärtes Ziel war es, das Unrecht im Kongo zu beleuchten, das nach Schätzungen von Menschenrechtsorganisationen in den vergangenen Jahren mehr als sechs Millionen Tote angehäuft hat. So auch im Osten des Kongo, wo sich die Millionenstadt Bukavu befindet: Auch hier kam es in den vergangenen Jahren zu hunderten von Massakern, auch hier herrscht Armut, obwohl die Region reich an Bodenschätzen ist. Und auch hier wird das Leben bestimmt von Korruption, von wirtschaftlichen und ethnischen Konflikten und der systematischen Anwendung von sexueller Gewalt an Frauen.

Angesichts einer derart brutalisierten Wirklichkeit könnte man verzweifeln, zynisch werden oder gar bei einem robusten Nihilismus Rettung suchen. So wie der Ich-Erzähler in Célines „Reise ans Ende der Nacht", der nach seinen Afrika-Erfahrungen vor all jenen warnt, die „es mit der Gerechtigkeit haben". Denn diese „Gerechtigkeitsfanatiker" seien „definitiv die Gefährlichsten!"

Raus „Kongo Tribunal“ war am Ende dann doch mehr als ein Stück Größenwahn im Geiste Fitzcarraldos, mehr als die künstlerische Aktion eines Verzweifelten. Und ich glaube, dass dies ganz entscheidend damit zu tun hat, dass Rau kein Idealist im eigentlichen Sinne ist, der darauf vertraut, dass man die unzerstörbaren Rechte nur einfordern muss, damit sie ihre Wirkung entfalten können. Als Materialist weiß Rau nur zu gut, dass die Wahrheit „konkret“ sein muss, wie es bei Brecht heißt, ihr „Zeitkern“ geborgen oder getroffen werden muss, damit Kunst eine „Wahrheitsprozedur“ sein kann, wie dies Alain Badiou einmal formuliert hat. Tatsächlich ist all dies Rau in seinen bisherigen Arbeiten gelungen: In „Breiviks Rede“ ließ er uns in den Kopf des Massenmörders Anders Behring Breivik blicken, in dessen Hirnwindungen sich abnorme Irrheit und der ganz normale Wahnsinn der heutigen Rechtspopulisten unauflösbar ineinander verschlungen haben. In „Hate Radio“ schlug Rau eine Brücke zwischen Afrika und Europa, zwischen dem Völkermord von Ruanda und unserer Normalität - mithilfe von Kurt Cobain, mit dessen Songs das auf der Bühne gezeigte Radiostudio 1994 die Massen in Ruanda zum Genozid aufgepeitscht habe. Welche Kraft der „Zeitkern“ der Wahrheit hat und wie er mithilfe der Dialektik und der Genealogie der Gegenwart als Erkenntnismethode scharf gestellt werden kann, konnten wir nicht zuletzt in Raus Europa-Trilogie erleben, die er mit „The Civil Wars“ und „The Dark Ages“ begann. Darin ließ uns Rau mit den biographischen Erzählungen seiner Protagonisten in all die unausgeräumten Keller blicken, auf denen das mehrfach kriegsversehrte Europa errichtet wurde und die bis heute - angefüllt mit vertrocknetem Blut und unbewältigten Erinnerungen - so etwas wie die Nachtseite bilden und unauflösbar, gleichsam dialektisch mit unserer Normalität verbunden sind.

Und die Kraft der konkreten Wahrheit zeigt sich nicht zuletzt in Raus „Kongo Tribunal“. Doch anders als in Stücken wie „Hate Radio“, „The Civil Wars“ und „The Dark Ages“ beschränkt sich Rau hier nicht allein auf die Prinzipien der Dialektik und der Genealogie, mit denen die Geschichte der Gegenwart geschrieben werden kann. Im „Kongo Tribunal“ fand vielmehr etwas seine Anwendung, was der späte Louis Althusser als „Materialismus der Begegnung“ zu beschreiben versuchte. In jüngster Zeit hat dieser späte Gedanke von Althusser eine erstaunliche Konjunktur erfahren, seit der Kunstkurator Nicolas Bourriaud mithilfe dieses Begegnungsmaterialismus eine „relationale Ästhetik“ zu entwickeln versuchte. Bourriauds „esthétique relationnelle“ hat dabei nichts Geringeres zum Ziel, als dass die Gemeinschaft oder ganz allgemein das Soziale wieder zum unüberschreitbaren Horizont unserer Gegenwart werden soll - trotz und entgegen der Verlockungen der digitalen Zauberwelten, die der Atomisierung der Gesellschaft Vorschub leisten. Selbst dann noch, wenn man zu Hause vor dem Computer eine Onlinepetition unterzeichnet.

Das Aufbrechen des sozialen Autismus; die Begründung neuer Formen der Gemeinschaft: Ermöglicht werden sollte dies mit relativ einfachen Formen der Zusammenkunft im Kunstrahmen, etwa dann, wenn man bei René Pollesch an einem Spieltisch um einen symbolischen Orgasmus zockt. Oder mit einer Gruppe wie „machina eX“, die Schikanen der Flüchtlingspolitik nachspielt - vom Grenzübertritt bis zum Auffanglager, um so im Kunstrahmen ganz reale Erfahrung des Gemeinschaftlichen zu machen. Über solche einfachen Formen des Spielerischen und die simple Ethik, die sich daraus ableiten lässt (der Mensch existiert nur als soziales Wesen), ging Milo Raus „Kongo Tribunal“ aber deutlich und gleich mehrfach hinaus. Es war - aufgrund seiner Zusammensetzung - letztlich nichts anderes als die Vorahnung der „Chambres mixtes“, mit denen Sylvestre Bisimwa als Generalstaatsanwalt von Raus Tribunal die Wahrheit ermitteln und die Gerechtigkeit im Kongo ermöglichen will. Strafkammern, die sich aus internationalen und kongolesischen Richtern zusammensetzen sollen. Verbunden mit diesen „Chambres mixtes“ ist die Hoffnung, die schwerfällige Justiz am Internationalen Strafgerichtshof in Den Haag zu überwinden, die bisher noch nicht der Forderung nach einem Sondertribunal für den Kongo nachkommen wollte oder konnte.

Dabei sah es am Anfang eigentlich schlecht aus für das „Kongo Tribunal". So versuchte der Gouverneur der Provinz Südkivu das Tribunal vom ersten Tag an schamlos für seine Machtdemonstration zu instrumentalisieren: Marcellin Cishambo kam notorisch zu spät, am ersten Prozesstag gar mehr als eine Stunde, womit sich der Beginn der Sitzungen wiederholt verzögerte. Über seine persönliche Mitarbeiterin verlangte der Gouverneur für seine Entourage zudem jeden Tag mehr Sitzplätze in den ersten Reihen, die von Raus Kameras gut eingefangen werden konnten. Und nicht zuletzt überzog Cishambo die Redezeit bei seinen Auftritten massiv.

Der Gouverneur machte damit mehr als nur deutlich, dass Raus „Kongo Tribunal" nur dank ihm stattfand - und dass hier ganz andere Bedingungen herrschten als beim „Vietnam-Tribunal" von Bertrand Russell und Jean-Paul Sartre, das 1966/67 in London, Stockholm und Kopenhagen stattfand - ohne die Beteiligung der jeweiligen Regierungen und zudem in Ländern, die weder Schauplatz noch unmittelbar Beteiligte am Vietnam-Krieg waren. Anders das „Kongo Tribunal": Mit ihm wagte sich Rau in die Konfliktzone, die von Korruption, ethnischen Konflikten und dem globalen Kapitalismus bestimmt ist. Dafür musste sich Rau mit seinem Theatertribunal aber unter die Schirmherrschaft des kongolesischen Staates stellen, der auf dem aktuellen Demokratieindex einen der letzten Plätze belegt - zwischen Saudi-Arabien und Syrien.

Letztlich waren es aber gerade die wiederholten Machtdemonstrationen der Regierungsvertreter, welche Raus „Kongo Tribunal" in seiner antagonistischen Struktur möglich machten, an der Carl Schmitt mit seinem Freund-Feind-Schema als Index des Politischen wohl seinen Spaß gehabt hätte: Neben der Regierungsfraktion um Gouverneur

Cishambo nahm auch der Oppositionspolitiker Vital Kamerhe von der UNC (Union pour la Nation Congolaise) mit einer großen Entourage am Theatertribunal teil. Nicht etwa, weil Kamerhe in Bukavu aufwuchs und hier seine größte Anhängerschaft hat. Sondern vielmehr deshalb, weil Raus „Tribunal" am Vorabend der kongolesischen Präsidentschaftswahlen stattfand. Diese Wahlen machten es möglich (oder nötig), dass Regierung und Opposition sich während dieser drei Tage im Theatersaal des Collège Alfajiri einfanden, begleitet von zahlreichen Kameramännern - und auf Veranlassung eines Dritten, der selbst keine politische Macht für sich in Anspruch nahm. Zumindest nicht im Kampf um die kongolesische Präsidentschaft. Regierung und Opposition konnten also davon ausgehen, dass sie das Setting von Raus „Kongo Tribunal" für ihre Selbstinszenierung nutzen konnten - unter der Banderole „Wahrheit und Gerechtigkeit", die dafür eine hervorragende Kulisse boten. Anders ist es nicht erklärbar, dass sich die Machthaber und ihre Herausforderer drei Tage lang dem Prozessregime von Raus fiktionalem Tribunal beugten: Regierung und Opposition erhoben sich, wenn die beiden Vorsitzenden des Gerichts und die fünfköpfige Expertenjury den Raum betraten; beide Fraktionen verfolgten die mehrstündigen Prozessverhandlungen, die auch körperlich strapaziös waren, weil sie ohne Pausen abgehalten wurden. Nicht zuletzt stellten sich die Vertreter beider Fraktionen den Fragen der unabhängigen Expertenjury - und sie schwiegen, wenn sie von Jean-Louis Gilissens Hämmerchen zur Ruhe gebeten wurden. Selbst Gouverneur Cishambo beugte sich - wenn auch widerwillig - diesem Prozessregime von Raus Theatertribunal.

Mit dem Massaker von Mutarule, dem im Juni 2014 insgesamt 36 Menschen zum Opfer fielen, brachte Rau mit seinem Theatertribunal einen jener „Vorfälle" („incidents") zur Anklage, wie die Massaker von der UN euphemistisch bezeichnet werden. Paradoxerweise war es in diesem Zusammenhang gerade die juristische Konsequenzlosigkeit des Theatergerichts, die Geständnisse ermöglichte, die in einem regulären Verfahren – wie wir sie in Europa kennen – kaum denkbar wären, da sie zu einer Verurteilung oder zumindest zu einem Nachfolgeprozess führen würden. Besonders erinnerlich sind mir in diesem Zusammenhang die Aussagen des Innenministers der Provinz Südkivu, Jean-Julien Miruho, der die Zuständigkeit für den „Zwischenfall" vom Juni 2014 abstritt, da seine Polizei nicht für solch „kriegerische Ereignisse" wie das Massaker von Mutarule ausgebildet sei, das sich in der Nacht ereignet hatte. Verantwortlich für solche „Zwischenfällle" sei die Armee, die für solche Ereignisse ausgebildet sei. Das Publikum im Theatersaal reagierte mit kräftigem Raunen, das noch stärker wurde, als der Innenminister die für ihn rhetorische Frage nachreichte, wer den kongolesischen Staat für seine Untätigkeit beim Massaker von Mutarule anklagen und verurteilen solle.

„Wer will uns denn verklagen?" Mit dieser Aussage des Innenministers richtete Raus „Kongo Tribunal" ein Schlaglicht auf die Straflosigkeit, die im Kongo vorherrscht. Was sich damit zeigte, war letztlich nichts anderes als das, was Louis Althusser in seinen späten Schriften den „Unterstrom des Materialismus" genannte hatte: In einer Verkettung von Ereignissen sind im dekolonialisierten Kongo Strukturen entstanden, die kein übergeordnetes Ziel oder einen Zweck kennen. Entstanden ist eine Gesellschaft, in der Raus moralische Forderungen nach Wahrheit und Gerechtigkeit sowie die von ihm gestellte Frage nach der Verantwortung ohne Furcht vor Konsequenzen abgestritten oder an Dritte delegiert werden können. Das zeigte sich nicht nur in der Aussage des Innenministers, der die Verantwortung für die unterlassene Hilfeleistung beim Massaker von Mutarule auf die Armee schob. Deutlich wurde dieses verbreitete Vertrauen auf die Konsequenzlosigkeit auch in der Rede des Gouverneurs, der die Verantwortung für die kongolesische Misere an den globalen Kapitalismus delegierte.

Was sich während des „Kongo Tribunals" in den Aussagen des Gouverneurs und des Innenministers zeigte, war nun aber gerade nicht das individuelle moralische Versagen zweier besonders gerissener Regierungsvertreter. Es war vielmehr ein ganz wesentliches Moment in den Geschichtsverläufen: ihre Bestimmung durch Ereignisse und Gelegenheiten, die nicht von Moral oder anderen übergeordneten Prinzipien bestimmt sind, wie es der historische Materialismus in seiner Idealisierung der Vernunft, des Fortschritts und anderen teleologischen Prinzipien annahm. Denn genau das war es, was Louis Althusser mit seinem Insistieren auf einem „Materialismus der Begegnung" herausarbeiten wollte: Die Kontingenz des Kapitalismus, der Korruption und anderer Katastrophen, die entstehen können, gerade weil sie ohne moralische, rechtliche oder sonstigen Konsequenzen im Namen von Vernunft und Gewissen bleiben. Das war der Kern dessen, was Althusser in seinem „aleatorischen Materialismus der Begegnung" herausarbeiten wollte und was im Verlauf des „Kongo Tribunals" – als relationale Realkunst – anschaulich wurde.

Neben diesen Momenten eines aleatorischen Begegnungsmaterialismus, dem vor-ahmen einer konkreten Gerichtspraxis sowie dem Aufdecken von Wahrheiten über Verbrechen und deren Straflosigkeit im Kongo gibt es etwas Weiteres, was ich gerne die Wahrheit der Moral nennen möchte. Und die konnte im Rahmen von Raus „Kongo Tribunal" in zweifacher Hinsicht ihre Wirkung entfalten: Mit der Einforderung von moralischen Werten wie der Gerechtigkeit wurde erstens aufgedeckt, dass sie bisher in der Geschichte des Kongo keine bindende Wirkung haben konnte. Zweitens wurde sie so immens als Ziel starkgemacht, dass sich ihr niemand entziehen konnte, was meiner Meinung nach sehr viel damit zu tun hat, dass sie im Theater ihre ganze Kraft entfalten kann: Als Sphäre des Sinnlichen kann hier Verantwortlichkeit über Unmittelbarkeit entstehen – und darüber eine Wirkung in Sachen Bewusstseinsbildung erreichen, die andere Kommunikationsformen wie der gedruckte Text oder das Fernsehbild in dieser Stärke nicht erreichen können. So zumindest meine Erfahrungen beim Besuch der „Berlin Hearings", die einen Monat später auf die „Bukavu Hearings" folgten - und in denen ich mich sogar vom pathetischen Plädoyer des Gerichtsvorsitzenden Jean-Louis Gilissen angesprochen fühlte, der seit dem Sondertribunal für den Genozid in Ruanda als Anwalt am Internationalen Strafgerichtshof in Den Haag tätig ist. Am Ende des Tribunals formulierte Gilissen einen flammenden Appell: Die Geschichte werde über uns richten, erklärte er. Nicht der Hegelsche Weltgeist, nicht ein Gott mit einem Rauschebart. Aber unsere Kinder. Und diese würden sehr streng mit uns sein.

Gilissens Appell ging das Plädoyer von Harald Welzer voran, der dem Publikum vorhielt, dass wir von den Verhältnissen profitiert, die wir mit unserer Teilnahme am Tribunal „skandalisiert": In der „strukturellen Machtungleichheit" des globalen Kapitalismus, in der alles von der „Variablen" Ökonomie abhängt, könne aus der westlichen Welt niemand mehr seine Verantwortung delegieren, trotz funktionaler Differenzierung und der Entkolonialisierung des Kongo. Die Verantwortung „diffundiere" - und nur eine Unterscheidung sei gültig: Die zwischen Opfern und Nicht-Opfern. Auf der Seite der Nicht-Opfer müssten wir von einem Kontinuum „an Teilhaberschaft und Verantwortlichkeit" ausgehen. Darüber müsse man sich Rechenschaft ablegen. Es gelte also, juristische Institute einzurichten, mit denen das Unrecht im Kongo (und anderswo) verhindert oder zumindest sanktionierbar gemacht werden könnten. Das sei aber nicht nur eine Angelegenheit für Juristen, erklärte der Snowden-Anwalt Wolfang Kaleck: Der „Kampf ums Recht" betreffe uns alle und dürfe nicht an Juristen delegiert werden, wenn die Selbstgewissheit des Innenministers der Provinz Südkivu durchbrochen werden soll („Wer will uns denn verklagen?"). Deshalb brauche es die Zivilgesellschaft, für die es in Europa

NOUS VOULONS UN VERITABLE
TRIBUNAL SPECIAL POUR LE
CONGO
PAS DE PAIX SANS JUSTICE
POUR LES VICTIMES...
BENI VEUT LA PAIX ET LA
JUSTICE
LE PEUPLE CONGOLAIS DIT NON
AU TERRORISME ET INTEGRISME
RELIGIEUX ...
AA 07

im Zeitalter der Onlinepetitionen zusehends keine reale Form mehr gebe - mit Ausnahme der Theater als Orte gelebter Öffentlichkeit.

Mit der Vergemeinschaftung des Rechts, wie es Rau auf seinem Meinungstribunal simulierte, wird nicht zuletzt deutlich gemacht, dass das Juristische nicht etwas ist, was isoliert hinter verschlossenen Türen der Gerichtssäle ausgeübt wird, sondern vielmehr, als Teil der politischen Moral, der öffentlichen Sphäre angehört - und dort verhandelt werden muss, damit aus moralischen Forderungen Rechtsformen entstehen können, mit denen mit aller Konsequenz Gewalt eingedämmt, Verantwortung eingefordert und Gerechtigkeit hergestellt werden kann. Nicht zuletzt angesichts der Diskrepanz, dass Wirtschaftsrecht - aufgrund der „allgemeinen Äquivalenz" der ökonomischen Werte - international durchgesetzt werden kann, während Menschenrechtsverletzungen kaum oder nur mit enormen Schwierigkeiten juristisch verfolgt werden können. Dieser Rückstand der Menschenrechte - und wie er aufgeholt werden könnte - war in den Berliner Hearings des „Kongo Tribunal" eines der großen Themen. Raus Theatertribunal leistet in dieser Hinsicht nicht nur einen Beitrag zur Bewusstseinsbildung, sondern beteiligt sich vielmehr auch an einer Rückverhandlung des Rechts in Moral, wie man diesen Vorgang nennen könnte: Es erhob in der Gemeinschaft des Theaters, anhand von konkreten Fällen, moralische Forderungen, die jeder Rechtspraxis vorangehen müssen.

Kathrin Röggla, Gerichtsschreiberin (Berlin)

EMBEDDED BEIM KONGO TRIBUNAL *– EIN ABSCHLUSSBERICHT*

Irgendwie bin ich unter die Juristen gekommen, nicht erst Ende Juni dieses Jahres, nein, schon seit ein paar Jahren kommt es immer mal wieder vor, dass ich mit großer Faszination Juristen und Juristinnen zuhöre. Ob es um öffentliches Recht, internationales Recht oder um die juristische Vertretung von Krankenhäusern geht (die juristische Unschärfe von Krankenhäusern, die es genauso wie die juristische Unschärfe von Literatur gibt, das ist alles nur eine Frage der Abstufung). Und so kommt es, dass nicht nur Territorial-Fragen und Rechtshierarchie-Fragen, sondern auch Schweigeverpflichtungen ein Lieblingsthema von mir sind. Man hat seine Probleme damit als publizierender Mensch. Nicht jeder darf reden, und vor allem die, die aktiv an Entscheidungen, Unternehmensentscheidungen, beteiligt sind die dürfen schon mal gar nicht reden. Als Autorin landet man automatisch bei den Pensionierten, den Ex-Mitarbeitern, wenn man Informationen benötigt. Dass man bei der UNO nicht reden darf, damit war eigentlich zu rechnen gewesen, trotzdem hat es mich erstaunt als es hieß, Jean Ziegler dürfe nicht zum „Kongo Tribunal“ nach Berlin kommen, die UNO erlaube seine Teilnahme einfach nicht. Ich kann nur ahnen, welche Probleme diese Schweigeverpflichtungen und Gesprächsverhinderungen für Milo Rau dargestellt haben. Darüber haben wir bisher nicht wirklich geredet, vielleicht, weil das für ihn einem Journalisten gleich, Tagesgeschäft ist, oder weil er es bisher umgehen oder anders lösen konnte. Vielleicht, weil er kein reiner Dokumentarfilmer ist, falls es sowas überhaupt gibt. Und dennoch hätte es mich interessiert zu hören, wer alles nicht zum „Kongo Tribunal“ kommen konnte, ich hätte sie gerne gesehen, die Liste, auch wenn sie nur kurz ist, und wenn ich noch einmal als Gerichtsschreiberin anfangen könnte, würde ich mit dieser Liste beginnen.

Aber heute frage ich auch nicht mehr nach, zu platt bin ich, um darüber zu sprechen nach drei Tagen beinahe durchgängigem Gerichtsschreiberdasein, und ich war ja auch viel mehr darüber erstaunt, wer alles kam: Zum Beispiel ein Richter und Begründer des Internationalen Gerichtshof in Den Haag, der kongolesische Oppositionsführer und vermutlich nächste Präsident des Kongo, die Soziologin Saskia Sassen und der Menschenrechtsanwalt Wolfgang Kaleck. Und was habe ich dort eigentlich gemacht? War es wirklich eine Mitarbeit an einer kitschigen, naturalistischen Illusion von Gerechtigkeitsherstellung, wie manche Kritiker sagen würden – nein, das trifft es nicht ganz. Es war auch kein kleiner ästhetischer Schweigedurchlauf in einer sozialen Plastik, in der es wirklich um etwas ging – es war etwas Hybrides, nicht leicht zu Fassendes, ein kleines Theatermonster, das gleichzeitig Realitäten setzt, wie es so schön heißt. Oder zumindest Realitätseffekte erzeugt. Und ich saß mittendrin, beauftragt mit einer merkwürdigen Übersetzungsarbeit, ja, wohin eigentlich? Richtung Publikum hieß es, erst einmal, Richtung Literatur. Na, das sehen wir mal, habe ich mir gedacht. Es wurde ja viel gesagt, nahezu andauernd gesprochen, in dieser inszenierten Gerichtssituation, die diesmal allerdings kein Rau'sches Reenactment war – das „Kongo Tribunal" ahmte zwar mit seinem Untersuchungsleiter, dem Vorsitzenden des Gerichts, dem Gerichtsdiener, der Gerichtsschreiberin, den Jurymitgliedern und unterschiedlichen Zeugen die Tribunalform nach, mehr noch, es war gleichzeitig eine Art reales Tribunal, denn die gecasteten Experten würden auch weitgehend bei einem realen Tribunal zusammenkommen können, aber, Tatsache ist, dieses Tribunal kann derzeit im realen Leben nicht stattfinden. Wahrheits- und Versöhnungskommissionen, wie sie in vielen afrikanischen Ländern üblich geworden sind, sind dort derzeit trotz großem Wunsch der kongolesischen Bevölkerung nicht möglich. Es war also kein Reenactment, nein, es handelte sich bei dieser Theaterproduktion vielmehr um eine Vorahmung, eine Art Aufforderung an die Realität. Handelte es sich etwa um das, was Hans Blumenberg in Abgrenzung zum aristotelischen Gebot der Nachahmung gefordert hat – Kunst sollte Vorahmung sein? Es fällt mir schwer zu beurteilen, vielleicht fehlt da noch etwas.

Was verhandelt wurde? Ausgehend von drei exemplarischen Fällen wurde die strukturelle und oftmals direkte Verantwortung von internationalen Akteuren untersucht. Geladen waren vom ehemaligen Minenbetreiber über Waffenexperten und Menschenrechtsjuristen bis zur Kritikerin der NGO-Szene ein breites Spektrum an Zeugen – und natürlich spielte das Publikum mit, wollte Teil des Tribunals sein, das wiederum ein politisches Ereignis im Theaterraum sein wollte. Natürlich gab es diesen Eventcharakter, der sich darauf legte, aber wie sollte es auch anders sein. Alleine dadurch, dass es darum ging, diesen Knoten der Verwicklungen im Kongo sichtbar zu machen, der zum ständigen Kriegszustand vor Ort führt, und sich aus diesem Auftrag, wie Milo Rau das formulierte, „langfädige" Stränge und Argumentationsketten ergaben, wurde das Eventprinzip auch wieder durchkreuzt. Für das Jurymitglied Wolfgang Kaleck war es jedenfalls nicht langfädig genug, wie er gleich in seinem Eröffnungsstatement bekannt gab – und das machte eine Stärke des Tribunals aus. Die Akteure auf der Bühne konnten die Ambivalenz dieser hybriden Theater-Situation direkt ansprechen, der Freiraum dazu war da, die der Menschenrechtsanwalt Kaleck nutzte, um zu sagen: „Im realen Leben wollen wir keine Schauprozesse", und: „Im realen Leben würde das Jahre dauern, was wir hier in drei Tagen verhandeln." Konterkariert wurde er von dem Vorsitzenden des Gerichts, dem Belgier Maître Gilissen, der am Ende zu bedenken gab, dass das, was hier geschehen sei, dennoch real sei. Man schien sich in einem Schlussplädoyer zu einigen, dass das Tribunal nicht beendet werden könne, auch, weil es noch dem Theaterraum verhaftet war. Könnte es einen absurderen Ausgang für einen Theaterabend geben?

Jedenfalls wurde ein enormes Maß an Öffentlichkeit für einen der unheilvollsten und anscheinend unsichtbarsten Kriege geschaffen, die fortlaufenden Gräuel im Osten des Kongo, in die wir alle letztendlich mindestens über unsere Handys, aber auch über unsere Regierungen und internationalen Organisationen verstrickt sind. Es ist die Frage der Schuld, die eigentlich extrem theatral ist, und doch so selten im deutschsprachigen Theater explizit gestellt wird. In ihr liegt eine Komplexität, der noch viel seltener nachgegangen werden kann, die Abstraktionen, Verwicklungen, Akteure sind meist zu viele für einen neunzigminütigen Abend. Schuld ist im Theater heute oft genug archetypisch, abstrakt, niemals politisch gefasst. Ansonsten würde man sofort des Agitprop verdächtigt werden, oder einer verkürzt moralisierenden Haltung.

Aber was war mit mir und der Position der Literatin in dieser Stellvertreterrealität, die Ende Juni in den Sophiensælen stattfand? Meine Arbeit lag wohl darin, eine Art Stellvertreterliteratur zu schaffen, ein kleiner Hybrid zwischen Bericht, Statement, Kommentar, Rahmenthematisierung innerhalb des strengen Regimes der Übersetzung des Bühnengeschehens. Mitschreiben, was gesagt wird, das klingt erstmal so einfach, aber es ist ein relativ komplexer Vorgang von gleichzeitigem Hören, Zusammenfassen, Auswählen, journalistischer VorArbeit, literarischer Schnitttechnik, subjektivem Kommentar, Kontextformulierungen. Ein Vorgang, der im Zwei-Minuten-Takt kleine Statements auf die Screens über der Bühne abwarf (die auch im Netz als Blog publiziert wurden), mit einem leichten zeitlichen Delay, der mich die ganze Zeit über nervös machte. Denn es war die Timeline, die hier alles bestimmte. Sich möglichst zeitgleich zu machen, möglichst nahe an den Gegenwartsmoment ranzukommen, war das Diktat der Arbeit und gleichzeitig die ästhetische Herausforderung, an der man nur scheitern konnte. Die Unmöglichkeit, dies zu schaffen, unterlief die ganze Präsenzstruktur des Tribunals, den Performancecharakter. Online und offline gleichzeitig zu sein, wie eine Übersetzerin mit einem Ohr zuzuhören und mit den Fingern etwas anderes zu schreiben und gleichzeitig den Rahmen sich immer wieder vor Augen zu halten, in dem der ganze Prozess stattfindet, ist eine Praxis, die zum permanenten Stolpern und ja, Scheitern verurteilt ist. Es galt ja, mich nicht in diesem Simultanprozess zu verlieren, aber auch nicht eine abgehobene Metaebene in den Vordergrund zu ziehen, die das ganze Geschehen kurzschließt, auf komische Weise ironisiert und vor allem verwirrt. Es galt, immer wieder an diesen Vorgängen zu scheitern, der Gegenwart niemals gerecht zu werden, weil sie eine derartige Selbstüberforderung darstellt. Eine Übung in einem zeitlichen Verhalten, wie es gerade unserer Smartphonegesellschaft anscheinend auf harmlose Weise Gebot ist, und während der ich immer wieder die merkwürdige Formulierung gebrauchte: „Ich muss mich erst freischwimmen".

Tatsächlich dauerte es eine ganze Sitzung, die Eröffnungssitzung, herausfinden, was da überhaupt stattfindet und welcher Einsatzort der dramatischen Sprache in dieser theatralen Hybridsituation überhaupt noch bleibt. Es war nicht viel, soviel steht fest, aber auch, verzeihen Sie mir die scheinbare Plattitüde, nicht wenig. Denn insgesamt kann man sagen, war es die Theatersituation, die am wenigsten Literatur erwarten ließ und auch am wenigsten Raum für sie ließ, eine Situation, in der ich für sie kämpfen musste und doch scheitern. Aber angesichts der Tatsache, dass Literatur in einer Welt von PR-Narrationen es sich oftmals zu leicht macht, oftmals zu leicht das ist, was gerne als „wunderbar poetische Sprache" bezeichnet wird, die schlicht und einfach eine Umgehung des Stoffes bedeutet, eine Nicht-Auseinandersetzung und Flucht, habe ich es für mich als ein notwendiges Exerzitium (ja, mein katholischer Hintergrund spielt vermutlich auch hier eine Rolle) empfunden, wie ich es sonst oft, allerdings nichtöffentlich, während gewisser Phasen meiner Recherche durchführe. Zuhören ist die schwierigste literarische Technik.

Es war ein permanenter Lernprozess, weil ich immer noch nicht zu 100 % weiß, was das ist: Schreiben. Literatur. Theatertext. Und weil es mich anzieht, wenn es um konkrete, sehr konkrete Problemlagen geht. Weil ich das nicht möchte, mich zu schnell in die Abstraktion zurückzuziehen, die angeblich Texte erst zu Kunst macht, das Allgemeine, das von der konkreten Situation Absehende. Abstraktion ist wichtig, aber nicht als Flucht vor der realen Auseinandersetzung mit einem Sujet, einer Konfliktlinie.

Sicher, am Ende des „Kongo Tribunals" sollte man sich genauer ansehen, welch ein Zusammenhang hier wirklich formal hergestellt worden ist – ob die Collage von unterschiedlichen Statements aus den verschiedenen Disziplinen, den soziologischen, juristischen, journalistischen, politologischen und den ökonomischen nicht eine Schlagseite zum Feuilletonistischen hat. Ein rhetorisch funkelndes Kaleidoskop, ein vielsprachiges Event mit moralischem Düsenantrieb, das nur meinen literarisch verkürzten Sprachspeicher erhalten hat? Aber setzte dieser Gedanke nicht voraus, dass die Verkürzung der Aspekte hier die wahrhaftigere, intensivere Auseinandersetzung ist? Fehlt nicht gerade die Zusammenführung der vielen Fäden, und macht das nicht genau den künstlerischen Teil des Abends aus, denn in einem wirklichen Tribunal würde man wohl auf ein Statement von Saskia Sassen verzichten?

Ein weiterer Einwand wäre zu sagen: Ja, aber da wurde ja nicht wirklich Recht gesprochen! Das funktioniert allerdings längst nicht mehr so klassisch im breiten, sich stets morphenden, Rahmen der afrikanischen Wahrheitskommissionen, in denen es längst mehr um die Narration der Ungerechtigkeit geht und weniger um den Rechtsspruch. Genauso wie es nicht funktioniert, zu sagen, damit habt ihr doch den moralischen Auftrag erledigt, das Tribunal habe jetzt stattgefunden, dafür blieb es eben doch zu sehr im Theatersaal und steht höchstens als Aufforderung da.

WELCOME TO
GOMA HILL

Auf der Bühne und jenseits von ihr, in den berühmten Pausengesprächen, wurde bemerkt, dass das Tribunal im Moment eine beliebte Theaterform sei, in Mode gekommen ist, und wahrlich finde ich vom Kapitalismustribunal bis zum Dada-Tribunal alles Mögliche – es gab sogar bereits an der FU Berlin eine Vorlesung zu dem „Theater als Tribunal" und dessen hybrider Form, und natürlich war Milo Raus Arbeit Sujet. Es scheint ein Bedürfnis nach gewissen Formen der Gerichtsbarkeiten zu geben, auch in Europa, vor allem nach der Zurschaustellung von Prozessen der Gerechtigkeitsproduktion. Ist es dieses Bedürfnis nach schneller Gerechtigkeit, das einem Misstrauen gegenüber den staatlichen Institutionen wie auch der politischen Klasse entspricht, samt seiner prompt erfolgten Ironisierung? Ist es der emotionale Druck, der entsteht durch die sich verstärkenden Gerechtigkeitsasymmetrien in unserer Gesellschaft? Tatsache ist, der Alltag unserer realen Gerichtsbarkeiten ist wahrlich ein anderer. Ich hätte beispielsweise aus meinem „Lärmkrieg" zum Frankfurter Flughafenausbau nie ein Tribunal machen wollen, nicht nur, weil es da schon zahlreiche real stattfindende Prozesse gegeben hat, sondern weil diese fehllaufend waren, eher etwas erzählen können über Rechtsbiegung, Postdemokratie und Aushebelung von geltendem Recht, wie ich von einigen darin verwickelten Juristen erfuhr. Und das zu übersetzen ist noch viel komplizierter, aber vielleicht hängen genau daran die Hoffnungen, die ein Tribunal wünschen lassen. Wie gesagt, ich habe derzeit viel mit Juristen zu tun, und das ist vermutlich gut so.

Erschienen in: Lettre International (110), 1. Oktober 2015

Milo Rau

WAS BRINGT DIE KUNST?

Als Künstler, der in Krisenregionen arbeitet, werde ich oft gefragt: „Wie geht es weiter, wenn ihr wieder weg seid?" Darauf antworte ich jeweils: Ich weiß es nicht. Denn Kunst ist keine pragmatische, sie ist eine symbolische Handlung. Was wir zum Beispiel im Sommer 2015 im Rahmen des „Kongo Tribunals" gemacht haben – drei Fälle von Massenverbrechen im kongolesischen Bürgerkriegsgebiet öffentlich zu verhandeln – war kein Prozess in dem Sinne, dass es eine Straffolge gegeben hätte. Es war zugleich mehr und weniger: Es war der lebendige Beweis der Möglichkeit eines solchen Tribunals.

So verhielt es sich auch vor drei Jahren, als wir im Theater Neumarkt im Rahmen der „Zürcher Prozesse" Roger Köppel und seine „Weltwoche" gemäß einschlägiger Artikel der Schweizer Verfassung anklagten: Die „Weltwoche" wurde bisher meines Wissens nicht abgeschafft. Nicht einmal unsere eigene Jury verurteilte Köppel und seine Zeitung, sie wurden mit 6 zu 1 Stimme freigesprochen. Am Ende der Verhandlungen gratulierte mir Köppels Verteidiger Claudio Zanetti, der kürzlich wegen der Weiterleitung perverser Nazi-Tweets in die Medien geriet, auf offener Bühne.

Um ehrlich zu sein: Auch das Ergebnis des „Kongo Tribunals" ist mehr als gemischt. Zwei meiner Experten wurden seit dem Ende der Verhandlungen von regierungsnahen Milizen entführt, und die Etablierung des Tribunals wird sowohl im Kongo wie auf internationaler Ebene blockiert. Ob die kongolesischen Präsidentschaftswahlen nächsten Herbst überhaupt stattfinden werden, steht in den Sternen – und damit die Antwort auf die Frage, ob der von uns unterstützte Kandidat der Opposition die Politik des Landes wird ändern können. Auch hier: Alles beim Alten, jedenfalls vorläufig.

Aber wie mir einmal der Historiker Jakob Tanner anlässlich einer Diskussion über die rumänische Revolution sagte: Auch wenn die kommunistischen Apparatschiks heute als Wirtschaftseliten noch immer an der Macht sind – den Menschen, die 1989 die Revolution gemacht haben, sind die Tage des Aufstands wie ein Glutkern in die Seele gelegt. Die Herrlichkeit der Kunst besteht in ihrem Wissen um ihr Scheitern, um die Grenzen der Freiheit. Damit gibt sie der Verzweiflung, aber auch dem rebellischen „Trotzdem" Raum: dass man in den Kongo fährt und dort jahrelang an einem Tribunal arbeitet, auch wenn am Ende nur drei Fälle von 1000 verhandelt werden.

Aktuell bereite ich eine Inszenierung von Maxim Gorkis „Sommergästen" vor. Gorki schrieb das Stück 1904, ein Jahr vor der ersten russischen Revolution, die auf tragische Weise scheitern sollte. „Die Fenster des Himmels stehen weit offen", heißt es in einem religiösen Lied. Die Kunst kann diese Fenster einen Spalt weit öffnen. Und auch wenn sie gleich wieder zugeschlagen werden: Man hat den Himmel kurz gesehen.

Erschienen in: Sonntagszeitung, 13. März 2016

TEXTNACHWEISE

Die Texte von Rolf Bossart, Andreas Tobler, Milo Rau (DER FRIEDEN DES HERZENS UND DER GUTEN ABSICHTEN), Sylvestre Bisimwa, Colette Braeckmann, Marc-Antoine Vumilia, Prince Kihangi, Marcellin Cishambo, Harald Welzer, Jean-Louis Gilissen und Wolfgang Kaleck sind eigens für diese Publikation, beziehungsweise im direkten Zusammenhang mit dem KONGO TRIBUNAL entstanden.

FÜR NICHTS GESTORBEN (REGIETAGEBUCH ❶) von Milo Rau erschien zuerst in TAZ – DIE TAGESZEITUNG vom 27. Januar 2015.

NACHGESCHICHTE DES MENSCHLICHEN (REGIETAGEBUCH ❷) von Milo Rau erschien zuerst in TAZ – DIE TAGESZEITUNG vom 3. Februar 2015.

WIE EIN BRUEGEL'SCHES BILD (REGIETAGEBUCH ❸) von Milo Rau erschien zuerst in TAZ – DIE TAGESZEITUNG vom 09. Februar 2015.

SCHÖNE LÜGEN, BITTERE WAHRHEITEN (REGIETAGEBUCH ❹) von Milo Rau erschien zuerst in TAZ – DIE TAGESZEITUNG vom 16. Februar 2015.

OBERHALB DES RADARS (REGIETAGEBUCH ❺) von Milo Rau erschien zuerst in TAZ – DIE TAGESZEITUNG vom 26. Mai 2015.

EMBEDDED BEIM KONGO TRIBUNAL – EIN ABSCHLUSSBERICHT von Kathrin Röggla erschien zuerst in LETTRE INTERNATIONAL NR.110 vom 1. Oktober 2015.

WAS BRINGT DIE KUNST? von Milo Rau erschien zuerst in SONNTAGSZEITUNG vom 13. März 2016.

BILDNACHWEISE

S.15 „Das Kongo Tribunal“ im Collège Alfajiri, Bukavu: IIPM/Fruitmarket
S.16/17 Das Kamerateam und Milo Rau in der DRK, Recherchereise 2014: Eva-Maria Bertschy
S.26 Der Gerichtszeichner Yves Kolundwa im Collège Alfajiri: Andreas Tobler
S.27 Skizze „Témoin B“ von Yves Kolundwa
S.33 Vertrag zwischen dem Minenministerium und den Kooperativen in Walikale
S.34/35 Der Fall Mutarule, Recherchereise 2014: Thomas Schneider
S.37 Flüchtlingslager am Kivu-See: Thomas Schneider
S.39 Das Kamerateam und Milo Rau in der DRK, 2014: Eva-Maria Bertschy
S.42/43 „Das Kongo Tribunal“ im Collège Alfajiri, Bukavu: Andreas Tobler
S.46 Recherchereise 2014: Thomas Schneider
S.62 Sylvestre Bisimwa, Bukavu: IIPM/Fruitmarket
S.71 Colette Braeckman, Berlin: Daniel Seiffert
S.80 Antoine Vumilia, Berlin: Daniel Seiffert
S.84 „Das Kongo Tribunal“ im Collège Alfajiri, Bukavu: IIPM/Fruitmarket
S.87 Firma Banro bei Bukavu, Filmstill: IIPM/Fruitmarket
S.88 Zihalirwa Chakirwa, Bukavu: IIPM/Fruitmarket
S.90 Valentin Kasha, Bukavu: IIPM/Fruitmarket
S.93 Raymond Africa, Bukavu: IIPM/Fruitmarket
S.95 Zeuge E, Bukavu: IIPM/Fruitmarket
S.97 Eric Kajemba, Bukavu: IIPM/Fruitmarket
S.101 Peter Mugisho Matabishi, Bukavu: IIPM/Fruitmarket
S.107 Albert Murhi, Bukavu: IIPM/Fruitmarket
S.109 Serge Lammens, Berlin: Daniel Seiffert
S.113 Vital Kamerhe, Berlin: Daniel Seiffert
S.122 Raf Custers, Berlin: Daniel Seiffert
S.127 Dominic Rohner, Berlin: Daniel Seiffert
S.131 Saskia Sassen, Berlin: Daniel Seiffert
S.137 Stephane Ikandi, Bukavu: IIPM/Fruitmarket
S.142 Zeuge B, Bukavu: IIPM/Fruitmarket

S. 145 Etienne Kibanja, Bukavu: IIPM/Fruitmarket
S. 147 Vital Domengo, Bukavu: IIPM/Fruitmarket
S. 149 Nadine Lusi, Goma (Recherchedreh 2015): IIPM/Fruitmarket
S. 152 Fidel Bafilemba, Bukavu: IIPM/Fruitmarket
S. 159 Wolfgang Kaleck, Berlin: Daniel Seiffert
S. 163 Christoph Vogel, Berlin: Daniel Seiffert
S. 168 Judith Sargentini, Berlin: Daniel Seiffert
S. 171 Frédéric Triest, Berlin: Daniel Seiffert
S. 177 Harald Welzer, Berlin: Daniel Seiffert
S. 183 Zeuge J, Uvira (Recherchedreh 2015): IIPM/Fruitmarket
S. 186 Christine Kapalata, Bukavu (Recherchereise 2014): IIPM/Fruitmarket
S. 189 Amini Kabaaka Shemu, Bukavu: IIPM/Fruitmarket
S. 193 Jean-Julien Miruho, Bukavu: IIPM/Fruitmarket
S. 198 Luc Henkinbrandt, Berlin: Daniel Seiffert
S. 206 Claudio Gramizzi, Berlin: Daniel Seiffert
S. 214 Linda Polman, Berlin: Daniel Seiffert
S. 223 Saran Kaba Jones, Berlin: Daniel Seiffert
S. 228 Prince Kihangi, Bukavu: Thomas Schneider
S. 232 Marcellin Cishambo, Bukavu: IIPM/Fruitmarket
S. 237 Colette Braeckman, Bukavu: Thomas Schneider
S. 244/245 Die Mitglieder der Jury in Bukavu: Thomas Schneider
S. 247 Marc-Antoine Vumilia, Berlin: Daniel Seiffert
S. 250 Harald Welzer, Berlin: Daniel Seiffert
S. 254 Jean-Louis Gilissen, Berlin: Daniel Seiffert
S. 262/263 Die Mitglieder der Jury in Berlin: Daniel Seiffert
S. 270 Zeugenbefragung Bukavu: Andreas Tobler
S. 276/277 „Das Kongo Tribunal“, Collège Alfajiri, Bukavu: IIPM/Fruitmarket
S. 278/279 Vor einer Kirche in Bukavu, Recherchedreh: Thomas Schneider
S. 284 Vor dem Collège Alfajiri, Bukavu: Andreas Tobler
S. 292 „Welcome to Goma Hill“, Recherchereise 2014, Thomas Schneider
S. 296/297 Dreharbeiten, Recherchedreh 2015: Mirjam Knapp

CREDITS

DAS KONGO TRIBUNAL
Eine Produktion von Milo Rau / International Institute of Political Murder (IIPM)

Hearings:
29. - 31. MAI 2015, DIE BUKAVU HEARINGS, Collège Alfajiri, Bukavu (Ostkongo)
26. - 28. JUNI 2015, DIE BERLIN HEARINGS, Sophiensæle, Berlin

DREHBUCH & REGIE Milo Rau RECHERCHE & CASTING Eva-Maria Bertschy PRODUKTION Arne Birkenstock, Olivier Zobrist KOPRODUKTION Milo Rau BÜHNE & AUSSTATTUNG Anton Lukas KAMERA Thomas Schneider SOUND Jens Baudisch, Marco Teufen SCHNITT Katja Dringenberg AUFNAHMELEITUNG Mascha Euchner-Martinez, Mirjam Knapp PRODUKTIONSLEITUNG Mascha Euchner-Martinez, Kirsten Schauries, Eva-Karen Tittmann REGIE- & RECHERCHEASSISTENZ Mirjam Knapp PRODUKTION CROSSMEDIA Sebastian Lemke RECHERCHE VOR ORT Kris Berwouts, Chrispin Mvano Ya Bauma, Jean Moreau Tubibu TECHNISCHE LEITUNG BUKAVU Patric Byamungu UNTERSUCHUNGSLEITER Sylvestre Bisimwa GERICHTSVORSITZ Jean-Louis Gilissen GERICHTSSCHREIBERINNEN Marie Noël Cikuru, Kathrin Röggla JURY Vénantie Bisimwa Nabintu, Colette Braeckman, Saran Kaba Jones, Wolfgang Kaleck, Gilbert Kalinda, Prince Kihangi, Marc-Antoine Vumilia, Harald Welzer, Jean Ziegler

DAS KONGO TRIBUNAL – ist ein Film- und Theaterprojekt von Milo Rau und dem International Institute of Political Murder (IIPM).
Das THEATERPROJEKT ist eine Koproduktion des IIPM mit den Sophiensælen Berlin, in Zusammenarbeit mit Fruitmarket Kultur und

Medien, Langfilm, dem European Center for Constitutional and Human Rights und der Zürcher Hochschule der Künste, gefördert durch Mittel des Regierenden Bürgermeisters von Berlin - Senatskanzlei - Kulturelle Angelegenheiten, des Hauptstadtkulturfonds Berlin, der Bundeszentrale für politische Bildung und des Goethe Instituts Johannesburg. Mit der freundlichen Unterstützung von Brussels Airlines.

Der FILM ist eine deutsch-schweizerische Koproduktion der Fruitmarket Kultur und Medien und der Langfilm, in Zusammenarbeit mit dem IIPM, dem Schweizer Radio und Fernsehen SRF & Radio Télévision Suisse RTS, Lemafrika Culture et Développement (Bukavu) und Kwetu Film Institute (Kigali), gefördert durch die Film und Medienstiftung NRW, das Bundesamt für Kultur (Schweiz), den Beauftragten der Bundesregierung für Kultur und Medien (Deutschland) die Kulturförderung Kanton St. Gallen / Swisslos, die Zürcher Filmstiftung, die Filmförderungsanstalt, den Deutschen Filmförderfonds und die Volkart Stiftung.